Heiner Flassbeck arbeitete von 2000 bis 2012 bei den Vereinten Nationen in Genf und war dort als Direktor zuständig für Globalisierung und Entwicklung. Zuvor war er Staatssekretär im Bundesministerium für Finanzen. 2013 ist sein Blog flassbeck-economics.de mit täglichen Analysen und Kommentaren zu Wirtschaft und Politik online gegangen. Im Westend Verlag sind u.a. folgende Bücher von ihm erschienen: »Handelt jetzt. Das globale Manifest zur Rettung der Wirtschaft« (2013), »Die Marktwirtschaft des 21. Jahrhunderts« (2011) und »Gescheitert« (2009).

Heiner Flassbeck

66 starke Thesen zum Euro, zur Wirtschaftspolitik und zum deutschen Wesen

WESTEND

Mehr über unsere Autoren und Bücher:
www.westendverlag.de

Die Deutsche Nationalbibliothek verzeichnet diese
Publikation in der Deutschen Nationalbibliografie; detaillierte
bibliografische Daten sind im Internet über http://dnb.d-nb.de
abrufbar.

ISBN 978-3-86489-055-0
© Westend Verlag GmbH, Frankfurt/Main 2014
Umschlaggestaltung: Buchgut, Berlin
Satz: Publikations Atelier, Dreieich
Druck und Bindung: CPI – Clausen & Bosse, Leck
Printed in Germany

Inhalt

Das deutsche Wesen – ist das falsche Modell 83

**Arbeit ist kein Produkt – und der Arbeitsmarkt
ist kein Markt** 144

**Klimawandel ist Strukturwandel – aber die Politik
hat Angst vor der eigenen Courage** 162

Einleitung

Bei einem Streitgespräch, das ich Anfang 2013 in Berlin auf Einladung der *ZEIT* mit Michael Hüther, dem Direktor des von den Arbeitgebern finanzierten Instituts der Deutschen Wirtschaft in Berlin führte, kam es zu einem interessanten Austausch von Argumenten. Anlass der Veranstaltung war das fünfzigjährige Jubiläum des Sachverständigenrats zur Begutachtung der gesamtwirtschaftlichen Entwicklung.

Herr Hüther sagte, und das ist schwer zu bestreiten, selbst wenn man im Detail ganz anderer Meinung ist, dass sich in den siebziger Jahren des vergangenen Jahrhunderts so große Veränderungen in Deutschland und der Welt ereignet hätten, dass die Wende weg vom Keynesianismus hin zum heute neoliberalen Mainstream zwingend war. Vor allem die Ölpreisexplosionen, die Umverteilung zugunsten der Arbeitnehmer und den Anstieg der Arbeitslosigkeit nannte er als die Faktoren, die eine geistige Wende sozusagen erzwungen hätten.

In der Tat, betrachtet man die zwei für die neoliberale, neoklassische Lehre zentralen Größen für die gesamte westliche Welt, kommt man kaum umhin, der großen Wende, die sich damals ereignet hat, eine gewisse Plausibilität zuzusprechen. Die Veränderungen der siebziger Jahre waren tatsächlich von tektonischer Art. Einerseits hatte sich die Verteilung stark zugunsten der Arbeitnehmer verschoben, die Lohnquote erreichte Mitte der siebziger Jahre einen historischen Höhepunkt. Aber unmittelbar danach kam es zu einem ebenfalls nur historisch zu nennenden Anstieg der Arbeitslosigkeit. Am Ende dieses Jahrzehnts begann dann die große Umverteilung zugunsten der Arbeitgeber; für die neoliberale Konterrevolution war der Grundstein gelegt.

Das belegt zwar keineswegs, dass es die berühmte »klassische Arbeitslosigkeit« war, die damals entstand, also Arbeitslosigkeit aufgrund zu hoher Löhne, aber der Anschein dessen ist nicht leicht von der Hand zu weisen. Da mit den Ölpreisexplosionen gleichzeitig die Inflation stieg und die Geldpolitik, geleitet vom neuen monetaristischen Dogma, weltweit eine Phase scharfer Restriktion einleitete, ist hier die eigentliche Ursache der Arbeitslosigkeit zu suchen. Unzweideutig belegt wird das von dem engen Zusammenhang von Investitionstätigkeit und Beschäftigung, den ich mit Friederike Spiecker in unserem Buch »Das Ende der Massenarbeitslosigkeit« klar aufgezeigt habe. Weil mit dem Einbruch der Beschäftigung in den siebziger Jahren auch ein Einbruch der Investitionstätigkeit einherging, kann von einer Veränderung der Produktionsstruktur hin zu kapitalintensiver Produktion, dem Kernstück der neoklassischen Lehre von der Arbeitslosigkeit, nicht die Rede sein.

Nach den Ölpreiskrisen sank die Lohnquote unter starken zyklischen Schwankungen bis heute auf einen historischen Tiefststand nach dem Zweiten Weltkrieg. Die Arbeitslosigkeit sank ebenfalls leicht bis zum Jahr 2000, sie verharrte aber weit über Werten, die mit Vollbeschäftigung gleichgesetzt werden könnten.

Der entscheidende Bruch im Verhältnis zwischen Löhnen und Arbeitslosigkeit kam 2008. Trotz eines Tiefststandes bei der Lohnquote ist die Arbeitslosigkeit auf einen neuen Höchststand geschnellt. Das Niveau, das die Lohnquote 2011 und 2012 erreicht hatte, ist extrem niedrig im Vergleich zu allen Werten, die in den letzten sechzig Jahren registriert wurden.

Damit ist es unbestreitbar, dass durch die Finanzkrise eine neue »Qualität« der Arbeitslosigkeit entstanden ist. Von dieser kann, anders als in den siebziger Jahren, kein vernünftiger, auch kein vernünftiger konservativer Mensch sagen, es handele sich dabei um Arbeitslosigkeit nach dem Muster der siebziger Jahre und folglich müsse man mit Lohnsenkung darauf reagieren. Genau das Gegenteil ist naheliegend: Weil auf der ganzen Welt Arbeitslosigkeit entstanden ist, die absolut nichts mit zu hohen Löhnen zu tun hat, ist es extrem gefährlich, darauf mit Lohnsenkung zu reagieren, denn dadurch würde die Wirtschaft weiter destabilisiert und die Arbeitslosigkeit würde weiter steigen. Doch genau das wird üblicherweise von den Ökonomen und Politikern vertreten, die an die herrschende Lehre wie an eine Religion glauben.

Diese Überlegung bildet einen der Schwerpunkte meiner Auseinandersetzung mit dieser »Religion« in den folgenden 66 Thesen. Die Thesen, die in den einzelnen Kapiteln jeweils fett gedruckt sind, sollen Anstöße zum Nachdenken und zum Dialog geben, weil beides national und international vollkommen fehlt. Viele der Thesen haben einen konkreten Anlass, der mich aufhorchen und manchmal aufschreien ließ, doch wird hoffentlich deutlich, dass es bei all dem um eine grundsätzliche Weichenstellung geht. Die Thesen und ihre zugrunde liegenden Überlegungen müssen der Beginn einer neuen geistigen Wende sein. Gelingt sie nicht, ist das wirtschaftliche System, in dem wir leben, am Ende.

Die große Frage unserer Zeit: Hat der globale Kapitalismus einen Wendepunkt erreicht?

Die US-Wirtschaft und ihre unerkannte Achillesferse

Ende 2013 zeigte sich mal wieder, dass die amerikanischen Kollegen, die sich ernsthaft und mit Sorge der Frage einer durchgreifenden Belebung der amerikanischen Wirtschaft widmen, keinen Schritt vorangekommen sind. Ein Vortrag meines ehemaligen Kollegen Larry Summers bei der Herbsttagung des Internationalen Währungsfonds und die Wellen, die er schlug, belegen das in großer Klarheit.[1] Paul Krugman hat sich damit befasst, und in Deutschland hat Wolfgang Münchau in die gleiche Kerbe geschlagen. Alle befürchten, dass die traditionelle Geldpolitik nicht kraftvoll genug ist, um die Wirtschaft zu beleben, und sie fassen radikale Maßnahmen ins Auge, wie etwa negative Zinsen, um der vermeintlichen Liquiditätsfalle zu entkommen. Doch die Diagnose ist immer noch falsch. **Die Nachfrage lässt sich nicht beleben, weil die Einkommenserwartungen der Mehrheit der Bürger schlecht sind, und nicht etwa, weil sie viel liquide Mittel in der Kasse halten wollen.**

Für die USA lässt sich das so leicht bebildern, dass jeder, der frei von Vorurteilen ist und seine fünf Sinne beisammen hat, es sehen kann. Dort lagen laut Zahlen vom Arbeitsministerium (Department of Labor) die realen Bruttostundenlöhne in Preisen von 1982/84 (also inflationsbereinigt) in der privaten Wirtschaft (für Produktionsarbeiter, die keine Weisungsbefugnis haben, ohne Landwirtschaft) im September 2013 bei 8,79 US-Dollar (das entspricht etwa 20,25 US-Dollar nominal).[2] Im Januar 2013 hatten die gleichen Löhne bei 8,78 US-Dollar gelegen. Im Durchschnitt des Jahres 2012 lagen sie bei 8,74 US-Dollar, 2010 bei 8,91 US-Dollar. Vor genau zehn Jahren, im Durchschnitt des Jahres 2003, war der Wert 8,55 US-Dollar.

Das alles passiert in einer Wirtschaft, in der die Stundenproduktivität nach der gleichen Quelle jedes Jahr um 1,5 bis 2 Prozent zulegt. Woher soll in den USA, die als große relativ geschlossene Volkswirtschaft fast vollständig vom privaten Konsum abhängig sind, der Aufschwung kommen, wenn die große Masse der Menschen davon ausgehen muss, dass sie abgehängt ist vom allgemeinen Fortschritt und angesichts dieser Erfahrungen keine positiven Einkommensperspektiven haben kann? Das geht nur noch über verzweifelte Versuche, positive »Vermögenseffekte« an den Börsen zu erzeugen, und mit der Hoffnung auf eine Absenkung der Sparquote der privaten Haushalte. Ein wenig davon erklärt den schwachen Aufschwung, den die USA derzeit verzeichnen. Sind die privaten Haushalte aber grundlegend skeptisch hinsichtlich der Dauerhaftigkeit der so geschaffenen »Werte«, ist die Geldpolitik irgendwann vollständig am Ende, weil selbst extreme Maßnahmen nicht mehr helfen.

Ist in dieser Situation die Fiskalpolitik aus ideologischen Gründen auch blockiert, könnte man nur über direkte Intervention in den Arbeitsmarkt einen Durchbruch erzielen. Der ist aber ebenfalls aus ideologischen Gründen selbst bei sonst recht fortschrittlichen Ökonomen tabu. Sie wollen nicht wahrhaben, dass der starke Anstieg der Arbeitslosigkeit während der Finanzkrise, also bei schon sehr niedrigen Löhnen, der klare Beweis dafür war, dass der Arbeitsmarkt ein destabilisierendes Element für die modernen Wirtschaften ist, weil die sich immer weiter zugunsten der Arbeitgeber verschiebenden Machtverhältnisse die Binnennachfrage systematisch schwächen und früher oder später neue Arbeitslosigkeit erzeugen.

Solange der Staat (wie in den USA) noch hohe Defizite hinnimmt, oder, wie im deutschen Fall, das Ausland, können die Unternehmen noch Gewinne machen, obwohl sie mit dem Druck auf die Löhne permanent an dem Ast sägen, auf dem sie sitzen.

Doch es kommt der Tag, an dem die Rechnung für die Lohndrückerei aufgemacht wird, an dem weder die öffentlichen Haushalte noch das Ausland als Reservenachfrager zur Verfügung stehen. Dann wird sich zeigen, dass die Fixierung der Wirtschaftspolitiker auf Unternehmer, denen Zusammenhänge außerhalb ihres betriebswirtschaftlichen Horizonts unbekannt sind, die Volkswirtschaft als Ganzes ins Verderben führt. Je später dieses Erwachen stattfindet, desto böser wird es sein.

2 Abenomics: Noch immer keine Lösung in der Arbeitsmarktfrage

Abenomics, die expansive ökonomische Strategie, die nach Premierminister Abe benannt ist, verweist auf erste Erfolge. So ist Japan aus der Rezession entkommen und der Export hat kräftig angezogen. Allerdings hat das in erheblichem Maße mit der Schwäche des Yen zu tun, die mit dieser Strategie von Anfang an verbunden war. Abwertung der eigenen Währung ist aber natürlich nicht ausreichend, um dauerhaft erfolgreich zu sein, und steht unter permanentem Generalverdacht des beggar-thy-neighbour, bei dem die Handelspartner ganz schnell hellhörig werden und Gegendruck machen.

Nun will die Regierung Abe offenbar als »dritten Pfeil« ihrer Strategie auch »Strukturreformen« umsetzen, die die Wirtschaft beweglicher machen sollen. Ins Visier vieler Strategen ist dabei der japanische Arbeitsmarkt geraten, der traditionell ein hohes Maß an Beschäftigungsschutz für die Arbeitnehmer bietet, was so weit geht, dass auch in privaten Firmen eine Lebensanstellung durchaus die Regel ist.

Was aber kaum beachtet wird, ist die Tatsache, dass in Japan die nominalen Löhne seit vielen Jahren nicht mehr gestiegen und häufig sogar gefallen sind. Das hat vor allem die kaum noch aus dem System zu beseitigende hartnäckige Deflation hervorgebracht. Wer jedoch daraus folgert, Japan sichere wegen oder mit seiner schwachen Lohnentwicklung die Beschäftigung ab, liegt vollkommen falsch. Ganz am Anfang dieses Prozesses, also zu Beginn der neunziger Jahre, als Japan von dem Platzen seiner Spekulationsblasen getroffen in eine tiefe Rezession zu stürzen drohte, hat sicherlich die hohe Flexibilität der Löhne für kurze Zeit mitgeholfen, den Gewinndruck auf die Unternehmen zu verringern und so mehr Beschäftigung zu halten, als sonst möglich gewesen wäre. Das aber geht immer nur auf Kosten der Inlandsnachfrage und damit auch wieder indirekt auf Kosten der Beschäftigung. Wenn eine Blase platzt, die nichts mit dem Arbeitsmarkt zu tun hat, aber Arbeitslosigkeit produziert, ist Lohnsenkung einfach niemals eine angemessene Antwort.

Besser wäre es in einem solchen Fall, man würde, selbst um den Preis einer temporär steigenden Arbeitslosigkeit, die Lohnentwicklung auf der mittelfristig richtigen Linie weiterfahren und damit die Dynamik der Inlandsnachfrage schützen. Dann fällt es der Wirtschaftspolitik wesentlich leichter, die einmalig entstandene Arbeitslosigkeit durch expansive Geld- und Fiskalpolitik zu bekämpfen. Deflation ist dann ebenso ausgeschlossen wie eine lang anhaltende Schwäche der Inlandsnachfrage, und genau das hilft dabei, die Beschäftigung zu stabilisieren.

Sobald man sich aber auf die Neoklassik mit ihrer Arbeitsmarktflexibilisierung (was immer auf Lohnsenkung- oder Mindersteigerung im Vergleich zur Produktivität hinausläuft) verlässt, ist man verlassen. Es besteht die große Gefahr, dass man in Japan die ersten Erfolge von Abenomics durch »strukturelle« Anpassungen schnell wieder zunichtemacht. Den traditionellen Beschäftigungsschutz im Falle großer konjunktureller Schocks etwas zu lockern, mag notwendig sein. **Ohne aber für die Zukunft die Löhne in dem Sinne zu sichern, dass man eine stabile Erhöhung entsprechend der Produktivität und der Zielinflationsrate vereinbart, kann man nichts gewinnen, sondern wird die Verunsicherung der Arbeitnehmer nur noch einmal vergrößern.** Der Deflation wird man so niemals entrinnen.

3 Die Abenomics und die Lehren für den Bundeswirtschaftsminister

Shinzo Abe, der japanische Premierminister hat sich die Statistiken über das internationale Lohnwachstum angesehen und war entsetzt, so berichteten die Medien, dass Japan so weit nach unten abfällt. Späte Erkenntnis, aber immerhin eine gute und klare Erkenntnis. Nun wollte er in einer konzertierten Aktion von Arbeitgebern und Arbeitnehmern dafür sorgen, dass die Lohndeflation rasch zu Ende geht und Japan wieder eine sich normal entwickelnde Volkswirtschaft wird. Auch das ist sehr richtig. Er sagte, dass die Löhne zwar von den Tarifpartnern bestimmt werden, dass aber der Staat Einfluss nehmen kann und muss. Der japanische Premierminister hätte noch fragen sollen, was eigentlich die Ökonomen in Japan und anderswo gemacht haben, die mehr als zwanzig Jahre an der Deflation herumrätselten. Und er sollte sich überlegen, ob er nicht hundert neue Lehrstühle für Makroökonomie einrichten will, auf die kein einziger neoklassisch-monetaristisch ausgebildeter Ökonom berufen werden darf, um der Volkswirtschaftslehre vom Land der aufgehenden Sonne einen Neuanfang zu ermöglichen.

Wie viele Jahre wird es hierzulande noch dauern, bis die deutschen Politiker verstehen, dass Lohnsenkung oder auch nur das Zurückbleiben der Reallöhne hinter der Produktivität eine fundamental falsche Politik ist? Sucht man die Antwort darauf im jüngsten einschlägigen Dokument, dem Jahreswirtschaftsbericht der Bundesregierung, wird man nicht recht fündig. Zwar ist der Bericht im Vergleich zu seinem Vorgänger moderat im Ton und betont auch die Bedeutung der Löhne für die Nachfrage (explizit wird für die Prognose angenommen, dass die Reallöhne steigen wie die trendmäßige Produktivität), aber konsequent ist das bei weitem noch nicht.

Der Jahreswirtschaftsbericht erwartet für 2014 eine Zunahme der Bruttolöhne und -gehälter je Arbeitnehmer von 2,7 Prozent, etwas mehr als 2013 (2,3) und weniger als 2012 (2,9). Das verfügbare nominale Einkommen der privaten Haushalte (2,9 im Jahr 2014 nach 2,1 im vergangenen Jahr) und der gesamte reale Konsum (1,4 nach 0,9) können in dieser Prognoserechnung nur deswegen 2014 deutlich stärker steigen als 2013, weil die *Unternehmens*einkommen mit 4,6 Prozent nach 2,8 im Jahr 2013 deutlich stärker zulegen sollen. Erheblich zunehmende Gewinne soll es bei nur noch minimal steigendem Außenbeitrag geben (die Exporte nehmen in der Prognose weniger zu als die Importe, jedoch ausgehend von einem höheren Niveau), weil es laut Wirtschaftsministerium zu einer Investitionsbelebung (+ 4 Prozent) kommt.

Da befruchtet dann offenbar das eine das andere: Die Gewinne steigen, weil die Investitionen steigen. Doch warum steigen die Investitionen? Etwa weil die Gewinne steigen? Da bisse sich die Katze in den Schwanz. Weil der Konsum halbwegs wächst? Doch das tut er ja nur, weil die Gewinne steigen. Woher also kommt der Impuls, der den Zug ins Rollen bringt, auf den gern alle aufspringen wollen?

Nichts spricht für die vom Bundeswirtschaftsministerium prognostizierte Entwicklung außer der Hoffnung derjenigen, deren gesamtes Weltbild von der robusten Wirtschaft und den guten Investitionsbedingungen zusammenbräche, wenn die Investitionen erneut sänken. Und genau weil das so unrealistisch ist, fordert auch gleich der Arbeitgeberverband, die Investitionsbedingungen zu verbessern. Seit vielen Jahren sind alle Investitionsbedingungen – Lohnkosten, darunter selbstverständlich auch die Lohnnebenkosten, Steuern auf Gewinne, Steuern auf Vermögen und ein Großteil der Arbeitsbedingungen – im Sinne der Arbeitgeber massiv verbessert worden. Aber es hat immer an der einen entscheidenden Bedingung gehapert, nämlich der Binnennachfrage. Daher ist die Investitionstätigkeit tatsächlich miserabel geblieben, obwohl ihr doch der rote Teppich viele Meter weit ausgerollt wurde. Wäre es nicht an der Zeit, die wichtigste Investitionsbedingung endlich einmal grundlegend zu verbessern, nämlich die Nachfrage, darunter vor allem die der privaten Haushalte? Aber da will der Bundeswirtschaftsminister anders als der japanische Premier nicht ran.

Bezeichnend ist, dass der Bundeswirtschaftsminister die anderen Länder der EWU immer noch mahnt, ihre Wettbewerbsfähigkeit zu verbessern, in seine eigene Prognose aber hineinschreibt, dass der Außenbeitrag von 6,1 auf 5,9 Prozent des BIP, also kaum spürbar, fällt (und absolut sogar steigt).

Nein, man muss schon konsequenter sein. **Wer wirklich die soziale Marktwirtschaft erneuern und die Ungleichgewichte in Europa und der Welt abbauen will** (wozu sich der neue Minister ganz zart bekennt), **muss erkennen, dass in der Vergangenheit schreckliche Fehler gemacht wurden. Diese Fehler müssen korrigiert werden, bevor man zur Tagesordnung übergehen kann.**

Würde man etwa einen deutlichen Abbau des außenwirtschaftlichen Überschusses für Deutschland in die Prognosetabelle schreiben, bliebe nur Katastrophe übrig. Der Export-Junkie Deutschland kann nicht so schnell von der Nadel. Deswegen braucht man wie in Japan eine wirklich fundamentale Wende in der Lohnpolitik und nicht nur ein leichtes Kürvchen nach oben. Hätte sich der neue Bundeswirtschaftsminister Sigmar Gabriel ernsthaft mit dem größten Problem Europas auseinandergesetzt, den Handelsungleichgewichten und die durch die Lohnsenkung im Süden in Gang gekommene Deflation, hätte er wie Herr Abe schreiben müssen, dass er entsetzt war, als er zum ersten Mal die Statistik der Löhne gesehen hatte.

Wesentlich mehr Mut bewies Präsident Obama, der den Mindestlohn für alle Beschäftigten, die im Auftrag der Regierung oder für den öffentlichen Dienst arbeiten, von 7,25 auf 10,10 US-Dollar anhob. Er hatte schon in seiner *State of the Union Address* die Ungleichheit zu einem wichtigen Thema gemacht, kann aber gegen den Kongress den Mindestlohn für alle nicht erhöhen. Dass der Staat sich stärker einmischen muss, ist für jeden vernünftigen Menschen sofort einsichtig. Man muss einfach zur Kenntnis nehmen, dass sich die Machtverhältnisse am Arbeitsmarkt immer mehr (gerade auch durch den Staat und seine berühmten »Reformen«) zugunsten der Arbeitgeber verschoben haben, so dass von einer Parität der Kräfte schon lange nicht mehr die Rede sein kann.

Vielleicht müsste man es einfach wie die Bundestagsabgeordneten machen: Man spendiert in einer konzertierten Aktion den Arbeitnehmern (und dabei vorrangig den unteren Lohngruppen) einmal einen ordentlichen Schluck aus der Pulle, damit der Nach-holbedarf gedeckt ist (die zehn Prozent der Abgeordneten sind schon sehr gut), und dann verspricht man ihnen eine Gehaltsan-passungsregel, die auf Dauer sinnvoll ist. Letzteres kann nur hei-ßen, dass dann die Nominallöhne wie die Produktivität und die Zielinflationsrate der EZB steigen. Aber das geht natürlich nicht, denn das liefert ja »der Markt« nicht von allein.

Ausnahmen vom »Marktergebnis« gibt es immer nur für die oberen Einkommensschichten. Die Kleinen müssen zufrieden sein mit dem, was ihnen »der Markt« zugesteht, dessen Regeln selbst-verständlich von den Oberen bestimmt werden. Und dabei spielt es überhaupt keine Rolle, was gesamtwirtschaftlich – und das heißt: für alle zusammen – vorteilhaft und damit sinnvoll wäre. Denn als Volksvertreter oder gar Regierungsmitglied einen sol-chen überparteilichen, das Volk im wahrsten Sinne des Wortes vertretenden Standpunkt einzunehmen, liegt für die einen außer-halb ihrer Denkmöglichkeiten, für die anderen ist es schlicht nicht attraktiv genug im Vergleich zu dem, was man als Lobbyist für sich selbst herausholen kann. Aber über die Südeuropäer mit ihren korrupten Systemen ziehen wir doch gerne mit Häme her!

4 Wachstumsschwäche in Brasilien und vielen anderen Entwicklungsländern – warum es nicht so vorwärts geht wie es sollte

Ich werde oft gefragt, wie es kommt, dass eine Gruppe der Ent-wicklungsländer, die asiatischen vor allem, über viele Jahre schon gute Fortschritte machen beim Aufholen gegenüber den Industrie-ländern, während andere, vor allem die Länder Lateinamerikas sich dabei viel schwerer tun. Insbesondere zu Brasilien, wo derzeit die Wirtschaft nur noch ganz langsam wächst, wird oft gefragt, warum die sozialdemokratische Regierung, die nunmehr schon in der dritten Amtszeit an der Macht ist, nicht energischer eine ganz andere Wirtschaftspolitik durchgesetzt hat.

Das sind keine einfachen Fragen, weil die Länder doch sehr unterschiedlich sind und man nicht leichtfertig verallgemeinern sollte. Gleichwohl gibt es einige wichtige Muster, die den Kern der Geschichte erklären. Für Brasilien gab und gibt es zudem interne und externe Restriktionen, die man nicht vernachlässigen darf.

Zunächst muss man zur Kenntnis nehmen, dass es keine weitgehend anerkannte und bewährte Entwicklungstheorie gibt, auf deren Basis die Wirtschaftspolitik in einem Entwicklungsland agieren könnte. Viele Entwicklungsländer bemühen sich, auf der Basis der neoklassischen Wachstumstheorie die Bedingungen herzustellen, die in diesen Modellen gegeben sein müssen, damit man einen Zuwachs der gesamtwirtschaftlichen Produktion erzielen kann. Das endet dann oft damit, dass die Länder glauben, sie müssten die Sparquote der privaten Haushalte erhöhen, um Wachstum zu erzielen. Die Wachstumstheorie ist aber keine positive Theorie des Wachstums, sondern eine Definitorik, die sagt, was unter bestimmten Umständen und Annahmen gegeben sein muss, damit das Modell, das sie beschreibt, Wachstum zulässt.

Um zu ermessen, wie weit die meisten Entwicklungsexperten von einer vernünftigen Einschätzung bezüglich der Voraussetzungen für wirtschaftliche Dynamik entfernt sind, muss man sich vor Augen halten, dass man den Entwicklungsländern auf der Basis der beiden obengenannten Modelle über Jahrzehnte aus Richtung Norden eingeredet hat, sie hätten eine Sparlücke (weil die Haushalte dort zu arm sind, um zu sparen), die sie nur dadurch schließen könnten, dass sie Kapital aus dem Norden vollkommen ungehindert ins Land lassen. Auch glauben viele sogenannte Entwicklungstheoretiker immer noch fest daran, dass die gesamte keynesianische Lehre nichts für die Entwicklungsländer sei, weil die ja nur von der kurzen Frist handele, während es bei Entwicklung doch um etwas Langfristiges gehe. Außerdem ist den Entwicklungsländern – den Zentralbanken dort vor allem – vom Internationalen Währungsfonds eingehämmert worden, dass nur monetäre Härte im Sinne des Monetarismus ein probates Mittel gegen allfällige Inflationsgefahren ist. Schließlich, und das ist das Schlimmste, glaubt man hier wie dort in der Regel fest daran, dass der Arbeitsmarkt flexibel sein muss, was natürlich kollektiv abgeschlossene Verträge und Eingriffe des Staates zugunsten einer vernünftigen Verteilung ausschließt.

Unter dem Druck solcher Theorien und den sie unterstützenden Institutionen ist es auch für neu gewählte, relativ aufgeklärte Politiker schwer, sich von den alten Konzepten zu emanzipieren. So ist es der ersten und zweiten Regierung Lula in Brasilien nicht gelungen, der monetären Orthodoxie, die im Finanzministerium und in der Zentralbank herrschte, energisch entgegenzutreten. Zwar gibt es mittlerweile einige Aufweichungstendenzen, aber an der Grundeinstellung in beiden Institutionen hat sich wenig geändert. Das hat dazu geführt, dass der gesamte Entwicklungsprozess in den letzten zehn Jahren von monetärer Orthodoxie überschattet wurde. Ganz konkret bedeutete das, dass die Zinsen durchweg extrem hoch und meist zu hoch waren. Das gilt einerseits für die Zinsen, die von der Zentralbank gesetzt werden, aber noch mehr für die von den Banken der Privatwirtschaft abverlangten Zinssätze. Angesichts einer von vielen hochinflationären Phasen durchzogenen Vergangenheit, gilt auch vielen auf der Linken monetäre Disziplin als unumgänglich, um erfolgreich sein zu können. Da man zudem die »Märkte« nicht verschrecken wollte, blieb die Zentralbank unabhängig und durch und durch orthodox.

Das führte dazu, dass über fast alle Jahre der neuen Regierungen die realen Zinsen im Land in einer Größenordnung verharrten, die ein sich selbst tragendes Wachstum fast unmöglich machte. Der kurzfristige Nominalzins startete extrem hoch und fiel in den vergangenen zwölf Jahren trotz eines Wachstums von unter fünf Prozent nur einmal unter acht Prozent, obwohl die Inflationsrate meist nicht weit über fünf Prozent lag. Angesichts des moderaten realen Wachstums war dieser Zins zu hoch für eine boomende Investitionstätigkeit jenseits der Rohstoffsektoren, die natürlich für einige Zeit im ersten Jahrzehnt dieses Jahrhunderts eine Bonanza erlebten.

Die Restriktionswirkung hoher Zinsen wird besonders deutlich, wenn man die von den privaten Banken verlangten Kreditzinsen anschaut. Dort herrscht offenbar so wenig Wettbewerb, dass die Margen extrem hoch und die Ausleihezinsen geradezu prohibitiv für die meisten Investitionen sind. Der Ausleihezins privater Banken lag selbst in den letzten Jahren nie unter 30 Prozent und damit in einem Bereich, der weder für kleine Unternehmen noch für Privatleute eine Verschuldung über längere Zeit möglich macht. Das Einzige, das eine gewisse Entlastung für die Unternehmen in Brasilien schafft, ist die Tatsache, dass mit der staatlichen Entwicklungsbank (BNDES) eine Institution bereitsteht, die in großem Stil Kredite zu vernünftigen Konditionen für unternehmerische Investitionen vergibt.

Das extrem hohe Zinsniveau hatte aber eine weitere sehr wichtige und unerwünschte Folge. Bei zunächst weitgehend unbeschränktem Kapitalverkehr lockten die hohen kurzfristigen Zinsen in Brasilien jede Menge ganz kurzfristiges internationales Kapital an. Mit diesem Kapital konnte man zwar nicht investieren, es hat der brasilianischen Volkswirtschaft aber sowohl hinsichtlich der direkten Kosten, die durch die Bedienung der Zinsen entstanden sind, als auch hinsichtlich seiner Wirkung auf den Wechselkurs der brasilianischen Währung (Real) schwer geschadet. Carry trade mit dem brasilianischen Real war eines der lukrativsten Geschäfte im globalen Währungshandel in den letzten zehn Jahren. Dabei wurden Gelder aus dem japanischen Yen, aus Schweizer Franken oder später aus dem Dollar, wo die Zinsen sehr niedrig waren, nach Brasilien gekarrt und in Real getauscht, um die Zinsdifferenz auszunutzen. Das aber hatte zur Folge, dass der Real über viele Jahre sehr stark aufwertete, obwohl Brasilien angesichts seiner relativ hohen Inflation eine Abwertung gebraucht hätte. Die gegen alle Marktfundamentalfaktoren zu beobachtende starke reale Aufwertung des Real hat die brasilianische Industrie in ihrem Aufholprozess weit zurückgeworfen.

Der brasilianische Finanzminister sprach daraufhin von einem Währungskrieg und bemühte sich bei verschiedenen internationalen Institutionen (IWF und WTO vor allem) um Hilfe, aber ohne Erfolg. Die in diesem Fall offensichtliche und von niemandem zu bestreitende Fehlallokation von Kapital durch die Finanzmärkte wird einfach ignoriert, weil sie nicht in das ideologische Konzept des Nordens passt. Erst durch massive Eingriffe in die Freiheit des Kapitalverkehrs gelang es, die Aufwertung zu stoppen, freilich ohne zu einem mit angemessener Exportdynamik und ausgeglichener Leistungsbilanz verträglichen Wechselkurs zurückkehren zu können.

Das eigentlich Problem in Brasilien wie in den meisten Entwicklungsländern – außerhalb einer kleinen Gruppe erfolgreicher Länder in Asien – **ist jedoch die mangelnde und unsystematische Beteiligung der Menschen am Produktivitätsfortschritt.** Zwar gab und gibt es Indexierungsmechanismen, die die Löhne in der einen oder anderen Weise an die Inflation koppeln, aber eine systematische Beteiligung am Produktivitätsfortschritt gibt es nicht. Da diese Garantie für wirtschaftlichen Erfolg inzwischen auch in den nördlichen Ländern mehr und mehr abgebaut wird, entsteht in den Entwicklungsländern auch gar kein Bewusstsein dafür, wie zentral der Mechanismus der Partizipation für nachhaltige wirtschaftliche Entwicklung ist. Der Flexibilisierungswahn zusammen mit dem Exportwahn fordert auf der ganzen Welt seine Opfer.

Ägypten und Nordafrika: Die Revolution, die nicht sein durfte

In den Wirren des vom Militär erzwungenen Machtwechsels in Ägypten kommen wirtschaftliche Kategorien fast nicht mehr vor. Man beklagt mangelnde Demokratie, den Islamismus und hofft auf das Wunder, dass sich in diesen Ländern eine politische Gruppierung fände, die nicht nur die Demokratie wiederbelebt und stabilisiert, sondern auch die wirtschaftlichen Probleme löst. Es ist in der Diskussion der Ereignisse mittlerweile auch weitgehend verlorengegangen, dass die Revolution in Nordafrika, die von Tunesien ausging, eine Revolution war, die zuallererst die wirtschaftlichen Verhältnisse grundlegend ändern wollte.

Ich hatte mich mit meinem Team bei UNCTAD sehr früh darum bemüht, mit den nach-revolutionären Regierungen ins Gespräch zu kommen, und es gab auch sehr gute Ansätze und viel guten Willen von Seiten der Länder, intensive Diskussionen zu führen, um ein neues wirtschaftspolitisches Konzept zu erarbeiten, ein Konzept nämlich, bei dem die Partizipation der Menschen an den wirtschaftlichen Erfolgen im Vordergrund stehen sollte. **Wer wissen will, warum** das schiefging und **die Ergebnisse der Revolution so kläglich sind,** **muss nicht in diesen Ländern nach den Gründen suchen, sondern** **in erster Linie bei den internationalen Finanzorganisationen in** **Washington und den Verantwortlichen für diese Institutionen in** **den westlichen Hauptstädten, Berlin natürlich eingeschlossen.**

Die Politiker in vielen nordafrikanischen Ländern rühmten sich vor den revolutionären Ereignissen der letzten Jahre ob ihrer großen wirtschaftlichen Erfolge. Fünf bis sieben Prozent Wachstum habe man zumeist in den 2000er Jahren erzielt und damit einen Aufholprozess fast in asiatischem Tempo vorzuweisen. Wenn man fragte, wohin die Einkommen geflossen seien, bekam man in der Regel keine klare Antwort. Es ist aber absolut klar, dass ein Land, das ein Wachstum des Bruttoinlandsprodukts von sieben Prozent hat, einen erheblichen Produktivitätsfortschritt aufweist. Als Faustregel kann man nehmen, dass etwa drei Viertel des Wachstums auf Produktivitätserfolge zurückzuführen sind und nur ein Viertel auf den Zuwachs der Beschäftigung (die beide zusammen definitionsgemäß das Einkommen ausmachen). Bei einem Produktivitätszuwachs von fünf Prozent, der der Bevölkerung über steigende Reallöhne zugutegekommen wäre, hätten die Einkommen der meisten Menschen in den nordafrikanischen Ländern kräftig steigen müssen. Aber auch in den offiziellen Statistiken suchte man diese Verbesserung der Lebensbedingungen vergeblich.

Das ist ja auch klar, weil die Modelle, die in diesen Ländern verfolgt wurden, eine solche Beteiligung der Menschen nicht vorsahen. Die meisten dieser Länder waren permanent unter der Betreuung der Weltbank und des IWF und hatten natürlich einem neoliberalen Wirtschaftsmodell zu folgen, das vor allem die inzwischen berühmte Flexibilität am Arbeitsmarkt vorschrieb, aber nicht die Beteiligung der Menschen am allgemein erarbeiteten Fortschritt.

Was tut eine post-revolutionäre Regierung, um das zu ändern? Geht sie zum IWF und bittet darum, doch das über viele Jahre unter Anleitung des IWF praktizierte und schließlich gescheiterte Konzept zu überprüfen und grundlegend zu ändern? Das könnte sie versuchen, aber es würde nichts nützen. Man würde ihr nämlich sagen, dass es gar kein ernstzunehmendes alternatives Modell gibt und dass es das Geld des IWF – das eine post-revolutionäre Regierung wegen des revolutionsbedingten wirtschaftlichen Einbruchs wahrscheinlich noch dringender brauchte als die alte Regierung – und sonstige Unterstützung selbstverständlich nur zu den üblichen Konditionen des IWF gibt.

Das entscheidende Problem, das jede neue Regierung zu lösen hat, ist die Stabilisierung ihrer Währung. Da fast alle Länder in einer ähnlichen Situation wie Nordafrika vor der Revolution (sofern sie nicht über großen Ölreichtum verfügen) Leistungsbilanzdefizite aufweisen, sind sie auf eine Finanzierung durch die Kapitalmärkte angewiesen. Diese wird schwieriger, je schwächer die eigene Währung ist, und normalerweise reichen die Devisenreserven nicht aus, um effektiv am Devisenmarkt zu intervenieren. Zupackende Kapitalverkehrskontrollen sind entweder vom IWF untersagt (selbst wenn die IWF-Statuten sie erlauben) oder schwer durchzusetzen und zu implementieren. Unterstützung gibt es in diesem Fall – und das ist keine Übertreibung – nur vom IWF auf dieser Welt, weil praktisch alle anderen potenziellen Geldgeber ihre Hilfe von der Existenz eines IWF-Programmes abhängig machen. Ägypten zum Beispiel hat bis zuletzt mit dem IWF um einen Beistandskredit von vier Milliarden US-Dollar gerungen, weil die Regierung, obwohl ohne eigenes wirtschaftspolitisches Konzept, nicht ohne weiteres die Bedingung des IWF akzeptieren wollte.

Selbst wenn also eine post-revolutionäre Regierung die wirtschaftspolitische Kompetenz hätte (die sie in der Regel nicht hat), um den IWF herauszufordern, gäbe es kaum eine Chance, sich gegen die westlichen Kreditgeber und die hinter ihnen stehenden Regierungen durchzusetzen. So hat die Regierung von Tunesien 2013 eine neue Vereinbarung mit dem IWF getroffen, die die Tür öffnet für eine neues neoliberales »Hilfsprogramm«.[3]

Was also bleibt vom revolutionären Elan, wenn man eine solche Vereinbarung abschließen muss, um wirtschaftlich überhaupt ohne ganz große Verwerfungen in den nächsten Wochen und Monaten über die Runden zu kommen? Nicht viel. Und dass diejenigen, die auf der Straße für eine neue Politik gekämpft haben, sich die Augen reiben und sich fragen, wofür sie ihr Leben riskiert haben, ist auch nicht verwunderlich. Und dass sie immer wieder aufs Neue versuchen, die Dinge mit Gewalt zu ändern, weil sie die Zusammenhänge gar nicht verstehen können, ist ebenfalls keine Überraschung.

Schließlich muss man wie so oft konstatieren, dass die westlichen Regierungen Anteilnahme mit den Demonstranten heucheln, weil die sich in der Regel für eine säkulare Form der Demokratie engagieren, durch die Hintertür jedoch den zumeist von gutem Willen beseelten, aber mit geringer Sachkenntnis gesegneten demokratischen Kräften bei ihren Kernanliegen das Wasser abgraben. Statt offen die Probleme und Anliegen der Bevölkerung zu diskutieren und den neuen Regierungen mit Rat und Tat, aber ohne direkte Einmischung zur Seite zu stehen, werden die unerfahrenen Revolutionäre sofort über den Tisch gezogen – und die neoliberale Agenda ohne Rücksicht auf Verluste durchgesetzt.

6 Die wirtschaftliche Lage in der Ukraine und die Herausforderungen für eine neue Regierung

Was man schon sehr früh klar sehen konnte: **Die Ukraine wird zum nächsten Kandidaten für eine gescheiterte Revolution, weil der Westen jeder neuen Regierung als Gegenleistung für Kredite Bedingungen auferlegt, die den Sinn der Revolution sofort zunichtemachen.** Tunesien und Ägypten lassen grüßen.

Die Ukraine war in einer vergleichbaren Lage wie die osteuropäischen Länder Kroatien, Bulgarien und Rumänien. Wachstum gab es nach einer kurzen Erholung unmittelbar nach der Finanzkrise nicht mehr, weil der Konsum, auf den sich das Wachstum bis dahin gestützt hatte, nicht mehr expandieren konnte. Man versuchte nämlich, Lohnsteigerungen zu verhindern, weil die internationale Wettbewerbsfähigkeit akut gefährdet war. Allerdings war die Situation in der Ukraine noch dramatischer als in Bulgarien und Rumänien, denn das Land wies auch danach noch ein riesiges Leistungsbilanzdefizit auf. Das bedeutete, dass die Ukraine einen hohen Bedarf an Finanzierung über die Kapitalmärkte hatte.

Nach Schätzungen des Internationalen Währungsfonds lag die Zunahme des (realen) privaten Konsums noch 2011 und 2012 im zweistelligen Bereich (über 15 Prozent Zunahme im Jahr 2011). Erst 2013 kam es hier zu einem deutlichen Dämpfer. Die Exporte brachen schon 2011 ein, und das gesamte Wachstum kam ab 2012 zum Erliegen. Das ist der typische Fall eines Landes, das versucht hat, seine Transformation in eine Marktwirtschaft auf der Basis von heimischen Nachfrage- und Lohnsteigerungen (die in einem sehr armen Land natürlich heiß ersehnt werden) zu vollziehen und immer wieder an Grenzen stößt, weil die Inflation erheblich zulegte. Solche Länder scheitern dann regelmäßig an der Leistungsbilanzschranke.

Die zweimalige massive Beschleunigung der Inflation Anfang der 2000er Jahre und kurz vor der Finanzkrise zeigt, dass das Land immer auf Messers Schneide gestanden hat. Solch eine Entwicklung wäre nur verkraftbar, wenn die heimische Währung konsequent und unmittelbar die sich dadurch ergebenden Inflationsdifferenzen zu den Handelspartnern mit entsprechenden Abwertungen quittieren würde. Das ist aber regelmäßig nicht der Fall gewesen, weil auf den Finanzmärkten mit den Währungen solcher Länder spekuliert wird.

Auch die Ukraine war ein Opfer der carry trader, durch deren Finanzgeschäfte dem Land kurzfristiges Geld zufließt dank der hohen Zinsen, die in einem solchen Land wegen der relativ hohen Inflation herrschen. Folglich wird die Währung solcher Länder sogar gegen jede Vernunft auf- und nicht abgewertet. Das führt schließlich zu einer Überbewertung und einem Verlust an Wettbewerbsfähigkeit, der nicht mehr ausgeglichen werden kann außer durch eine starke Abwertung.

Hier kommt die Politik ins Spiel, die regelmäßig solche Abwertungen zu verhindern versucht, und stattdessen auch unhaltbare Wechselkurse verteidigen möchte. Abwertungen sind natürlich unpopulär, weil entweder viele heimische Unternehmen und Privatpersonen in ausländischer Währung verschuldet sind und/oder weil – ganz banal – Importe teurer werden, an die sich die Konsumenten gerade gewöhnt haben oder die – wie Öl und Gas – sogar lebensnotwendig sind.

Die Ukraine hat im Jahr 2008 zum letzten Mal deutlich abgewertet, nachdem sie zwischen 2004 und 2008 erheblich aufgewertet hatte. Das war nach den Vermutungen einiger Beobachter einer der Gründe für den Wahlverlust von Julija Timoschenko 2010. Weil man aber um das Problem der Wettbewerbsfähigkeit weiß, wird Druck auf die Löhne ausgeübt, was dann auch die heimische Nachfrage zum Stillstand bringt und die gesamte Wirtschaft in eine unlösbare Situation manövriert.

Die jetzige Krise wird vermutlich mit einer kräftigen Abwertung enden, weil es keine funktionsfähige Regierung und Zentralbank gibt, die dagegenhalten könnten. In der Tat hat die Hrywnia schon erheblich nachgegeben, fast auf den Tiefstand von 2008. Wie immer in solchen Fällen löst selbst eine starke Abwertung die Finanzierungsprobleme kurzfristig nicht, weswegen das Land beim IWF vorstellig werden muss, da es ohne IWF-Programm normalerweise von keinem anderen westlichen Land Kredite bekommt. Damit ist dann auch das »Revolutionsprogramm« in den Händen des IWF, denn der vergibt keine Kredite ohne harte neoliberale Auflagen (die berühmte conditionality).

Einen Vorgeschmack dazu lieferte 2013 der jüngste Bericht des IWF zur Lage in den osteuropäischen Ländern.[4] Da »findet der IWF heraus«, dass zum starken Anstieg der Arbeitslosigkeit in den meisten Ländern im Zuge der Finanzkrise »schwaches Wachstum« besonders stark beigetragen habe – aber wie fast immer in solchen Fällen kommt der IWF zu dem Ergebnis:

»Ein unflexibler Arbeitsmarkt mag auch eine Rolle gespielt haben. Bei sinkenden Löhnen gibt eine Ausgleichbewegung zwischen Lohnreduzierung und Beschäftigung – je mehr die Löhne sich anpassen, desto weniger muss es die Beschäftigung. Es ist deshalb wahrscheinlich, dass schlecht funktionierende Arbeitsmärkte eher relativ großen Anpassungen hinsichtlich der Beschäftigung als der Löhne gegenüberstehen.«[5]

Das ist falsch und wieder die alte neoklassische Sichtweise, nach der flexible Löhne einen Einbruch der Beschäftigung abfedern können, der ganz andere Ursachen als zu hohe Löhne hat. Diese Sichtweise hat der IWF zwar schon selbst im Falle Spaniens in Frage gestellt, durch ist das in Washington aber anscheinend noch nicht.

Würde man stattdessen den Ländern helfen, kontrolliert abzuwerten, um ihren Export zu beleben und (unnötige) Importe zurückzudrängen, hätte die neue Regierung eine Chance, mittelfristig die Wirtschaft zu beleben und das Land zu stabilisieren. Bis die Abwertung greift, sollte man dem Land Überbrückungskredite geben, die nicht mit neoliberalen Auflagen verbunden sind. Die Währung muss auf einem niedrigeren Niveau stabilisiert werden, auch hier braucht man Hilfe des Westens (der jederzeit durch Ankauf der ukrainischen Währung mit eigener Währung eine Aufwertung seiner Währungen gegenüber der Hrywnia verhindern kann), damit nicht erneut Spekulationswellen über das Land hereinbrechen. Darüber hinaus muss eine Lohnpolitik installiert werden, die bei der Stabilisierung der Preissteigerungsraten hilft und den Menschen eine Perspektive zur Verbesserung ihrer Lebensbedingungen gibt.

Wenn man aber unter Führung der westlichen Geldgeber das Land mit neoliberalen Reformen überzieht, werden sich auch die Verhältnisse zu Russland sehr schwierig gestalten, da Russland – zu Recht oder zu Unrecht ist eine andere Frage – darauf beharren wird, dass die Ukraine wegen der gemeinsamen Geschichte und der sich (besonders auf der Krim) überschneidenden Bevölkerungsanteile nicht vollkommen losgelöst von Russland betrachtet werden kann.

Aber all das und die Schuld des Westens (der Finanzmärkte) beim Entstehen der unhaltbaren Situation diskutiert wieder keiner. Jeder westliche Politiker kommt sich jetzt wichtig vor und wedelt mit Milliardensummen, ohne zu sagen, dass er bereit wäre, für die systemischen Reformen der Weltwirtschaft (eine globale Währungsordnung) in die Bresche zu springen, die für die Ukraine noch mehr als für die anderen osteuropäischen Länder lebensnotwendig sind.

7 Die Türkei versucht den Befreiungsschlag, trifft sich aber selbst

Sogenannte Schwellenländerprobleme haben 2013 mehrfach die Börsen in Panik versetzt. Die Türkei hat darauf im Januar 2014 mit einer drastischen Maßnahme geantwortet. Die Zentralbank hat ihren Leitzins in einem gewaltigen Schritt von 4,5 auf 10 Prozent erhöht. Damit steigt der kurzfristige Zins für Übernachtkredite von 7,75 auf 12 Prozent. Mit dieser Maßnahme versuchte die Notenbank, die Abwertung der türkischen Lira zu stoppen, die an den Devisenmärkten seit Beginn des neuen Jahres unter erheblichem Abwertungsdruck stand.

Für eine Wirtschaft, die sich in einer sehr schwachen Konjunkturphase mit einer Arbeitslosigkeit in der Größenordnung von zehn Prozent befindet, ist das ein gewaltiger Schock und kann, wenn sich der Zinsanstieg als anhaltend erweist, eine schwere Rezession auslösen. Warum riskiert die Notenbank so viel? Nun, es scheint, als wolle man mit dieser Maßnahme die Gefahr einer Abwertungsspirale der eigenen Währung ein für alle Mal bannen. Notenbanken, die versuchen, den Außenwert ihrer Währung zu verteidigen, sind immer in einer schwierigen Situation. Sie können am Devisenmarkt intervenieren (also eigene Währung kaufen), aber dazu brauchen sie Devisen. Die Devisenreserven sind aber immer begrenzt und normalerweise (Ausnahme China) nicht in einer Menge vorhanden, die die Märkte von einer Spekulation gegen eine Währung abhalten würde. Folglich muss an irgendeinem Punkt entweder um internationale Hilfe nachgefragt werden (also US-Dollar- oder Eurokredite, die es nur beim Internationalen Währungsfonds in Washington gegen scharfe Auflagen gibt), oder man versucht es mit eigenen Mitteln, und da bleibt nur die Zinserhöhung.

Das Fatale ist, dass Länder wie die Türkei eine gewisse Abwertung ihrer Währung brauchen, um Wettbewerbsfähigkeit zurückzugewinnen, ihr Leistungsbilanzdefizit abzubauen und damit der Abhängigkeit von den Finanzmärkten zu entkommen. Eine einmal in Gang gekommene Abwertung ist aber schwer aufzuhalten, und es kann zu einem weiten Überschießen des Währungsverfalls kommen, was ebenfalls große Schäden anrichten kann, weil die Inflation über stark verteuerte Importe steigt und eine Lohnspirale in Gang gesetzt würde, die dann auch nur mit einer Zinserhöhung zu bekämpfen wäre. Außerdem sind in den Schwellenländern meist viele Bürger auch in ausländischer Währung verschuldet, was ein neues Problem schafft, weil diese Schulden bei einer starken Abwertung quasi explodieren und die Banken in Schwierigkeiten bringen.

Das alles wäre zu vermeiden, wenn es ein globales Währungssystem gäbe, das dafür sorgte, dass die Währungsrelationen sich nach den Inflationsdifferenzen beziehungsweise den Lohnstückkostendifferenzen ausrichten. Dann bräuchte man keine IWF-Konditionalität für den Fall, dass ein Land abwerten muss, sondern die Abwertung würde so in das System eingebaut, dass es erst gar keine Über- oder Unterbewertung von Währungen und damit auch keine riesigen und anhaltenden Leistungsbilanzdefizite- und überschüsse gäbe. Aber nein, das darf nicht sein, weil ja die Ideologie (oder Idiotie) vorherrscht, nach der, um es drastisch zu sagen, die Märkte immer alles richtig machen und alle Fehlentwicklungen, die entstehen, auf Fehler der Politik zurückzuführen sind.

Also finden nach dieser »Lehre« die Finanzmärkte auch die richtige Bewertung für die Währungen. Dass sie das nicht tun, kann man zwar jeden Tag an Ländern wie der Türkei oder Brasilien beobachten, aber das wollen die Marktgläubigen nicht sehen – und schauen einfach weg. **Die Spekulation mit Währungen produziert genau das Gegenteil des von der herrschenden Theorie erwarteten Ergebnisses, nämlich die** (nominale und reale) **Aufwertung von Währungen von Hochinflationsländern.** Aber diese systematisch falschen Preise werden nicht problematisiert, sondern verschleiert. Statt auf die Fehlentwicklungen der Märkte hinzuweisen, wird stattdessen die Politik in den Ländern gemahnt, endlich die notwendigen »Reformen« in Gang zu setzen, was natürlich heißt, eine neoliberale Agenda umzusetzen.

Typisch für die Verwirrung, die allenthalben gestiftet wird, sind Aussagen der Art: »Jahrelang haben westliche Großanleger Schwellenländer finanziert.« »Großanleger« also, weil das Wort »Spekulant«

vermutlich bei den deutschen »Leitmedien« auf dem Index steht. Ja, nachdem sie diese Länder in unhaltbare Leistungsbilanzdefizite durch die Spekulation mit deren Währungen getrieben und gut daran verdient haben, werden sie dann zu »Investoren« hochstilisiert, die doch nur das Beste wollten. Dabei haben die Schwellenländer mit diesen »Investments« nie etwas anfangen können, denn das Geld kam immer nur ganz kurzfristig und wurde für die Käufe westlicher Güter benutzt statt für Investitionen in den eigenen Kapitalstock.

Und bei den Schwellenländern merken dann auch manche, dass Leistungsbilanzdefizite ein Problem sind. Man macht sich Sorgen um Länder mit Leistungsbilanzdefiziten und Auslandsverschuldung. Da wundert man sich, wo doch sonst die deutschen Leitmedien nicht müde wurden zu betonen, wie ungefährlich, ja geradezu gut die deutschen Leistungsbilanzüberschüsse für die ganze Welt sind. Wie können denn Defizite und Verschuldung schlecht sein, wenn Überschüsse und Forderungen doch durchweg gut sind? Sind die deutschen Überschüsse vielleicht gar nicht von dieser Welt? Sind es doch Mars und Venus, die die Defizite machen, die den deutschen Überschüssen gegenüberstehen?

Es ist keine Übertreibung zu sagen, dass sich das ganze Elend der globalen makroökonomischen Diskussion in diesem Schwellenländerproblem widerspiegelt. Angefangen mit der Verdrängung des Wechselkursproblems und dem Versagen der Märkte, über die unsinnige Konditionalität, die vom IWF Ländern mit Leistungsbilanzdefiziten aufgezwungen wird, bis hin zu der schwachsinnigen Diskussion über Leistungsbilanzüberschüsse, in der sich Deutschland und seine Ökonomen besonders hervortun. Und schließlich zeigt dieses Schwellenländerproblem, wie dramatisch sich die wirtschaftliche Lage selbst bei flexiblen Wechselkursen entwickeln kann, wenn ein Land im Ausland hoch verschuldet ist. Nun müsste man nur noch den kleinen geistigen Sprung wagen in eine Welt, in der ein Land mit seiner Währung auf Gedeih und Verderb an andere Länder gebunden ist, die nichts anderes im Sinn hatten, als für sich so schnell wie möglich selbst die Leistungsbilanzüberschüsse zu reservieren und die anderen in die Defizite zu treiben, dann hätte man das ganze Ausmaß der Eurokrise verstanden.

Die Eurokrise – ist eine Krise des Denkens und des Redens

8 *Die letzte Chance nutzen!*

Die gemeinsame europäische Währung ist existenziell bedroht. **Von Anfang an wurden die Grundbedingungen für eine funktionierende Währungsunion missachtet, und das Management der Währungsunion, ausgerichtet vor allem auf fiskalische Solidität, war unangemessen.** Auch bei dem Versuch, der Spaltung der Europäischen Währungsunion Herr zu werden, hat die falsche Fokussierung auf fiskalische Fragen (Stichwort »Staatsschuldenkrise«) eine umfassende und zielgerichtete Therapie verhindert. Darüber hinaus hat die einseitige und ungerechtfertigte Schuldzuweisung an die Schuldnerländer und die von ihnen verlangte Austeritätspolitik eine Wirtschaftskrise in Gang gesetzt, deren negative Folgen für die Lebensverhältnisse der Menschen die demokratischen Systeme als solche in Frage stellen und das friedliche Zusammenleben der Bürger in Europa für Jahrzehnte belasten werden.

Es ist spät, doch noch ist es nicht zu spät für eine Umkehr. Würde Deutschland als wichtigstes Gläubigerland Einsicht zeigen, seine Position radikal verändern und auf eine Strategie setzen, die den Abbau des Gefälles bei der Wettbewerbsfähigkeit vor allem von Seiten Deutschlands konkret ins Auge fasst, könnte die Eurozone die schwere Rezession überwinden und die Krise bewältigen. Doch mit jedem Tag, an dem an der gescheiterten Strategie festgehalten wird, schwinden die Chancen für eine erfolgreiche Wende. Folglich müssen auch andere Optionen ins Auge gefasst werden. Das ist zwingend in einer Situation, wo in den besonders betroffenen Ländern die Kosten der Anpassung politisch kaum noch zu bewältigen sind und die Demokratie ernsthaft bedroht ist. Die Währungsunion barg enorme Chancen – doch die wurden nicht genutzt.

Demokratisch gewählte Regierungen können ihrer Bevölkerung immer nur eine begrenzte Menge an Leid auferlegen. Viele Währungskrisen der Vergangenheit haben in massiven Konflikten, Rebellion und Chaos geendet. In den meisten Fällen konnte die Krise nur dadurch politisch eingegrenzt werden, dass die Abwertung der eigenen Währung relativ rasch für eine wirtschaftliche Umkehr sorgte. Eine solche Maßnahme gibt es in der EWU derzeit nicht. Keine der Maßnahmen, die von der Troika den Ländern bislang aufgezwungen wurden, hatte das Potenzial, eine Wende zum Besseren hervorzubringen. Können demokratische Regierungen den Menschen keine Hoffnung auf eine bessere Zukunft geben, werden die Ränder des demokratischen Spektrums mehr und mehr Zulauf erhalten. Die Möglichkeit eines Ausstiegs aus der politischen Diskussion zu verdrängen, weil man Europa nicht in Frage stellen will, wäre unverantwortliche Schönfärberei und würde am Ende nur den Europagegnern in die Hände spielen.

Lässt man diese Möglichkeit zu, muss man den zentrifugalen nationalen Kräften begegnen, ohne dass das politische Europa darüber vollends zerbricht. Es gibt zwei grundsätzliche Hürden, die bei einem Ausstieg zu überwinden sind. Um Kapitalflucht und einen Ansturm auf die Banken zu verhindern, müssen strikte Kapitalverkehrskontrollen eingeführt werden. Hier wurde mit Zypern ein Präzedenzfall geschaffen, der zeigt, dass man schnell genug reagieren kann. Beim Übergang zu einer neuen nationalen Währung besteht zudem die Gefahr, dass diese Währung, wird sie den Devisenmärkten überlassen, zunächst ins Bodenlose fällt und auf diese Weise die Umstellung sehr teuer und schmerzhaft macht. Alle Defizitländer brauchen eine Abwertung in der Größenordnung von 25 bis 40 Prozent, mehr würde aber den europäischen Handel schwer schädigen, und Länder, die in starkem Maße von Importen abhängig sind, würden bei einer Währungsumstellung und einer übermäßigen Abwertung zu große Realeinkommensverluste erleiden. Einer übermäßigen Abwertung vorzubeugen und den Ländern, die in der Europäischen Union bleiben wollen, einen möglichst schmerzfreien Übergang zu ermöglichen und den europäischen Binnenmarkt nicht zu zerstören, ist die wichtigste Aufgabe, die der europäischen Politik zufällt.

Deutschland würde in einem Ausstiegsszenario wirtschaftlich ohne Zweifel hart getroffen. Es muss damit rechnen, dass die in extremer Weise auf den Export ausgerichtete Produktionsstruktur, die sich in den Jahren der Währungsunion gebildet hat, einer harten Anpassung unterzogen wird. Der Exportsektor wird deutlich schrumpfen und nur bei einer vollständig anderen Wirtschaftspolitik könnte ein Teil davon über expandierende Binnenbereiche abgefangen werden.

Die Grundentscheidung für den Euro kann auch mit guten wirtschaftlichen Argumenten gerechtfertigt werden. Die dominierende ökonomische Theorie aber hat diese Argumente von Anfang an ignoriert und politisch desavouiert. Aufgebaut auf monetaristischen Vorstellungen in der Europäischen Zentralbank sowie kruden Ideen zum Wettbewerb von Nationen im größten Mitgliedsland konnte die Währungsunion nicht funktionieren. Alle, die Europa als politische Idee retten wollen, müssen nun erkennen, dass das nur mit einer anderen Wirtschaftstheorie zu schaffen ist. Nur wenn die Teilhabe aller Menschen am wirtschaftlichen Fortschritt unter allen Umständen gewährleistet und dem Wettkampf der Nationen abgeschworen wird, kann auf den Trümmern des alten Gebäudes neues europäisches Leben entstehen.

9 Der europäische Traum und ein schlimmes Erwachen

Als ich ein Kind war, hielt ich wie die meisten meiner Generation ein in Freundschaft geeintes Europa für einen Traum. Noch gab es deutlich zu erkennende Grenzen und nie war klar, wie lange die brüchige Bindung zwischen den souveränen Staaten halten würde. Kaum über der Grenze, in Frankreich, war das Gefühl, in einem fremden Land zu sein, nicht von der Hand zu weisen. Über die Jahre gewöhnte man sich jedoch mehr und mehr an die Vorstellung, in einem ganz allmählichen und sanften Prozess werde Europa wachsen und die Nationalstaaten fast natürlicherweise kleiner werden, bis am Ende ein auch politisch geeintes Europa entstünde. Mittlerweile lebe ich im dreizehnten Jahr in Frankreich und fühle mich aufgenommen wie jeder andere Bürger auch.

Warum konnte es nicht so reibungslos weitergehen mit der europäischen Integration? Warum dieser existenzielle Schock, dem jetzt alle ausgesetzt sind und den wir Eurokrise nennen? Auf diese Fragen gibt es keine einfachen Antworten. Die Antworten, die es gibt, haben aber immer mit dem Versagen der Ökonomie beziehungsweise der Ökonomen zu tun. Wer das ausblendet, macht einen grundsätzlichen Fehler. Mittlerweile hat der deutsche Umgang mit der Krise bei vielen aufgeklärten Menschen auch in Deutschland und auch in manchen Medien erhebliches Unbehagen hervorgerufen, und ein politisches Umdenken deutet sich an.

Dabei gibt es natürlich die unterschiedlichsten Positionen, deren Bandbreite man aber mit folgenden beiden Extremen markieren kann. Die Zyniker sagen: Ist doch klar, was jetzt passiert. Politische Macht – und Deutschland ist nun mal mächtig – führt immer irgendwann dazu, dass Menschen diese Macht missbrauchen, ganz gleich, welche Ideale sie sich selbst einmal gegeben haben. Auf der anderen Seite stehen die Moralisten, die jetzt beginnen zu verstehen, wie viel kostbares politisches Porzellan Deutschland gerade zerschlägt, und warnend den Finger heben angesichts der fortschreitenden Desintegration. Beide Seiten sind im Grunde aber hilflos, weil sie weder Erklärungen haben für das, was geschieht, noch Alternativen anbieten können. Also schreiben sie Kommentare und reden in Mikrofone mit warnendem Unterton. Ohne inhaltliche Analyse bleibt das aber blass und kann keinen wirklichen Beitrag zur Änderung leisten.

Man muss den großen und mühsamen Schritt in die inhaltliche Analyse machen, um weiterzukommen. Finanzkrisen sind auch von den Ökonomen weitgehend unerklärte Phänomene, und die inhärente Logik von Währungsunionen ist noch weniger verstanden. Der deutschen Kanzlerin und ihrem Finanzminister kann man vorwerfen, sich nicht breiter und unabhängiger beraten zu lassen; dass sie hilflos im Kreise rudern in einer Welt, in der die Mehrheit der sogenannten Wirtschaftswissenschaftler keinen wirklichen Rat bietet, ist nicht ihre Schuld.

Gut erkennen kann man das am Ablauf der ökonomischen Vorgänge während der deutschen Wiedervereinigung. Zunächst konnte man da sehen, mit welcher Kaltschnäuzigkeit in unserem doch so freien System mit Andersdenkenden und mit Menschen umgegangen wird, die in einem anderen Staat aufgewachsen sind. Ganz ähnlich ist unser Umgang mit den Südeuropäern. Noch schlimmer war die Art und Weise, mit der die deutsch-deutsche Währungsunion und mit ihr die ostdeutsche Wirtschaft und ihre Arbeitnehmer an die Wand gefahren und mit Geld zugekleistert wurden. Da musste man böse Vorahnungen für Europa bekommen. Mich beschlichen damals schon erste Zweifel ob der europäischen Währungsunion, weil ich dachte, so ein Versagen der Wirtschaftspolitik darf in einer europäischen Währungsunion niemals passieren, weil es Europa unweigerlich zerstören müsste. Doch genauso ist es gekommen.

Drei Dinge sind es vor allem, die grundlegend schiefgelaufen sind in Europa und die am Ende – das ist meine Überzeugung – den Euro zerstören werden, weil den entscheidenden Personen die Instrumente fehlen, die Krise analytisch zu durchdringen:

Erstens, der deutsche Feldzug im Export. Er wurde begonnen und vorangetrieben von einer rot-grünen Koalition, die keinerlei wirtschaftspolitisches Konzept hatte und in ihrer Hilflosigkeit eine neoklassische Agenda vom Sachverständigenrat abschrieb. Den komplexen Zusammenhang von binnenwirtschaftlichem Niedergang und einer Explosion der Exportüberschüsse in einer Währungsunion haben bis heute die meisten nicht wirklich begriffen. Wie könnte ich da den Politikern vorwerfen, dass sie mit primitiven Floskeln um sich werfen und den Menschen nicht erklären, was geschieht? Wie könnte man Journalisten bei ihrem täglichen Kratzen an der Oberfläche vorwerfen, dass sie nicht zum Kern der Dinge vordringen, wenn ein paar tausend Ökonomen an wirtschaftswissenschaftlichen Fakultäten in lauten Jubel über die wunderbare Wirkung der Agenda 2010 ausbrechen, bloß weil sie ihre eigenen Vorurteile bestätigt?

Der Kern der Geschichte, dass eine Währungsunion lediglich verlangt, dass sich jedes teilnehmende Land an seine eigene Produktivität anpasst und das gemeinsam beschlossene Inflationsziel akzeptiert, ist auch unter Ökonomen ein großes Geheimnis. Noch wichtiger und noch geheimnisvoller: Produktivität umfasst alle wichtigen Bereiche des ökonomischen Daseins. Genau deswegen müssen diese Bereiche zwischen den verschiedenen Ländern einer Währungsunion gerade *nicht* vereinheitlicht werden. Denn durch die Anpassung jedes Landes an seine gesamtwirtschaftliche Produktivität ist der notwendige Ausgleich bereits geschafft. Wer wollte da einem Feuilletonisten wie Gustav Seibt verübeln, wenn er in der *Süddeutschen Zeitung* schreibt, Deutschland sei ja bloß »behäbig und rechtschaffen« in seinem Wohlstand und der böse Bube in Europa, weil die anderen eben nicht »behäbig und rechtschaffen« seien.

Zweitens, der Rückfall in Brüningsche Politik. Sparen als »Lösung« in Finanzkrisen ist nicht neu, obwohl es schon immer falsch war. Man muss sich vorstellen, dass der Internationale Währungsfonds über mehr als dreißig Jahre genau das allen Entwicklungsländern vorgeschrieben hat, die in irgendwelche Krisen gerieten. Weil die »Schulden« immer als zu hoch und der Staat als zu groß erschienen, wurde Austerität ein quasi natürlicher Bestandteil des Krisenmanagements. Das wuchs sich nie zu einer globalen Krise aus, weil die Weltwirtschaft immer weiter expandierte und die Länder ihre Währungen abwerteten, was den restriktiven Impuls der staatlichen Nachfragekürzung in der Regel mehr als ausglich. Dass das anders ist, wenn jeder dieses Rezept anwendet, ist eine gedankliche Schleife, deren Bewältigung man bisher leider nur von wenigen erwarten kann.

Darüber hinaus wurden »strukturelle Anpassungen« jahrzehntelang als Lösung für quasi jedes wirtschaftliche Problem verkauft. Die OECD, der IWF, die Weltbank und 90 Prozent der »Wissenschaft« predigen bis zuletzt, dass nur auf der Angebotsseite der Volkswirtschaft »Reformen« wirklich greifen. Die gesamte EU, angeführt von der Kommission, hat ebenfalls über Jahrzehnte »Wettbewerbsfähigkeit« zum Dreh- und Angelpunkt ihrer Wirtschaftspolitik gemacht. Dass der Jurist, den man zum deutschen Finanzminister gemacht hat, dann konsequenterweise den unendlich naiven Satz »Alle müssen wettbewerbsfähig werden« sagt, wer wollte ihm daraus einen Vorwurf machen?

Drittens, die Rolle der Banken bleibt wohl auf immer unverstanden. Auch in der Asienkrise 1997/1998 war die Rolle der Banken ein großes Rätsel geblieben. Banken werden oft pauschal als Verursacher solcher Krisen gesehen, und manchmal sind sie es auch, wie in der großen Krise in den Industrieländern von 2008. Es ist aber keineswegs eine allgemeingültige Erklärung von Finanzkrisen. Die Mehrzahl der Krisen in der Vergangenheit waren Währungskrisen – und auch die Eurokrise ist eine –, also Krisen, bei denen es zu Über- und Unterbewertungen von Währungen oder Wirtschaftsräumen gekommen ist, die Änderungen der Währungsrelationen verlangten oder – wie beim Euro – die Änderung von Wettbewerbsrelationen über Lohnanpassungen.

Auch in solchen Krisen treten vielfältige sekundäre Bankenprobleme auf, besonders wenn die Krise so schlecht gemanagt wird wie die Eurokrise, weil man die Krise von vornherein als »Staatsschuldenkrise« falsch tituliert und am falschen Ende operiert hat. **Die Neigung im linken politischen Spektrum, alle Krisen in einen Topf zu werfen und als »Bankenkrise« zu bezeichnen, ist jedoch genauso falsch und irreführend wie die Neigung auf der rechten Seite, alles zu einem Staatsschuldenproblem zu machen.** Wer immer nur auf den politischen Gegner und die nächste politische Parole zielt, kann keinen klaren Gedanken mehr fassen.

Armes Europa! Du hättest eine Chance verdient gehabt. Aber mit der Währungsunion, so gut sie gemeint war, bist du einen Schritt zu weit gegangen. Man hätte Institutionen und Menschen mit Macht gebraucht, die mehr analytische und weniger politische Fähigkeiten aufweisen. Aber die gibt es in Wirklichkeit wohl nicht. Deswegen können wir dir nur wünschen, dass du die Kraft aufbringst, einen Schritt zurück zu machen, bevor dich eine große Explosion viele Schritte zurückwirft und schwer verletzt.

Der europäische Traum und ein schlimmes Erwachen 39

10 Alle Länder der Europäischen Währungsunion sind systemrelevant, auch Zypern

Die Diskussion um einzelne Länder in der Währungsunion treibt seltsame Blüten. Anfang 2013 ist Zypern in den Fokus von Politik und Medien geraten und sah sich erheblichem Druck ausgesetzt, massive Eingriffe in seine Wirtschaft vorzunehmen, um Kredite zur Überwindung seiner Bankenkrise zu bekommen. Dabei ging es um die Steuersätze für Unternehmen im Land, um Geldwäsche und um Banken, die offenbar besonders viel Geld von russischen Anlegern in ihren Büchern stehen hatten. Man werde, so einige deutsche Politiker, »Zypern fallen lassen«, wenn nicht von deren Seite erhebliche Zugeständnisse gemacht würden.

An diesen Einlassungen zeigte sich wieder einmal, dass in Deutschland die Währungsunion als solche vollkommen unverstanden ist. Kaum einer hat begriffen, welch weitgehenden Schritt man mit der Gründung einer Währungsunion in Europa gemacht hat und wie gravierend die Auswirkungen für alle Zukunft sein werden. Währungsunion, das habe ich in den vergangenen Jahren sicher hundert Mal geschrieben, bedeutet ausschließlich, das nationale Geldwesen aufzugeben und in gemeinsame Hände zu legen. Es bedeutet jedoch nicht und muss auch nicht bedeuten, dass alle Aspekte des Lebens und der Politik vereinheitlicht werden.

Weil aber von Anfang an die Vereinheitlichung des Geldwesens überlagert wurde von Wünschen zur politischen Vereinheitlichung, insbesondere den Vorschriften zur Begrenzung der Staatsverschuldung, gibt es spätestens dann, wenn einige Länder in vitale Schwierigkeiten geraten, kein Halten mehr, und mit unglaublicher Chuzpe wird in die politischen Verhältnisse anderer Länder eingegriffen. Was auch immer einem schon lange missfallen hat, wird jetzt mit eisernem Besen ausgekehrt, jetzt hat man ja die Macht, sich über demokratische Regeln und die politische Souveränität anderer Länder hinwegzusetzen. Natürlich findet man dafür den Beifall vieler Menschen im Lande und der Boulevardpresse, und natürlich ist es, in einem Wahljahr zumal, angenehm, wenn man bei solchen Themen zeigen kann, was für ein Kerl man ist. Bayern lässt grüßen. Dennoch ist ein solches Auftreten auf Dauer gefährlich und wird die Währungsunion und mit ihr aller Wahrscheinlichkeit nach die gesamte europäische Idee zerstören.

Die unlösbaren Probleme solcher Intervention in die politischen Verhältnisse anderer Länder beginnen schon mit der Gleichbehandlung. Wenn man so etwas macht, müsste man zumindest dafür sorgen, dass alle Schuldnerländer gleich behandelt werden. Davon kann aber nicht die Rede sein, wie das Beispiel Zypern deutlich vor Augen führte. Zypern wurde beispielsweise für einen Steuersatz für Unternehmen von zehn Prozent heftig in die Mangel genommen, während man bei Irland zwölf Prozent akzeptiert. In anderen Ländern war bei Bankenrettung kaum die Rede davon, dass die »Gläubiger der Banken«, also die Einleger, ebenfalls zur Kasse gebeten werden müssten. Weil Zypern offenbar ein Anlageparadies für russische Millionäre war, wollte man hier hart zugreifen. Das alles ergibt zusammen genommen wenig Sinn, führt aber dazu, dass die Länder gedemütigt werden und die Bürger sich wie Menschen zweiter Klasse fühlen, weil die politischen Entscheidungen in Berlin und Brüssel und nicht in ihrer eigenen Hauptstadt getroffen werden. Dass dann scheinbar oder tatsächlich antieuropäisch gewählt wird, ist nicht verwunderlich.

Die »Konditionalität«, die den Schuldnern von den Gläubigern auferlegt wird, war auch in Finanzkrisen der Vergangenheit häufig von der Sache her unangemessen, brachte keine Erfolge bei der Verbesserung der wirtschaftlichen Lage der Schuldnerländer, führte aber zu tief sitzendem und dauerhaftem Misstrauen gegenüber den Gläubigern. Man muss sich nur einmal fragen, warum sich der Internationale Währungsfonds, der Meister der Konditionalität in allen vergangenen Krisen, heute in Asien und in Südamerika nicht mehr zeigen darf, ja in einigen Ländern geradezu geächtet ist.

Man mag sich als Politiker ja wünschen, auch in anderen Ländern mal so richtig aufräumen zu können, man muss nur wissen, dass dabei die Währungsunion in ihrem Überleben akut gefährdet wird und zwar, ohne dass man die Probleme der Währungsunion damit löst. Um zu einer dauerhaften Lösung zu kommen, muss man Währung und Geld als das nehmen, was sie sind, nämlich Mittel, die Marktwirtschaft effizient und leistungsfähig zu machen, nicht aber Mittel, mit deren Hilfe man schnell mal eben alle Probleme dieser Welt lösen kann. Wer, mit gutem Recht natürlich, die Geldwäsche bekämpfen will oder zu niedrige Steuern für Unternehmen, muss das tun, was man in solchen Fällen im Rahmen der internationalen Beziehungen üblicherweise tut: Man verhandelt miteinander und schließt Abkommen unter souveränen Staaten (siehe etwa Vereinbarungen mit der Schweiz). Wenn man eine in Schwierigkeiten geratene Währungsunion dazu missbraucht, Druck bei Fragen auszuüben, die mit der Währungsunion nichts oder nur am Rande zu tun haben, gefährdet man zuallererst die Währungsunion.

Währung und Geld haben mit Vertrauen zu tun. Papiergeld ohne Vertrauen ist wertlos. Eine einheitliche Währung, ganz gleich ob in Zypern oder sonst wo, muss überall genau das gleiche Vertrauen genießen. Und das gilt auch für das wichtigste in dieser Währung ausgestellte Wertpapier, die Staatsanleihe. **Weder darf die Währung als solche in Frage gestellt werden noch der Wert von Staatsanleihen, die von Staaten ausgegeben werden, in denen diese Währung »legal tender« ist, also das vom Staat garantierte Wertaufbewahrungsmittel.**

Um das Vertrauen in die Währung in allen Mitgliedsländern zu erhalten, darf man in allen Ländern bei zwei zentralen Fragen keine Kompromisse eingehen: erstens bei der Bereitschaft, das Inflationsziel in jedem einzelnen Land der Währungsunion einzuhalten, wobei es entscheidend ist, dass lohnpolitische Abweichungen nach oben und nach unten gleichbehandelt werden. Zweitens darf es keine Kompromisse geben bei der Bereitschaft, allen Mitgliedsstaaten das wirtschaftlich eigenständige Überleben zu ermöglichen, was vor allem heißt, nicht in wirtschaftliche Abhängigkeit zu geraten und unfähig zu werden, mit den verbliebenen Mitteln der Wirtschaftspolitik Schwächephasen überwinden zu können. Beides ist in der Europäischen Währungsunion gründlich schiefgegangen und es geht weiter schief, weil sich ganze Heerscharen von Politikern auf Nebenkriegsschauplätzen austoben und im Kernbereich Schaden anrichten.

Das Auseinanderlaufen beim Inflationsziel ist hierbei das eigentliche Problem, und Deutschland hat hier seinen gehörigen Anteil zu verantworten. Das ist inzwischen Allgemeingut in weiten Kreisen der aufgeklärten Bevölkerung, wenngleich Deutschlands führende Politiker und die Leitmedien in trauter Zweisamkeit weiter beharrlich dazu schweigen.

Der zweite Punkt hängt eng mit dem ersten zusammen. Ist ein Land überbewertet, hat also gegenüber seinen Währungsunionspartnern an Wettbewerbsfähigkeit verloren und gerät in eine Rezession, sind seine Möglichkeiten, sich daraus zu befreien, extrem gering. Wenn, wie in der Währungsunion, Abwertungen ausgeschlossen sind, versucht man es üblicherweise durch Lohnsenkung (unsinnigerweise und mit ideologischen Hintergedanken auch »interne Abwertung« genannt). Die aber verschlechtert die Lage, weil sie in den meisten Ländern (nämlich denen mit geringerem Export- als Binnennachfrageanteil) die Binnennachfrage mehr schwächt, als sie den Export anzukurbeln vermag. Wenn dann auch noch expansive Finanzpolitik ausgeschlossen wird, sind die wirtschaftspolitischen Möglichkeiten schon erschöpft, da es nationale Geldpolitik ja nicht gibt. Folglich können sich solche Länder nicht aus der Rezession lösen, die Arbeitslosigkeit steigt, und die politischen Spannungen nehmen so lange zu, bis es auf irgendeine Weise zur Entladung kommt.

Wer in dieser Situation auf »Strukturreformen« baut (so Schäuble), hat schlicht keine Ahnung.[6] Eine Wirtschaft mit einem Nachfrageproblem – und nichts anderes heißt Rezession – kann man so lange mit Strukturreformen traktieren, wie man will, es wird nichts helfen, es wird in der Regel nur noch schlechter, weil die wichtigste angestrebte »Reform« aus ideologischen Gründen regelmäßig die am Arbeitsmarkt ist, und die läuft auf Lohnsenkung hinaus. Das heißt, man verschlimmert das Nachfrageproblem zielstrebig in der Hoffnung darauf, dass geänderte Strukturen von sich aus Nachfrage entwickeln. Das tun sie aber *nie*, weil auch der niedrigste Lohn, die längsten Arbeitszeiten, die flexibelsten

Entlassungsmöglichkeiten und sonstige besonders unternehmer-freundliche Rahmenbedingungen niemals von sich aus die Auslastung erhöhen. Man braucht einfach zusätzliche Nachfrage, und die fällt nun mal nicht vom Himmel.

Daraus folgt, dass man diese beiden Probleme lösen muss, um die Währungsunion zu retten. Alles andere muss in anderen Zusammenhängen mit den Ländern diskutiert werden. Steuerdumping etwa ist ein großen Problem in Europa, aber Deutschland sollte nicht so heuchlerisch tun, als habe es nicht selbst dabei kräftig mitgemacht, und man sollte nicht so großspurig tun, als könne man dieses Problem in einem kleinen Land eben mal im Vorbeigehen beseitigen.

Nach all dem muss man noch einmal fragen, was es heißt, ein Land »fallen zu lassen«. Wohin soll es fallen? Und wer fällt, die Regierung, das ganze politische System oder die ganze Bevölkerung? Da ein Staatsbankrott oder eine Nichtbedienung von Staatsschulden zwar das Vertrauen in unsere eigene Währung zerstört, aber nicht hilft, die Nachfrageschwäche im betroffenen Land zu überwinden (wie Griechenland gezeigt haben sollte), ist auch diese Variante des Fallenlassens schlicht eine Vorstufe des Zerfalls eines ganzen Landes. Ein zerfallendes Land in der Währungsunion ist der Anfang vom Untergang derselben, weil das Vertrauen weg ist und auch nicht wiederhergestellt werden kann. So wurde Zypern tatsächlich zum Lackmustest für die Lernfähigkeit von Politikern und Abgeordneten – und sie haben versagt.

II Zypern gerettet – Währungsunion näher am Abgrund

Rettung klingt natürlich toll – aber nur solange man nicht genauer hinsieht, was in unserer schnelllebigen Zeit leider schon lange aus der Mode gekommen ist. Kommen wir noch einmal auf Zypern zu sprechen, weil es ein gutes Beispiel für das Versagen der Politik ist – wie im letzten Kapitel beschrieben. Ein EU-Gipfel hatte Zypern zwar vorläufig gerettet, aber zu einem hohen Preis. Wieder einmal wurde vollkommen unsystematisch in die Souveränität eines Landes eingegriffen und so die Gefahr des Zusammenbruchs der gesamten Währungsunion weiter vergrößert.

Im März 2013 traf es in erster Linie die Sparer. Was in Deutschland über Wochen die »Gläubiger der Banken« genannt wurde, meinte natürlich niemand anderen als die Sparer (was man in Deutschland aus politischen Gründen so nicht sagen wollte, und alle Medien haben das Wort »Gläubiger« nachgeplappert). Weil die Banken in Zypern groß sind und man die Vermutung hatte, dort werde Schwarzgeld gewaschen, bat man übers Wochenende kurzerhand alle Sparer kräftig zur Kasse. Das schuf eine neue Dimension der Unsicherheit, weil bisher die eiserne Regel galt, die Einleger der Banken zu schützen. In Irland wurden trotz riesiger Banken und mehr als dubioser Bankgeschäfte alle Einleger verschont.

Nun war zum ersten Mal das Horrorszenario eingetreten, dessen Androhung schon zu Kapitalflucht aus den südeuropäischen Ländern geführt hatte: Eines Morgens wachte man auf und hatte viel weniger Geld auf dem Konto als am Abend zuvor. Zwar ging es bis dato noch nicht um den EWU-Austritt des Landes, in dem man Guthaben hält, aber der Präzedenzfall war damit geschaffen. Der Glaube aller Anleger, ganz gleich ob groß oder klein, ob aus Russland oder sonst woher, an die Vertrauenswürdigkeit der Europäischen Währungsunion und ihrer Währung wurde in den Grundfesten erschüttert.

Nachdem man in Griechenland mit dem Quasi-Schuldenschnitt die Halter von griechischen Staatspapieren bestraft hatte (wofür eigentlich?), bestrafte man nun die Einleger der Banken. Statt sich den Bankgeschäften in der gesamten EU kritisch und systematisch mit dem Ziel zu widmen, eine neue solide Bankenstruktur zu schaffen, wurde einfach mal, weil es einem gerade ins Auge fiel, die normale Geschäftstätigkeit der Banken in einem kleinen Land mit ungeheurer Wucht aus den Angeln gehoben. Nach dem griechischen Staatsanleihenschnitt hatte man den Eindruck, dass einige Verantwortliche wenigstens begriffen hatten, dass diese Art von Ad-hoc-Politik nur Schaden anrichtet. Das war ein Irrtum. Und Zyperns Pech: Es wurde einfach auf einem anderen Gebiet fortgesetzt, was auf dem ersten gescheitert war.

So geht es aber nicht. **Politiker aus 17 Ländern können nicht einfach zusammenkommen, alle ihre Vorurteile in die Waagschale werfen und ein unverdauliches Etwas produzieren, das mit dem eigentlichen Problem der Währungsunion wenig bis nichts zu tun hat.** Gleichzeitig wird das wichtigste Problem, die Anregung der europäischen Wirtschaft und die Rückkehr auf einen stabilen Entwicklungspfad, total vernachlässigt, weil man sich in ideologische Grabenkämpfe über die Konsolidierung der Staatsfinanzen verwickelt hat, die inzwischen groteske Formen annehmen.

12 *Deutsche Ökonomen warnen vor französischem Merkantilismus*

Deutsche Wirtschaftswissenschaftler sind zu allem fähig. Kaum hatte unser damaliger Wirtschaftsminister Rösler den französischen Vorschlag einer Abwertung des Euro abgelehnt, aber den Kampf um Wettbewerbsfähigkeit für entscheidend erklärt, wurde er sofort getoppt von »Wirtschaftsexperten«, die von der *FAZ* zu dem Thema befragt wurden. »Der Vorschlag entspringt typisch merkantilistischem Denken französischer Provenienz«, sagte etwa der Wirtschaftsweise Lars Feld. Die Europäische Zentralbank sollte sich davor hüten, dem Ansinnen Hollandes zu folgen, ergänzte das deutsche Sachverständigenratsmitglied.

Dem Merkantilismus liegt laut Wikipedia das Streben nach Überschüssen im Außenhandel zugrunde, zudem seien sich die Merkantilisten einig gewesen, die Arbeiterklasse zu unterdrücken. »Arbeiter und Bauern hatten am Existenzminimum zu leben, damit die Güter kostengünstig hergestellt werden konnten. Ziel war es, die Produktion zu maximieren; der Verbrauch und Genuss der Arbeiter wurde nicht berücksichtigt. Nur wenn sie durch harte Arbeit ihr Existenzminimum sichern konnten, war sichergestellt, dass eine maximale Produktion erreicht werden konnte. Höhere Löhne, Freizeit oder Bildung für die Unterschichten würden unausweichlich zu Lastern und Faulheit führen und wirtschaftlichen Schaden anrichten.«

Die Franzosen also sind die Merkantilisten! Deutschland hat zwar mehr als irgendein anderes Land in Europa seine Löhne (in Relation zur Produktivität) nach der Finanzkrise gesenkt, was eine massive reale Abwertung mit sich gebracht hat, in Deutschland ist die Nachfrage der Inländer weniger gestiegen als in allen anderen großen Industrieländern und Deutschland hat mehr als irgendein anderes Land in der ganzen Welt Überschüsse im Außenhandel aufgetürmt – aber die Franzosen sind die Merkantilisten. Da fehlen einem die Worte. Und wiederum fragt man sich, kann es sein, dass jemand, der als Wissenschaftler bezahlt wird, das nur aus Unwissen tut.

Bereits im Mai 2007 hatte ich unter dem Titel »Globalisierter Merkantilismus« in den WSI-Mitteilungen geschrieben:

»Lieb Vaterland magst ruhig sein, fest steht und neu die Wirtschaftsmacht am Rhein. Deutschland ist wieder wer und Frankreich versteht die Welt nicht mehr. Ganz Frankreich fragt sich, was es so fundamental falsch gemacht hat in den letzten Jahren, dass es die Wirtschaftsschlacht am Rhein verloren und quasi über Nacht die Rolle des ›kranken Mannes Europas‹ von Deutschland übernommen hat. Die Welt wiederum fragt sich, besser, sollte sich fragen, wie es sein kann, dass das schlimmste aller Hochlohnländer, das sozial total überreizte Land, das man mit Gewalt zum Wachstumsschlusslicht und Verlierer der Globalisierung abstempeln wollte, wie Phönix aus der Asche der europäischen Wirtschaft emporsteigen kann. Verwirrung allenthalben. Wo ist der Sinn? Wo ist der Spiegel, der die Zusammenhänge klärt? War es Hartz IV? Waren es die vielen ›Reformen‹? War es der Ruck, der endlich durch die erschlaffte Gesellschaft gegangen ist?

Die Antwort ist einfach, aber keiner will sie hören. Es war so, wie es fast immer war, wenn ein Land plötzlich zu neuen Höhenflügen ansetzte. Es war so wie in Großbritannien und Schweden Anfang der neunziger Jahre, oder so wie in Irland Mitte der achtziger, es war wie in Holland zu Anfang der achtziger Jahre oder wie in Finnland nach dem Fall des Eisernen Vorhangs. Und schließlich war es ganz ähnlich wie in China nach 1993, in vielen anderen Ländern Asiens nach der großen Finanzkrise, wie in Japan und der Schweiz vor fünf Jahren oder wie in Argentinien nach dem Zusammenbruch im Jahre 2001. Alle diese Länder haben eines gemeinsam: Sie alle haben dramatisch ihre Währung abgewertet, bevor der Aufschwung begann, besser sollte man sagen, sie alle haben in großem Maße real abgewertet, also ihre internationale Wettbewerbsfähigkeit verbessert, ganz gleich, ob sie dabei den Wechselkurs bemühen mussten oder es über Lohndumping getan haben.«

Diese Erklärung trifft damals wie heute auf wenig Gegenliebe. Die Nicht-Ökonomen mögen sie nicht, weil sie meist gar nicht verstehen, worum es dabei geht, und daher viel lieber bei leicht verständlichen Faktoren bleiben. Was es heißt, ›strukturelle Verkrustungen‹ zu beseitigen, leuchtet schließlich jedem ein, der einmal seinen Wasserhahn von Kalk befreit hat. **Dass Politik zur Verbesserung der eigenen Wettbewerbsfähigkeit internationale Rückwirkungen hat, nämlich den Verlust von Wettbewerbsfähigkeit anderswo, wird einfach vergessen.**

99 Prozent aller Ökonomen lieben diese Erklärung noch viel weniger, weil ja nicht sein kann, was nicht sein darf. Die Neoklassiker unter ihnen verweisen auf den freien Fluss der Ersparnisse, den man nicht behindern dürfe. Die aufgeklärten machen geltend, dass Länder gar nicht im Wettbewerb miteinander stehen sollten, weil Wettbewerbsfähigkeit gar keine makroökonomische Kategorie sei. Die Marktradikalen verweisen darauf, dass Wettbewerb der Länder genauso gut ist wie Wettbewerb der Unternehmen und deswegen das Gesamtergebnis für alle stets verbessert. Die Pragmatiker weisen darauf hin, dass Deutschland vorher (wegen der deutschen Einheit) überbewertet war und dies in den letzten Jahren nur korrigiert hat. Die historisch Angehauchten sagen, das wäre ja Merkantilismus und der sei lange überwunden.

Dass aber der Merkantilismus von Schröder und Merkel wieder hoffähig gemacht wurde, sagt keiner, doch genau darum geht es, wie später noch zu zeigen sein wird.

Die Schere zwischen Lohn und Produktivität – oder der Irrtum des Mario Draghi

Die *FAZ*, das muss ich zugeben, ist schon meine Lieblingszeitung, obwohl ich nie die zwei Euro zehn habe, die sie kostet, und sie immer nur anschaue, wenn ich sie im Flugzeug kostenlos bekomme. Aber niemand ist bei so hohem intellektuellem Anspruch so ideologisch und versteht es vor allem im Wirtschaftsteil so geschickt, die Leser in die Irre zu führen, wie dieses Flaggschiff der deutschen Meinungsführer. Holger Steltzner ist der Anführer dieser Truppe. Aber das wäre kaum der Rede wert, wenn Steltzner nicht behauptete, die Grafiken, die im März 2013 in der *FAZ* gezeigt wurden,[7] seien vom Chef der Europäischen Zentralbank (EZB), Mario Draghi, den europäischen Staatsoberhäuptern so vorgelegt worden. Wenn das tatsächlich der Fall gewesen sein sollte, dann haben weder Frankreich noch die EZB begriffen, was Sache ist, oder sie wollen es nicht begreifen, weil sie Angst vor Deutschland haben. Beides wäre gleich fatal.

Die *FAZ* zeigt tatsächlich eine Lohnschere zwischen Überschuss- und Defizitländern, also Ländern mit Leistungsbilanzüberschüssen und solchen mit Defiziten in der Europäischen Währungsunion. Das ist relativ neu für die *FAZ*, weil sie bisher versucht hat, das Thema Löhne unter der Decke zu halten, denn es ging ja darum, die Krise als »Staatsschuldenkrise« zu verkaufen. Jetzt, wo alle Welt über diesen Punkt, der mit der Wettbewerbsfähigkeit zusammenhängt, redet, den ich zusammen mit Friederike Spiecker seit vielen Jahren als den Kern des Europroblems identifiziert habe, kann das Blatt dieser Problematik nicht mehr ausweichen. Aber die Fakten werden so verdreht ausgelegt, dass man weiterhin behaupten kann, Deutschland habe alles richtig gemacht und die anderen seien die Sünder, die sich nun dringend am deutschen Vorbild zu orientieren hätten.

Die *FAZ* gibt den EZB-Chef folgendermaßen wieder: »Länder wie Deutschland seien wettbewerbsfähig und kostengünstig. In anderen lasse die Produktivität zu wünschen übrig, seien die Lohnkosten zu hoch. In der Eurozone entwickeln sich seit 1999 die Defizit- und Überschussländer wirtschaftlich immer weiter auseinander. Das zeigt etwa der Vergleich von Deutschland mit Frankreich und Italien. In Frankreich stiegen die Löhne doppelt so stark; in Italien blieb die Produktivität fast stehen. Die Lösung könne nicht sein, dass gesunde Länder wie Deutschland mehr ausgäben. Die Schere zwischen Lohn und Produktivität müsse geschlossen werden, indem andere Länder die Arbeitskosten senken.«

Was Draghi laut *FAZ* vergleicht, sind die nominalen Lohnkosten und die Produktivität. In Deutschland sind die Löhne und Gehälter kaum stärker als die Produktivität gestiegen, während es in Frankreich umgekehrt war: Dort hat sich eine Schere ergeben. Das genau aber ist das Problem, das die EWU mit Deutschland hat. In einer Währungsunion, die sich ein Inflationsziel von knapp zwei Prozent gegeben hat, müssen nämlich die Nominallöhne immer um knapp zwei Prozent stärker steigen als die heimische Produktivität. Tun sie das nicht, wie in Deutschland, können die Preise nicht um etwa zwei Prozent zulegen. Denn der Abstand zwischen Nominallohnanstieg und Produktivitätszuwachs bestimmt die Steigerung der Lohnstückkosten, und diese wiederum bestimmt die Inflationsrate. Also verstößt ein Land wie Deutschland seit Jahren klar gegen die Regeln der EWU (in einer Berechnung dieser Werte pro Arbeitsstunde statt pro Arbeitskraft ist übrigens dieser deutsche Verstoß noch viel verheerender). Nur sieht das der *FAZ*-Leser nicht auf den ersten Blick, weil die *FAZ* die Kurve »Produktivitätszuwachs plus zwei Prozent Preissteigerungsziel« in ihre Grafik zu Deutschland nicht eingezeichnet hat.

Frankreich dagegen hat alles richtig gemacht, weil dort die Löhne wie die Produktivität *plus* der vereinbarten Inflationsrate gestiegen sind — eine Tatsache, die der *FAZ*-Leser wiederum nicht direkt erkennen kann, weil die *FAZ* auch die Grafik zu Frankreich nicht mit dieser Information ausgestattet hat. **Die Daten belegen, dass Deutschland der Sünder Nummer eins in Sachen Eurokrise ist.** Und sie belegen, was das vollkommen ungelöste Problem der EWU ist, nämlich dass man ohne Deflation und Depression aus der verfahrenen Lage nur herauskommen kann, wenn *in Deutsch-*

land die Löhne von nun an über lange Zeit sehr viel stärker steigen als in den vergangenen zehn Jahren.

Wenn es stimmt, was die *FAZ* behauptet, dass nämlich Mario Draghi aus den angeblich vorgelegten Grafiken die genannten Schlüsse gezogen hat und zu Deflation rät, und dass François Hollande einer so primitiven Fehlinterpretation der Fakten nicht sofort und energisch entgegengetreten ist (*FAZ*: »Draghi sagte ausdrücklich, wo der Reformbedarf besonders groß ist: in Frankreich. Hollande schwieg.«), dann ist der Euro verloren. Man fragt sich kopfschüttelnd, warum der französische Präsident so schlecht beraten in solche Treffen geht. Und noch mehr rätselt man, warum sich Mario Draghi zum Handlanger der deutschen Shock-and-awe-Strategie macht. Ist es die pure Angst vor Deutschland? Dann ist auch er schlecht beraten, denn durch diese Politik schafft er sein Amt selbst ab: Eine langjährige Deflation in Europa wird der Euro nicht überleben.

14 Löhne und Produktivität – worum es innerhalb und außerhalb einer Währungsunion geht

Immer wieder werde ich bei meinen Vorträgen gefragt, ob es denn ganz grundsätzlich überhaupt gutgehen kann, wenn Länder mit völlig unterschiedlichem Lebensstandard Mitglied ein und derselben Währungsunion sind. Die Antwort ist ja. Warum das so ist, kann man sich klarmachen, wenn man einen Fall mit *unterschiedlichen* Währungen betrachtet. Denn dass dann Handel zwischen armen und reichen Ländern möglich ist, ist empirisch offensichtlich. Doch woran liegt das? Und was ändert sich, wenn sich arme und reiche Länder in eine Währungsunion begeben?

In der Realität gleichen sich die tatsächlichen Lebensstandards armer und reicher Länder, die miteinander Handel treiben und *eigenständige* Währungen haben, nicht über mittlere Zeiträume hinweg an und schon gar nicht kurzfristig – man denke zum Beispiel an Polen und Deutschland. Der Wechselkurs zwischen den Währungen dieser

Länder beseitigt also genau das nicht, was manche als Problem einer Währungsunion ansehen. Der Wechselkurs dient lediglich dem Ausgleich der Preisniveaus zwischen diesen Ländern beziehungsweise ihrer Preissteigerungsraten im Zeitverlauf. Arme Länder können hohe Inflationsraten haben und reiche Länder niedrige und umgekehrt. Wenn die Währungsrelationen dies richtig widerspiegeln, können die Preise von vergleichbaren Gütern beider Ländergruppen, ausgedrückt in einer einheitlichen Währung, aber dennoch gleich sein.

Was in den Preisen zum Ausdruck kommt und weswegen arme Länder mit niedrigen Löhnen Handel mit reichen Ländern mit hohen Löhnen treiben können, ist die einfache Tatsache, dass in beiden Ländern in der Regel das Niveau der Löhne in nationaler Währung dem Niveau der Produktivität entspricht. Arme Länder sind ja deswegen arm, weil sie nicht über einen Kapitalstock, also Maschinen und Ausrüstungen vor allem, verfügen, der in Kombination mit der national vorhandenen Arbeit einen hohen Output pro Person oder pro Stunde, die eine Person arbeitet, erlaubt. In einer Volkswirtschaft mit einem kleinen Kapitalstock können auch nur geringe Löhne gezahlt werden. Denn die ganze Volkswirtschaft ist ja auf ihre existierenden Verhältnisse angewiesen: Sie kann sich einfach nicht mehr leisten, als sie selbst produziert, jedenfalls solange sie keine Hilfe von außen bekommt.

Insofern entsprechen sich Produktivität der Arbeit und Lohnniveau in der Regel recht gut, was wiederum heißt, dass die sogenannten Lohnstückkosten (also die Arbeitskosten pro Stunde im Vergleich zur Gesamtleistung von Arbeit – kombiniert mit Kapital – pro Stunde) zwischen den Ländern gleich hoch sein können, egal ob es sich um arme oder um reiche Volkswirtschaften handelt. Die größte Schwierigkeit im internationalen Handel ergibt sich daraus, dass jedes Land zwar real (also in Gütern gemessen) nicht mehr verbrauchen sollte, als es produziert, dass genau das aber immer wieder in unterschiedlichem Maße versucht wird und daraus unterschiedlich hohe Inflationsraten entstehen. Wenn die Löhne über einige Zeit deutlich stärker wachsen als die Produktivität, also die Lohnstückkosten kräftig steigen, dann wird sich das in einer höheren Inflationsrate niederschlagen.

Die im Vergleich zu anderen Ländern höhere Inflationsrate ist aber, wenn sonst nichts geschieht, ein Hindernis ersten Ranges für einen ausgeglichenen internationalen Handel. Auseinanderstrebende Preisniveaus bedeuten nämlich, dass in einem Land alle Unternehmen höhere Preise verlangen müssen als die Unternehmen in einem anderen Land. Das Land mit der höheren Inflationsrate wertet, wie es manchmal genannt wird, real auf, das bedeutet, es verliert an Wettbewerbsfähigkeit, weil seine Produkte im Vergleich zu den Produkten der ausländischen Mitbewerber zu teuer geworden sind. Bleibt ein auch nur kleiner jährlicher Inflationsunterschied gegenüber den Handelspartnerländern über längere Zeit bestehen, kumuliert sich die Abweichung der Preisniveaus sehr rasch zu einer großen Lücke in der Wettbewerbsfähigkeit.

Zwischen Ländern mit jeweils unabhängigen nationalen Währungen sind solche Lücken kein gewaltiges Problem, weil das Land mit dem kumulierten Verlust an Wettbewerbsfähigkeit seine Währung abwerten kann, was bedeutet, dass seine Löhne und Preise wieder sinken, was seine Exporte verbilligt, während sich seine Importe verteuern. Der Reallohnverlust für die im Inland Beschäftigten durch die Importpreissteigerung hält sich normalerweise in Grenzen, weil die eigenen Bürger entweder auf heimische Produkte oder auf Produkte aus Ländern ausweichen können, deren Währung nicht aufgewertet hat gegenüber der eigenen, die also ähnlich hohe Inflationsraten hatten.

In einer Währungsunion ist eine solche Lücke dagegen ein fast unüberwindliches Problem, weil die Länder, die zu hohe Löhne haben, ihre Löhne senken müssten, um auf das niedrigere Preisniveau der ausländischen Konkurrenz zu gelangen. Da man aber nicht nur die Löhne der im Außenhandel (also Export und Importsubstitution) Beschäftigten senken kann, muss das gesamte Lohnniveau sinken, was die Binnenkonjunktur schwer schädigt, wie wir es schon einige Male erlebt haben.

Sehr schön lässt sich die Veränderung der Verhältnisse und der Wettbewerbsfähigkeit am Beispiel Frankreichs und Deutschlands in den letzten zehn Jahren zeigen.

Der Lohn pro Stunde (ausbezahlter Lohn, also nominal) ist in Deutschland laut neuesten Angaben von Eurostat von 24,- Euro im Jahre 1999 auf 30,40 Euro im Jahr 2012 gestiegen. Im gleichen Zeitraum hat sich die nominale Produktivität, also so etwas wie der Umsatz pro Stunde, von knapp 35 Euro pro Stunde auf etwas mehr als 45 Euro erhöht. Die Differenz zwischen beiden, also das, was die Kapitalseite an nominaler »Entlohnung« erhält, ist deutlich gestiegen (um 4,30 Euro auf 14,90 Euro). Auch Frankreich begann die Währungsunion mit einem Produktivitätsniveau von fast genau 35 Euro. Der nominale Lohn stieg von einem leicht tieferen Niveau als in Deutschland (23,60 Euro) im Jahre 1999 auf ein doch erheblich höheres Niveau im Jahre 2012 (34,20 Euro). Da die nominale Produktivität in Frankreich deutlich stärker als in Deutschland zugelegt hat (auf 51,30 Euro), hat Frankreich eigentlich kein fundamentales Problem, weder mit den Löhnen noch mit den Umsätzen. Die französischen Unternehmen haben, getragen vor allem von einer guten Binnenkonjunktur, auch deutlich mehr real investiert als ihre Kollegen von der anderen Rheinseite.

In Frankreich ist allerdings der Nominallohn wie gesagt stärker gestiegen als in Deutschland, und die nominale Produktivität pro Stunde weist auch ein erheblich stärkeres Wachstum als in Deutschland auf. Da genau entsteht das Problem in einer Währungsunion. Über den ganzen Zeitraum hinweg gesehen bedeutet das, dass die Unternehmen in Frankreich ihre Preise stärker erhöht haben, um ihre Gewinnmargen zu halten, während die deutschen Unternehmen zu geringeren Preisen bei etwa gleichen Gewinnmargen anbieten konnten. Folglich haben die deutschen Unternehmen im internationalen Markt Anteile gewonnen, und die französischen haben ihre Marktanteile wegschmelzen sehen.

Nun stellt sich wieder die Frage, was die angemessene Lohnsteigerung in der Europäischen Währungsunion war, die französische oder die deutsche. Die Antwort darauf ist klar: Es war eindeutig die französische. Die EWU war nämlich nicht angetreten, um die Preise absolut konstant zu halten, wie es der deutschen Lohnsteigerung entsprach, sondern die Preise sollten um etwa zwei Prozent zunehmen. Die deutsche Lohnsteigerung war zu moderat, um für alle Mitgliedsländer der EWU die Voraussetzung für erfolgreichen Außenhandel zu schaffen. Nur wenn alle erfolgreich sein können, kann aber auch eine solche Gemeinschaft insgesamt erfolgreich sein.

Wenn nun alle dem deutschen Beispiel folgen, führt das eindeutig zu Deflation für alle, löst aber das Problem, das die Eurokrise ausmacht, nicht. Lohnsenkung in allen Ländern außer Deutschland bedeutet Depression bei der Binnennachfrage in all diesen Ländern. Das auszugleichen würde selbst einem Deutschland nicht gelingen, das seine Wirtschaftspolitik vollständig umstellt und auf heimische Expansion setzt. Bleibt Deutschland bei seiner Linie, auf den Export zu bauen, ist der Versuch der anderen, das Gleiche zu tun, von vornherein zum Scheitern verurteilt. Man muss es immer wieder sagen: Der Schlüssel zur Lösung der Eurokrise liegt in der Hand Deutschlands und nicht in den Händen der kleinen Länder, die verzweifelt versuchen, sich an die Auflagen der Troika zu halten, und doch niemals erfolgreich sein können.

15 Warum in einer Währungsunion die Reallöhne immer der Produktivität folgen müssen

Viele argumentieren gegen die hier vertretene Lohnregel (Lohnstückkosten müssen wie die Zielinflationsrate und die Reallöhne müssen wie die Produktivität steigen), auch in einer Währungsunion müsse es doch möglich sein, eine nationale Lohnpolitik im Sinne der Neoklassik zu betreiben (also durch Lohnzurückhaltung oder anders geartete »Flexibilisierung« des Arbeitsmarktes), wenn die Arbeitslosigkeit in den Ländern der Währungsunion unterschiedlich hoch sei. Wäre das nicht so, sei doch die ganze Idee einer Währungsunion (oder absolut fester Wechselkurse) von vornherein hinfällig, und dann sei nur ein System flexibler Wechselkurse geeignet, eine nationale Beschäftigungspolitik zu erlauben.

Das klingt im ersten Moment einleuchtend, aber die Dinge sind leider nicht so einfach. Es gibt nämlich kein Naturgesetz in einer monetären Marktwirtschaft, nach dem man auf neoklassische Art und Weise Arbeitslosigkeit bekämpfen können muss. Nehmen wir zunächst den Fall einer vollkommen geschlossenen Volkswirtschaft, also der Welt als Volkswirtschaft ohne Außenbeziehungen. Senkt man wegen vorherrschender Arbeitslosigkeit (die mit mangelnden Investitionen wegen unterausgelasteter Kapazitäten einhergeht) die Nominallöhne in einer solchen Wirtschaft, dann sinken wegen gewisser Preisrigiditäten vermutlich zunächst die Reallöhne der Arbeitnehmer und die Preise erst etwas später.

Der Rückgang der Reallöhne und damit der Realeinkommen führt zu einem Rückgang der Nachfrage, was verhindert, dass der neoklassische Nexus (also eine Ausweitung der Beschäftigung über eine Substitution von Kapital durch Arbeit) überhaupt zum Zuge kommt. Die Idee, dass zeitgleich mit dem Real*lohn*rückgang die Beschäftigung steige und es deshalb nicht zu einem Rückgang der Real*einkommen* insgesamt komme, ist falsch, da der Ausgangspunkt ja bereits eine Unterauslastung der Kapazitäten war; die Unternehmen brauchen erst mal ein positives Absatzsignal, bevor sie Leute neu einstellen. Vermutlich ist daher in puncto Beschäftigung das Gegenteil des Angestrebten der Fall: Nach der Lohnsenkung dürfte die Beschäftigung unmittelbar sinken, wie es im Sommer 2013 in Südeuropa zu beobachten war.

Gibt es kaum Preisrigiditäten, das heißt, fallen die Güterpreise in Reaktion auf die Nominallohnsenkung sehr schnell – das ist der andere mögliche Fall –, dann kommt es gar nicht zu einer Reallohnsenkung, und die Neoklassik, die ja explizit auf den Zusammenhang zwischen *Real*lohn und Beschäftigung abstellt, hat schon ausgedient, bevor man sie überhaupt eingesetzt hat.

Wenn aber ein bestimmter Ablauf schon in einer geschlossenen Wirtschaft nicht möglich ist, warum sollte er dann in einer Währungsunion funktionieren? Man kann ja dann nicht mehr argumentieren, dass nationale Wirtschaftspolitik dieses Mittel doch erfolgreich einsetze und man folglich an Autonomie und Handlungsfreiheit verliere, wenn man es in einer Währungsunion nicht einsetzen dürfe. Nein, nationale Wirtschaftspolitik würde vielleicht versuchen es einzusetzen, aber es würde nicht gelingen. Oder konkreter: Die deutsche Wirtschaftspolitik *hat* dieses Mittel eingesetzt und es hat ausweislich in der Eurokrise *nicht* funktioniert beziehungsweise nur zu dem Preis, dass wir danach vor einem europäischen Scherbenhaufen standen. Was also ist verloren, wenn man dieses Mittel von vorneherein als unzulässig bezeichnet? Wenn die Neoklassik nur eine Fiktion ist, ergibt es keinen großen Sinn, darauf zu beharren, man müsse eine Fiktion einsetzen dürfen.

Bei flexiblen Wechselkursen ist es nicht besser. Wenn das System funktioniert, folgt der Lohnsenkung auf dem Fuße eine Aufwertung der eigenen Währung, die jeden außenwirtschaftlichen Effekt zunichtemacht und Bedingungen wie in einer geschlossenen Volkswirtschaft schafft. Wenn man Pech hat, kommt es aber zum Überschießen des Wechselkurses und man verliert noch mehr an Beschäftigung als im Fall der geschlossenen Wirtschaft; und auf jeden Fall endet man in Deflation.

Damit kommen wir zu einem völlig paradoxen Ergebnis: Nationale Beschäftigungspolitik im neoklassischen Sinne ist überhaupt nur in einer Währungsunion möglich und zwar nur auf Kosten der Währungspartner. Denn **nur in einer Währungsunion kann man durch relative Lohnsenkung die eigene Beschäftigung ausweiten, allerdings zu Lasten der Nachbarn und deshalb nur so lange, wie die stillhalten und nicht das Gleiche versuchen.**

Wie so oft schlägt uns unser angelernter einzelwirtschaftlicher Verstand auch bei dieser Frage ein Schnippchen, weil er uns suggeriert: Ich brauche eigentlich nur Handlungsfreiheit, dann kann ich tun, was ich tun muss, um erfolgreich zu sein, aber die Währungsunion nimmt mir diese Handlungsfreiheit. Das ist wohl ein Überbleibsel aus der Steinzeit, jedenfalls aus einer Zeit, in der jeder auf sich allein gestellt war. In einem größeren Team, in einer Jagdgesellschaft wie in einer Fußballmannschaft, muss man – tatsächlich mühsam und über Jahre – lernen, wie man mannschaftsdienlich und damit für alle zusammen erfolgreich zu Werke geht. Den eigenen Freiheitsdrang gilt es hintanzustellen. Nur die Allerkleinsten rennen alle immer gleichzeitig dem Ball hinterher – was, wie jeder weiß, nur sehr, sehr selten eine von Erfolg gekrönte Taktik darstellt.

16 Der IWF zu Spanien: Planwirtschaft bitte jetzt sofort einführen

In einem Statement zu den »Fortschritten« des spanischen Anpassungsprogrammes kam der Internationale Währungsfonds im Sommer 2013 zu einer revolutionären Erkenntnis: Sinkende Löhne verringern die Beschäftigung, weil die Kaufkraft der privaten Haushalte sinkt. Wörtlich sagte der IWF:

»Es sollte ein Mechanismus gefunden werden, um die positiven Beschäftigungseffekte aus strukturellen Reformen hervorzubringen. Das würde anhaltende Versuche, Spaniens Wirtschaft zu besseren Ergebnissen zu verhelfen, unterstützen und könnte zwei Elemente umfassen: (1) Arbeitnehmer tragen zu signifikanten Beschäftigungssteigerungen bei, indem Gewerkschaften weiterer Lohnzurückhaltung zustimmen, und (2) einige steuerlichen Anreize durch sofortige Einschnitte der Beiträge zur sozialen Absicherung werden durch mittelfristige Einkommensanstiege ausgeglichen. Eine signifikante Beschäftigungssteigerung und eine Senkung der Inflation werden von entscheidender Bedeutung sein, damit die Gesamtkaufkraft der Haushalte nicht leidet. Die Herausforderungen für alle Beteiligten sind enorm, und es wird entscheidend sein, dass dieser Ansatz nicht verwässert oder die nötigen strukturellen Reformen nicht verzögert werden.«[8]

Das ist einfach unglaublich: **Die Institution, die mehr als alle anderen auf der Welt den Neoliberalismus gepredigt und durchgesetzt hat, erkennt das Versagen der eigenen Rezepte im Falle Spaniens, sagt das aber nicht laut und deutlich, sondern versucht das, was total schiefgelaufen ist, mit der planwirtschaftlichen Brechstange zu reparieren.** Das ist mehr als ein Offenbarungseid, das ist eine schamlose Dreistigkeit, die eigentlich zum sofortigen Rauswurf der gesamten IWF-Spitze hätte führen müssen.

Wenn der IWF eine Verpflichtungserklärung (»commitment«) der Arbeitgeber verlangt, mehr Arbeitskräfte einzustellen, wenn die Arbeitnehmer auf Lohnzuwächse verzichten oder Lohnsenkungen zustimmen, hat er immerhin erkannt, was Friederike Spiecker und ich in unserem Buch »Das Ende der Massenarbeitslosigkeit« schon im Jahre 2007 ganz klar gesagt und gezeigt haben: Lohnsenkungen vernichten Arbeitsplätze. Angesichts der Evidenz kann selbst der IWF nicht mehr an dieser Erkenntnis vorbei.

Mit der Entscheidung des Europäischen Rates und der Troika, im Zuge »struktureller Reformen« von den Krisenländern Lohnsenkungen zu verlangen, damit sie ihre Wettbewerbsfähigkeit wiedergewinnen, haben diese Institutionen dagegen die Weichen auf Arbeitsplatzvernichtung gestellt. Nach einem ersten Schub an Arbeitslosigkeit im Gefolge der Rezession von 2008 und 2009 und dem Beginn der restriktiven Finanzpolitik gibt es einen zweiten Schub (von etwa 18 auf 27 Prozent bei der Arbeitslosenquote), der genau mit dem Lohnkürzungsprogramm zusammenfällt.

Es ist offensichtlich, dass der außenwirtschaftlich motivierte Kurs der Lohnzurückhaltung oder Lohnsenkung in einem Land wie Spanien mit einem Anteil der Binnenwirtschaft am Bruttoinlandsprodukt von 75 Prozent zu einem Einbruch der Binnennachfrage führt, der potenzielle Erfolge bei der Verbesserung der internationalen Wettbewerbsfähigkeit weit in den Schatten stellt. Weil eine Lohnsenkung unmittelbar die Nachfrage der privaten Haushalte vermindert, kommt der neoklassische Mechanismus, der auf eine Substitution von Kapital durch Arbeit wegen der Veränderung der Faktorpreisrelationen setzt, überhaupt nicht zum Zuge. Die von den Unternehmen gezahlten Löhne pro Beschäftigten sinken zwar, aber das wird nicht durch Mehreinstellungen, wie die Neoklassik verspricht, so kompensiert, dass die Lohnsumme wenigstens konstant bliebe. Vielmehr führt die fallende Binnennachfrage unmittelbar zu Entlassungen von Arbeitskräften und steigender Arbeitslosigkeit.

Wenn nun der IWF ein »commitment« verlangt, das dazu führen soll, dass die Kaufkraft der privaten Haushalte nicht fällt, müssen er oder die spanische Regierung die Unternehmen dazu zwingen, je nach Lohnsenkung so viele Neueinstellungen vorzunehmen, dass die Lohnsumme in jedem Unternehmen unverändert bleibt. Das ist in höchstem Maße absurd und richtet sich gegen alle bis jetzt hoch gehaltenen Prinzipien der Marktwirtschaft. Das Ziel, die Wettbewerbsfähigkeit zu erhöhen, kann so nicht erreicht werden, weil die Arbeitskosten ja unverändert bleiben und mangels Nachfrage auch nicht mehr produziert wird. Zwar sinken die Lohnkosten pro Kopf, aber die Produktivität sinkt dank Zwangseinstellungen gleichzeitig, so dass die Lohnstückkosten unverändert bleiben.

Es steigt allerdings die Zahl der Beschäftigten bei unveränderter Binnennachfrage und bei unverändertem Export. Das ist so wie früher in den Planwirtschaften: Wenn die Wirtschaft nicht genügend Eigendynamik hatte, verteilte man den Mangel und erlegte den Unternehmen auf, eigentlich überzählige Beschäftigte weiter zu beschäftigen oder gar neue einzustellen. In einer solchen durchgeplanten Wirtschaft könnte man auch Arbeitszeitverkürzung statt Lohnkürzung betreiben, und es würde sicher besser, sprich: effizienter gelingen (weil die Arbeitskräfte immerhin entsprechend ihrem geringeren Lohn weniger arbeiten), die vorhandene Arbeitslosigkeit so lange umzuverteilen, bis sie statistisch nicht mehr sichtbar ist.

Was aber passiert mit Unternehmen, die ihre Lohnsumme wirklich senken müssten, weil sie bisher ineffizient gewirtschaftet haben? Und wieso werden Unternehmen mit Lohnkürzung belohnt, die auch ohne diese Maßnahme neue Arbeitsplätze geschaffen hätten, weil ihr Geschäft gut läuft? Man kann das commitment ja nicht differenzieren je nach der Lage der Unternehmen, sondern muss es über alle Unternehmen und für jedes einzelne Unternehmen durchsetzen. Es kann ja nur die Regel geben, dass die Lohnsumme in jedem Fall konstant bleiben muss. Wie lange aber gilt eine solche Regel und wie lange will man die Produktivität auf diese Weise reduzieren? Bis die Beschäftigung aller Köpfe, ganz gleich zu welchem Lohn, erreicht ist? Wenn man in die Steinzeit zurückgeht, sind auch sicher alle Menschen beschäftigt, weil sie von morgens bis abends schuften müssen, um zu überleben. Kann das ein sinnvolles Ziel der Wirtschaftspolitik sein?

Man sieht, es ist so absurd, dass sich kaum ein Gewerkschaftsführer trauen würde, so etwas zu fordern. Die Gewerkschaften machen solche Koppelungen von Löhnen und Beschäftigung auf der Ebene einzelner Unternehmen in »Beschäftigungssicherungsverträgen«. Schon das ist sehr umstritten. Würden sie es für die Gesamtwirtschaft fordern, würden die Unternehmen fast überall auf der Welt Zeter und Mordio schreien und das Ende der Marktwirtschaft ausrufen. Und zwar mit einem gewissen Recht. Bisher haben viele die Marktwirtschaft für ein überlegenes System gehalten, weil es Fortschritte in der Produktivität bringt, die es bei einer geeigneten Lohnpolitik ermöglichen, einen hohen Beschäftigungsstand mit steigenden Einkommen zu verbinden. Gilt das nicht mehr, weil unter Anleitung des IWF und der Troika zuerst unsinnige neoklassische Lohnsenkung ausprobiert wird und dann deren Scheitern durch das Aushebeln des Kerns der Marktwirtschaft vertuscht werden soll, braucht man gar keine Marktwirtschaft mehr.

Es ist immer das Gleiche: Niemand schafft es zu sagen, dass er sich geirrt habe. Der IWF hätte sagen müssen: Die Lohnsenkung in Spanien war ein gewaltiger Fehler, den wir sofort korrigieren müssen. Um das zu verschleiern, beginnt die Oberideologieschmiede des Neoliberalismus damit, ohne Rücksicht auf Verluste das System Marktwirtschaft zu demontieren.

17 Die Germanisierung Griechenlands und ihre Folgen

Nach einer langen Vortragswoche in Österreich und Deutschland bin ich im September 2013 an einem Samstagmorgen in aller Frühe noch schnell nach Athen gejettet, um an einer vierstündigen Diskussion von fünf Ökonomen bei der Eröffnung der 4. Athener Biennale teilzunehmen. Ich hätt es lieber nicht getan, denn dann hätte ich nicht die letzte Hoffnung verloren, dass die Europäische Währungsunion noch zu retten ist.

Man kann sich so eine Diskussion ganz gut als Theaterstück vorstellen. Es treten also auf: Ein italienischer Ökonom, der eigentlich die Aufgabe hat, die europäische Krise zu erklären, es aber nicht tut, weil in seinem Weltbild überhaupt keine Krise auftreten kann, die nicht allein vom Versagen von staatlichen Institutionen verursacht ist. Deswegen vergleicht er die USA und Europa und fragt, welche Institutionen Europa noch brauche, um so zu werden wie die USA. Zweiter Auftritt: Eine irische Ökonomin, die über Irland redet, aber vergisst, dass das Thema eigentlich Europa war. Außerdem: Zwei im Ausland ausgebildete und arbeitende griechische Ökonomen, die lang und breit darlegen, warum ihr Land eigentlich die schlechteste Wirtschaft der ganzen Welt hat und warum ohne eine vollständige Germanisierung Griechenlands die ganze Sache mit Sicherheit den Bach runtergeht. Zu allem Überfluss wird aus den USA noch ein Ökonom per Video zugeschaltet, der viel über Griechenland und nichts über Europa weiß. Dann tritt ein deutscher Ökonom auf, von dem alle im Publikum erwarten, dass er den Griechen erklärt, dass das mit ihrem Schlendrian nicht so weitergeht, der aber komischerweise vor allem über Deutschland und Frankreich redet und den Griechen sagt, sie sollten aufhören zu jammern und ihr gutes Wetter, das Meer und den Wein genießen, soweit sie nach der bisherigen »Sanierung« dazu noch in der Lage sind.

Dann nimmt das Drama seinen Lauf, weil der deutsche Ökonom ungebremst auf den italienischen Professor prallt, dass die Fetzen nur so fliegen und die griechischen Professoren – als Kollateralschaden – schwer getroffen werden. Zum Erstaunen des Publikums sind sich die Ökonomen selbst über das scheinbar Einfachste total uneinig, weil es eigentlich nur um die Frage geht, woher die Inflation kommt und welche Rolle die nationale Produktivität spielt, wenn man in einer Währungsunion ist. Richtig begreifen tut das Publikum auch nicht, warum der Deutsche immer auf ein Bild mit Inflation und Lohnstückkosten wie einst Galilei auf seine Gestirne zeigt, während sich die anderen bemühen, da genau nicht hinzugucken. Nach vier Stunden hin- und herwogender Diskussion (oder das, was die Ökonomen scheinbar für eine Diskussion halten) sind alle total abgeschlafft und das Publikum ahnt, dass das Stück mit dem Namen Europa, über das die da geredet haben, ein schlimmes Ende nehmen wird.

Ja, das Einfachste ist offenbar das Schwerste. **Die drei kleinen logischen Schritte von der Frage, was bei einer Währungsunion harmonisiert wird (die Inflationsraten), über die Frage, welche Größen die Inflationsraten vorwiegend bestimmen (die Lohnstückkosten) bis hin zu der Schlussfolgerung, dass man die Lohnstückkostenentwicklung harmonisieren muss, wenn die Währungsunion von Dauer sein soll, sind für einen normal** (neoklassisch) ausgebildeten Ökonomen nicht hinzukriegen. Weil sie das wegen ihrer neoklassischen Denkblockade (wenn die Lohnstückkosten die Inflation bestimmen, können die Löhne ja nicht für die Arbeitslosigkeit verantwortlich sein!) nicht nachvollziehen können, fallen sie immer wieder auf die Position zurück, die Produktivitätsunterschiede in Europa seien in einer Währungsunion nicht zu überbrücken. Deswegen müsse Griechenland deutscher werden, um überleben zu können.

Dass der Lohn dazwischensteht, also das Scharnier zwischen unterschiedlichen Produktivitätsniveau und Produktivitätsentwicklungen ist, verstehen sie in Italien und Griechenland ebenso wenig wie in Deutschland. Auch die Rolle, die eine Währung spielt als Scharnier zwischen unterschiedlichen Lohnstückkostenentwicklungen (China bedroht uns), wird die Mehrzahl der Ökonomen wohl nie begreifen. Und genau deswegen geht es nicht. Wer gemeinsam ein Gebäude konstruieren und nutzen will, braucht ein gemeinsames und gesundes Grundverständnis, warum man es konstruiert und wie man es konstruiert. Wenn man sich schon beim Ziel und bei der Statik nicht einigen kann, lässt man es besser.

Die armen Griechen. Sie müssten nicht germanisiert werden. Sie dürften Griechen bleiben. Sie müssten sich nur, genau wie die deutschen, an ihre eigenen Verhältnisse anpassen und das gemeinsam beschlossene Inflationsziel respektieren. Nicht mehr und nicht weniger.

Dass mir dann beim späten Abendessen in Athen aber die anderen Ökonomen unisono erklärten, ich habe ja eigentlich recht und sie würden mir im Grundsatz schon zustimmen, konnte ich nur noch mit einem großen Glas Ouzo verdauen.

18 Unkonventionelle oder dogmatische Geldpolitik

Die einen bemühen sich, die geänderte Welt zu verstehen, die anderen beharren auf alten Rezepten, von denen sie glauben, sie seien für immer und ewig gültig. Die Rede ist von Notenbankern, die allgemein als konservativ gelten, sich aber nach der Finanzkrise doch deutlich unterscheiden.

In der ganzen industrialisierten Welt erlebten wir im Herbst 2013 eine Zeitenwende in der Geldpolitik. Ben Bernanke, der eigentlich als konservativ eingestufte und von den Republikanern einst berufene Vorsitzende der Fed (des Federal Reserve Systems, der US-Notenbank), hat in den vergangenen Jahren Geldpolitik weit jenseits der normalen geldpolitischen Horizonte betrieben, indem er »forward guidance« gab, also eine gewisse Stabilität der niedrigen Zinsen auch für die Zukunft versprach. Die Bank von Japan hat ein ähnliches Versprechen abgegeben, und in England haben sie im Sommer 2013 einen Mann zum Notenbankpräsidenten gemacht (obwohl der gar kein Engländer ist), der als einer der Pioniere der forward guidance gilt: Mark Carney, der vorher die Bank of Canada geleitet hatte.

Nun sagen manche in Kontinentaleuropa, die auf legalistischen Positionen bestehen, das sei ja auch kein Wunder, weil diese Notenbanken ein anderes Mandat haben als die Deutsche Bundesbank früher und die EZB jetzt. Das ist aber von vorneherein ein unsinniges Argument, denn wenn die Welt sich wirklich geändert hat, nützt es ja nichts, auf überkommenen Regeln zu beharren. Die können nämlich nicht mehr funktionieren. Stattdessen muss man die Regeln anpassen oder zumindest flexibel auslegen.

Letzteres hat sogar die EZB getan, die sich ebenfalls entschlossen hat, solche forward guidance zu geben, wohl weil man dort – trotz eines engen Mandats – begonnen hat zu verstehen, dass mit den alten, von der Deutschen Bundesbank geerbten Rezepten in der neuen Welt nach der Finanzkrise kein Blumentopf mehr zu gewinnen ist. Vielleicht hat man in der EZB auch verstanden, dass die Eurozone eine große geschlossene Volkswirtschaft ist, in der die in der alten Bundesrepublik angewandten Regeln ohnehin obsolet sind, weil sie eine relativ kleine und relativ offene Volkswirtschaft war.

Die alte Schule der deutschen Notenbanker (die aber, wie man an Jens Weidmann sieht, nichts mit dem Alter zu tun hat) hält jedoch tapfer dagegen. So sagte Otmar Issing der forward guidance ebenso den Kampf an wie Jürgen Stark, der schon immer versuchte, der härteste aller harten Falken zu sein. Wenn man sich allerdings die Argumente der Falken anschaut, dann sind die mehr als weich.

Worum geht es ganz konkret? Nun, dass die alten Regeln der Geldpolitik nicht mehr gelten, kann man unschwer daran erkennen, dass die ganze Welt es auch im Jahre fünf nach der großen Krise nicht geschafft hat, einen Aufschwung in Gang zu setzen, der den Namen verdiente. In fast allen Industrieländern verharrt die Arbeitslosigkeit auf hohem Niveau und eine Konsum- und Investitionstätigkeit, die sich selbst trägt, also ohne weitere Anregungen durch die Zentralbank auskommt, ist weit und breit nicht in Sicht. Ausdruck dieser Schwäche ist ein deflationärer Bias in der Weltwirtschaft, den die anderen Notenbanken mit großer Besorgnis zur Kenntnis nehmen, weil sie aus der japanischen Erfahrung gelernt haben, wie schwer es ist, eine einmal ins System eingedrungene Deflation zu bekämpfen. Woher kommt die Deflation? Sie kommt daher, dass die Arbeitslosigkeit im Zuge der Finanzkrise bei der niedrigsten Lohnquote, die die Welt seit vielen Jahrzehnten gesehen hat, deutlich angestiegen ist. Die Notenbanken, die den neuen Weg gehen, ahnen wohl, dass am Arbeitsmarkt etwas nicht stimmt, sie sagen es aber nicht klar und deutlich, sondern beschränken sich auf den Hinweis, dass man das, was am Arbeitsmarkt vor sich gehe, noch nicht vollständig verstehe.

Die modernen Notenbanker haben aber immerhin verstanden, dass die Geldpolitik weit mehr tun muss als in der Vergangenheit, um die Wirtschaft anzukurbeln. Mit der forward guidance verlassen auch sie nicht prinzipiell das Dogma, dass die Notenbank primär für die Inflationsbekämpfung zuständig ist. Sie knüpfen den Fortbestand niedriger Zinsen an klare Bedingungen, wie zum Beispiel, dass im Verlauf des Prozesses die Inflationsrate nicht ansteigt, und verkünden Schwellen der Unterbeschäftigung (im Falle Englands eine Arbeitslosenrate von sieben Prozent), ab der sie ihre Politik überprüfen wollen. Wichtig bei dieser Politik ist auch, dass die Notenbanken die extrem nervösen Finanzmärkte im Blick haben und hoffen, über ihre Ankündigung positive Vermögenseffekte (also höhere Aktienkurse oder steigende Immobilienpreise) auszulösen, die in den Augen der Anleger so nachhaltig sind, dass sie dann zu einem Anstieg der Ausgaben und einer Belebung der Konjunktur führen. Auch sinkende Devisenkurse der eigenen Währungen könnten zum Zielkatalog gehören, obwohl das niemand so offen sagt.

Das schafft aber ein neues Problem. In einer Welt, in der die Mehrzahl der Akteure nur daran denkt, wie die anderen Akteure an den Asset-Märkten die Politik der Zentralbank aufnehmen, gerät die Geldpolitik schnell in ein Dilemma. Will sie vorsichtig sein und die Märkte nicht über Nacht mit einer brutalen Wende überraschen, muss sie sehr frühzeitig ankündigen, dass ein Ende der Expansionsstrategie in Sicht ist. Das ist womöglich viel zu früh für die reale Wirtschaft. Ganz gleich wie vorsichtig sie nämlich ihre Ankündigung formuliert, der erste Hauch der Kälte lässt alle »Investoren« an den Finanzmärkten zusammenzucken und kann gewaltige negative Kettenreaktionen auslösen, also Reaktionen, bei denen genau das »Vermögen« in kurzer Zeit wieder vernichtet wird, das die Zentralbanken schaffen wollten, um die Wirtschaft über die Aufschwungsschwelle zu heben. Weil es viele Aktienmärkte zugleich trifft, die wichtigsten Rohstoffmärkte, die Devisenmärkte und die Bondmärkte (also die Märkte, an denen sich die Staaten refinanzieren), können die Zentralbanken nicht einfach die Augen vor den Wirkungen verschließen, die sie auf all diesen Märkten zugleich auslösen.

Die Schwäche auch dieses Ansatzes ist nicht zu übersehen. Positive Vermögenseffekte am bestehenden Vermögen auslösen zu wollen wird in der Regel nicht ausreichend sein, um eine Investitionsdynamik in Gang zu setzen, die neues Vermögen, Einkommen und Arbeitsplätze schafft. Die Menschen, deren Vermögen bei Asset-Blasen aufgewertet wird, sind nicht entscheidend als Käufer neuer Produkte, die Unternehmen in großer Menge erzeugen müssen, um die Konjunktur anzuregen. Wenn die Masse der Bürger wegen der hohen Arbeitslosigkeit und einer allgemeinen Gürtel-enger-schnallen-Ideologie negative Einkommenserwartungen hat, kann sich die Geldpolitik auf den Kopf stellen, und es wird ihr trotzdem nur in Ausnahmefällen gelingen, den Durchbruch zu einer neuen Investitionsdynamik zu erreichen. Dennoch ist es richtig, auch diese unkonventionellen Wege zu gehen.

Das Versagen des Arbeitsmarktes können und wollen die altmodischen geldpolitischen Dogmatiker vom Schlage Weidmann, Issing und Stark natürlich erst recht nicht zur Kenntnis nehmen. Sie glauben aber sogar, dass der moderne Ansatz der Geldpolitik unmittelbar Inflationsgefahren mit sich bringt. Issing stellte zum Beispiel die Frage in den Raum, »wie man geldpolitisch reagiere, wenn es auf den Märkten zu Schocks kommt oder sich die Arbeitslosigkeit überraschend stark verändert«. Das ist die typische Art und Weise, wie man scheinbar wichtige Bedenken in die Debatte wirft, ohne zu sagen, was man wirklich meint. Welcher Art sollten die Schocks sein? Um gefährlich für die Preisstabilität zu sein, müsste es sich ja um positive Nachfrageschocks oder negative Angebotsschocks handeln. Erstere aber gibt es außerhalb massiver staatlicher Anregung für die Konjunktur praktisch nicht, und selbst wenn der Staat das planen sollte, wüsste es die Notenbank. Was aber ist, wenn der Ölpreis plötzlich um 50 Prozent steigt? Ist dann die Preisstabilität gefährdet? Nein, weil jeder vernünftige Mensch weiß, dass das nur ein Einmaleffekt ist, der nur dann gefährlich für die Preisstabilität wird, wenn er zu dauerhaft steigenden Löhnen führt, was man aber ausschließen kann, solange die Arbeitslosigkeit hoch ist.

Noch absurder ist das Beispiel der Arbeitslosigkeit. Kann die Arbeitslosigkeit in kurzer Zeit so stark zurückgehen, dass die Notenbank unfähig ist zu reagieren? Jede Erfahrung, die es auf dieser Welt gibt, zeigt, dass es ungemein schwer ist, eine einmal entstandene Arbeitslosigkeit wieder abzubauen, und dass die Zeiträume, um die es beim Abbau hoher Arbeitslosigkeit geht, eher in Jahrzehnten als in Jahren zu messen sind. Zu sagen, die Arbeitslosigkeit könne sich so stark »verändern«, dass eine geldpolitische Reaktion schwierig würde, ist von daher vollkommen absurd.

Doch machen wir uns nichts vor. Hier bildet sich ein schwerer Konflikt in der Europäischen Währungsunion heraus. Je mehr die EZB den Weg unkonventioneller moderner Geldpolitik geht, umso mächtiger wird das Fäusteballen bei den deutschen (und einigen anderen nordischen) Dogmatikern und in ihrem politischen Umfeld. Bleibt in Deutschland die CDU an der Macht, finden die Dogmatiker unter den deutschen Ökonomen innerhalb und außerhalb der Bundesbank ein fruchtbares politisches Feld für das Schüren von Zweifeln über die Solidität und Verlässlichkeit der EZB. Solche Zweifel werden die deutsche Politik veranlassen, in den übrigen Politikbereichen (Fiskal- und Arbeitsmarktpolitik) noch dogmatischer zu werden, als sie ohnehin schon sind. Das wiederum erschwert das Geschäft der EZB, weil es auch bei unkonventioneller Geldpolitik einen Aufschwung unwahrscheinlicher macht. Dann kann man leicht argumentieren, die ganze Experimentiererei mit neuen Methoden der Geldpolitik habe nichts gebracht und man müsse zurück zum Dogmatismus. Das Ergebnis wird eine Beschleunigung der Zerfallserscheinungen in der Europäischen Währungsunion sein.

19 Die EU-Kommission beginnt allmählich zu begreifen, was ihre Rolle in der Eurokrise ist

Olli Rehn, der Kommissar, der in Brüssel zuständig ist für Wirtschaft und Finanzen, ist lange Zeit nicht aufgefallen durch mutige Äußerungen zur Eurokrise, sondern hat in der Regel das nachgebetet, was Mainstream war, also Sparen und Kürzen auf Teufel komm raus. Umso bemerkenswerter ist es, dass ausgerechnet dieser Kommissar doch noch auf den immer schneller fahrenden Zug der Deutschland-Kritik aufsprang und die ganze Kommission bekanntgab, dass sie in Sachen makroökonomische Ungleichgewichte ein Überprüfungsverfahren gegen Deutschland in Gang gesetzt hat.

In der *FAZ* schrieb Olli Rehn: »Infolge der Krise exportieren fast alle Peripherieländer inzwischen mehr als sie importieren. Zusammen mit dem deutschen Überschuss steht die Leistungsbilanz des Euroraums jetzt im Plus, was den Euro unter Aufwertungsdruck bringen kann ... Es geht nicht darum, der deutschen Wirtschaft ihren Wettbewerbserfolg zu nehmen. Doch eine stärkere Nachfrage in Deutschland könnte diesen Aufwertungsdruck abmildern und den exportorientierten Unternehmen auch in der Peripherie darin entgegenkommen, auf globalen Märkten preislich wettbewerbsfähig zu sein.«[9]

Das ist bemerkenswert, nimmt er doch zur Kenntnis, dass die deutsche Strategie der relativen Lohnsenkung und der Exportüberschüsse nicht einfach auf die gesamte Europäische Währungsunion zu übertragen ist. Doch noch immer traut er sich nicht, Ross und Reiter klar zu nennen. Wenn Deutschland den Aufwertungsdruck mildern soll, dann müssen in Deutschland die Löhne so stark und so dauerhaft steigen, wie ich es seit Jahren fordere. Nur dann gibt es eine auf Dauer angelegte Nachfragesteigerung in Deutschland, auf die sich die ausländischen Unternehmen verlassen können. **Wenn sich die Wachstumsraten in Europa normalisieren sollen, muss in Deutschland eine (reale) Aufwertung, das heißt, ein Verlust an Wettbewerbsfähigkeit zustande kommen, der den Unternehmen der anderen Länder**, die in Konkurrenz mit deutschen Unternehmen stehen, beim Export in Drittländer und nach Deutschland selbst **eine Chance eröffnet.**

Für eine wirkliche Wende in der europäischen Politik wäre es auch gut, würde die Kommission zugestehen, wie schwerwiegend ihr eigenes Versagen in dieser Frage ist. Sie hat seit Beginn der Währungsunion nicht erkannt oder erkennen wollen, dass die deutsche Lohnsenkungspolitik gegen den Geist der Währungsunion verstößt und in ihrer Bedeutung viel wichtiger ist als die Fiskalpolitik, an der sich alle zuständigen Kommissare mit Vorliebe abgearbeitet haben. Auch die ersten Vertreter der Europäischen Zentralbank in den europäischen Gremien haben fundamental versagt. Ich habe in den ersten Monaten der Währungsunion als zuständiger Staatssekretär des Bundesfinanzministeriums bei allen möglichen und unmöglichen Gelegenheiten vor dieser Entwicklung gewarnt, und es waren vor allem die deutschen Vertreter in der Europäischen Zentralbank und die Deutsche Bundesbank selbst, die immer wieder abgewiegelt haben. Schließlich wurde auf Anregung des Bundesfinanzministeriums der Makroökonomische Dialog entwickelt, der ein Auseinanderdriften der Lohnstückkosten verhindern sollte, und auch er wurde von der Kommission und der Zentralbank nicht ernst genommen.

Selbst als das Kind schon im Brunnen lag, hat sich die Kommission von Deutschland ein asymmetrisches Verfahren (die sogenannte Macroeconomic Imbalance Procedure MIP) aufzwingen lassen, bei dem Überschussländer erst bei einem Saldo von sechs Prozent (im Verhältnis zum BIP) zur Verantwortung gezogen werden, Defizitländer aber schon bei vier Prozent. Das war und ist durch nichts zu rechtfertigen.

Man fragt sich auch, wo in dieser Frage die SPD ist und wo die Grünen sind. Waren es nicht ihre Agenda 2010 und ihr Druck auf die Gewerkschaften, die die Katastrophe in Gang gesetzt haben? Haben sie nicht noch vor kurzem den zehnjährigen Jahrestag ihrer »Erfolgspolitik« gefeiert? Was werden die Sozialdemokraten gerade angesichts dieser Tatsache in der Großen Koalition in den kommenden Jahren mitverantworten? Was werden die Grünen in der Opposition tun? Die Chance für eine Neuorientierung wäre jetzt da, aber werden diese Parteien sie nutzen?

20 Frankreich ist der große Verlierer in der Eurozone

Die OECD warnte Frankreich im November 2013 vor dem weiteren Verlust von Wettbewerbsfähigkeit.[10] Anders als andere Eurozonenländer hätte Frankreich die Gelegenheit seit 2008 nicht genutzt, um seine schwache Wettbewerbsposition zu verbessern. Frankreich brauche eine konsistente Reformstrategie, um seine Produktivität zu erhöhen und seine Wettbewerbsfähigkeit wiederherzustellen.

Zunächst einmal muss festgehalten werden, dass Frankreich keinen Produktivitätsrückstand hat. Weder vom Niveau her noch von der Entwicklung in der Zeit lässt sich nachweisen, dass die französische Wirtschaft deutlich weniger produktiv wäre als die des größten Konkurrenten, nämlich die Deutschlands. Auch die OECD zeigt das so in ihren Grafiken.

Und genau hier beginnt die Fehlinformation einer Organisation wie der OECD. Man bedient sich eines Vorurteils, um die eigenen Vorurteile zu retten. Denn wenn die OECD zugegeben hätte, dass Frankreich nur deswegen ein Problem hat, weil die Löhne in Deutschland nicht so gestiegen sind, wie es mit dem in der EWU gemeinsam vereinbarten Inflationsziel kompatibel gewesen wäre, müsste sie ja auch sagen, dass ihre jahrzehntealten Mahnungen nach mehr Flexibilität am Arbeitsmarkt verfehlt waren.

Stattdessen zeigt die OECD ein Bild der Lohnstückkosten ohne den Verweis auf das Inflationsziel und erweckt so den Eindruck eines objektiven und gerechtfertigten Vorteils für Deutschland.

Dann mahnt die OECD für Frankreich eine Beschleunigung des Produktivitätszuwachses »im Rahmen einer Lohnmoderation« an. Die OECD verschweigt, dass das nur gelingen kann, wenn bei den wichtigsten Handelspartnern nicht genau das Gleiche angestrebt wird und die Deflation, die daraus für die Eurozone insgesamt erwächst, zu keiner Aufwertung des Euro führt. Das aber ist das Problem. Alle Länder Südeuropas versuchen, ihre Wettbewerbsfähigkeit zu verbessern. Deutschland versucht, seine Wettbewerbsfähigkeit zu verteidigen und hat noch immer einen großen Vorsprung. Da kann Frankreich nichts gewinnen, sondern nur verlieren.

Aber selbst im falschen Rahmen der OECD ist es irreführend, einfach von einer »Wiederherstellung der Produktivkräfte« zu reden, wie es der Generalsekretär der OECD getan hat. Denn wie stellt man seine Produktivkräfte in einer Marktwirtschaft wieder her? Man investiert. Aber wer investiert wann in die Verbesserung der Produktivität? Das tun überwiegend die Unternehmen. Die Unternehmen investieren aber nur in neue Anlagen und Ausrüstungen, wenn sichergestellt ist, dass es auch eine Auslastung für diese Anlagen gibt. Dazu muss die Wirtschaft wachsen. Frankreich müsste also zuerst seine Wirtschaft ankurbeln, bevor es überhaupt eine Chance hätte, die Produktivität zu erhöhen und bei gleichbleibenden Löhnen die Lohnstückkosten zu senken.

Wie aber regt man eine stagnierende Wirtschaft an? Realistisch ist das im Fall Frankreichs nur über expansive Fiskalpolitik möglich, weil die europäische Geldpolitik schon expansiv ist, aber logischerweise nichts Spezifisches für Frankreich ausrichten kann. Expansive Fiskalpolitik aber ist wegen des Fiskalpaktes ausgeschlossen, sogar das Gegenteil wird von Brüssel gefordert. Wenn man aber die Produktivität nicht erhöhen kann, dann bleibt nur der Versuch, den auch die anderen südeuropäischen Länder erfolglos unternommen haben, über sinkende Löhne die Lohnstückkosten zu senken und die Wettbewerbsfähigkeit zu erhöhen.

Nur: Das Einzige, was in Frankreich bisher einen Einbruch der Wirtschaft aufgehalten hat, war der private Verbrauch. Wer versucht, die Löhne zu senken, setzt die Säge genau an diesem einzigen noch halbwegs stehenden Pfeiler der französischen Wirtschaft an. Sinkende Nominallöhne würden, nicht anders als in Südeuropa, sofort zu einem Einbruch des privaten Verbrauchs führen. Was machen die Menschen, wenn ihr Einkommen sinkt und man ihnen sagt, das sei als dauerhaft anzusehen, weil sonst die französische Wirtschaft nicht gesunden könne? Die meisten hätten gar keine andere Wahl, als sofort ihre Nachfrage einzuschränken.

Wenn aber die nominale Nachfrage der privaten Haushalte sinkt, kann eine Wirtschaft wie die französische, in der der private Verbrauch einen Anteil von 50 Prozent am Bruttoinlandsprodukt hat, nicht gesunden. Und die Unternehmen werden schon gar nicht investieren. Die Arbeitslosigkeit wird genau wie in Südeuropa steigen, und die politische Lage wird sich in extremer Weise destabilisieren.

Zudem würde der Versuch Frankreichs, seine Nominallöhne absolut zu senken, die deflationäre Entwicklung, die ohnehin in Europa schon angelegt ist, und damit die Tendenz zur Aufwertung des Euro auf den internationalen Märkten erheblich verstärken. Deflation aber würde die derzeit ohnehin geringe expansive Wirkung der Geldpolitik der EZB noch weiter schmälern (wegen steigender Realzinsen). Und der Aufwertungseffekt für den Euro würde den Versuch der Verbesserung der Wettbewerbsfähigkeit Europas und damit auch Frankreichs an den Weltmärkten konterkarieren.

Es gibt für die überbewerteten Länder (also für die Länder, die einmal an Wettbewerbsfähigkeit verloren haben) innerhalb der EWU keine Möglichkeit, zu einem normalen Wachstumspfad zurückzukehren und ihre Arbeitslosigkeit zu reduzieren, wenn nicht die Politik der gesamten EWU vollständig umgekehrt wird. Einem einzelnen Land mag die Wiederholung des deutschen Merkantilismus gelingen, wenn es seinen Nachbarn voraus ist in der Lohnsenkung und in der Verbesserung der Wettbewerbsfähigkeit (siehe das Beispiel Portugal und Spanien, was aber auch dort in extremer Weise auf Kosten der arbeitslos werdenden Menschen geht). Für Frankreich und Italien aber wird diese Strategiewiederholung praktisch unmöglich sein.

In Hinblick auf den Faktor Zeit ist die Lage aber noch viel verfahrener: **Denn lange bevor Länder wie Frankreich oder Italien an die objektiven wirtschaftlichen Grenzen einer Deflationsstrategie stoßen, werden die politischen Grenzen einer solchen Strategie erreicht, weil die Bürger sehr bald nicht mehr bereit sein werden, pro-europäischen Parteien in ausreichender Zahl ihre Stimme zu geben.** Sind aber erst anti-europäisch denkende und handelnde Regierungen gewählt, ist es für eine Umkehr auf europäischer Ebene wohl zu spät.

Wie wahrscheinlich dieses Szenario der Europagegner ist, sehen wir uns im folgenden Kapitel genauer an.

Der Front National in Frankreich und das Ende des Euro

Der Front National, also die Partei, die jetzt von Marine Le Pen geführt wird, reüssiert mehr und mehr zu einer echten Herausforderung für die etablierten Parteien. Diese Partei, die unter der Führung des Vaters von Marine Le Pen als militant rechts auf allen Gebieten galt, hat sich unter ihrer Führung gewandelt, sehr viele soziale Elemente aufgenommen und diese mit einem nationalen Denken verbunden. Offenbar tendieren jetzt viele Arbeiter, die früher den Sozialdemokraten (oder Sozialisten, wie es in Frankreich genau heißt) von Präsident Hollande nahestanden, zum Front National.

Zum Euro hat der Front National eine klare Position: Frankreich muss raus und sich mit einer eigenen neuen Währung von den Brüsseler Zwängen befreien – aber bemerkenswerterweise auch, um den französischen Wohlfahrtsstaat für die Franzosen zu retten. Es gibt auch schon Überlegungen, wie man das bewerkstelligen kann, wenn die europäischen Partner dazu keine Hilfestellung geben. Und es ist aus französischer Sicht vollkommen richtig, dass man sich dazu Gedanken macht, weil mit einer Änderung der deutschen Position nicht zu rechnen ist. **Eine unveränderte deutsche Position in Sachen Export und Leistungsbilanzüberschüssen macht das Verbleiben im Euroraum im Zeitablauf unerträglich, ganz gleich, wer in Frankreich an der Regierung ist.**

Ähnliches gilt auch für Italien, das noch stärker als Frankreich in einem Sumpf von Rezession und Arbeitslosigkeit versinkt, ohne auch nur ein Mittel zu haben, mit dem die Regierung von Matteo Renzi dagegenhalten kann. Wenn sie allerdings versucht, das Gleiche wie Rot-Grün in Deutschland zu machen, muss sie genau wie Hollande scheitern.

Wenn alle Länder in Europa dem deutschen Beispiel folgen und versuchen, so wie das Spanien und Griechenland schon getan haben, über relative und sogar absolute Lohnsenkung ihre Wettbewerbsfähigkeit gegenüber dem Rest der Welt zu verbessern, und wenn Deutschland unbeirrt daran festhält, dass es selbst seine Wettbewerbsfähigkeit gegenüber den anderen Regionen wahren muss, dann gibt es für den Außenwert des Euro vermutlich sehr bald nur noch eine Richtung, nämlich nach oben, was heißt in Richtung Aufwertung, und das bedeutet wieder Verlust von Wettbewerbsfähigkeit für alle Euroländer.

Was tut die Politik in der Europäischen Währungsunion unter Führung Deutschlands dann eigentlich? Es ist ja logisch, dass ein starker Euro die gesamte schmerzhafte Anstrengung, die man sich mit der Lohnsenkung auferlegt hat, zunichtemachen kann, weil ein starker Euro die Löhne – ausgedrückt in US-Dollar oder irgendeiner anderen internationalen Währung – wieder erhöht. Bittet dann die Bundesregierung und/oder die Eurogruppe die Europäische Zentralbank, die Zinsen weiter zu senken, um den Euro zu schwächen? Da der Zins schon sehr nahe null ist, gibt es nicht mehr viel Spielraum nach unten. Der nächste konsequente Schritt wäre dann, die Zentralbank aufzufordern, sofort und energisch zu intervenieren, das heißt, mit selbstgedruckten Euro Dollar zu kaufen, um den Wert des Dollar zu stärken und den Euro zu schwächen. Die Schweiz mit ihrer festen, von der Schweizer Nationalbank gezogenen Obergrenze des Wechselkurses zum Euro zeigt ja, wie leicht das geht.

Was aber werden in einem solchen Fall die anderen Länder der Welt tun, die unter der Lohnsenkung leiden würden (weil sie an Wettbewerbsfähigkeit verlieren, wenn sie nicht auch die Löhne senken) und froh wären, wenn die europäische Lohnsenkung schnell durch eine Aufwertung des Euro ausgeglichen würde? Immerhin sind von diesem Problem die USA genauso betroffen wie Japan, China und andere Schwellenländer. Werden die sagen, da kann man leider nichts machen, Europa geht es so schlecht, es muss sich auf unsere Kosten sanieren?

Man muss nur den jüngsten »currency report« der Amerikaner lesen, dann weiß man, dass sie etwas ganz anderes sagen würden und werden. Sie werden sagen, wenn die EZB in einem solchen Fall interveniert, dann ist das »currency manipulation«, was Maßnahmen der verschiedensten Art nach sich ziehen kann, auch solche der protektionistischen Art. Werden darauf die Europäer beleidigt sein und sagen, ihr seid ganz böse Kerle, mit euch spielen wir nicht mehr, will sagen, mit euch machen wir kein Freihandelsabkommen? Da werden die Amerikaner aber lachen und antworten, euer Freihandel, bei dem ihr zu Lasten der anderen eure Arbeitslosigkeit exportieren wollt, kann uns gestohlen bleiben.

Ja, so einfach geht das, und das ganze Konzept, auf das Europa seine Sanierung aufbaut, ist futsch. Bisher konnte Deutschland den Defizitländern dankbar dafür sein, dass sie mit ihren Defiziten den Überschuss der gesamten Eurozone niedrig gehalten haben (und das hat man natürlich nicht laut gesagt; vielmehr hat Deutschland den Spieß umgedreht und dreist erklärt, der Rest Europas könne froh sein, ein im weltweiten Wettbewerb so erfolgreiches Land auf die Waage bringen zu können). Sinken aber die Importe in vielen EWU-Ländern so rasch weiter wie bisher, dann kann der Überschuss der EWU schnell steigen, sogar ohne dass die EWU insgesamt Exporterfolge vorzuweisen hätte. Dann kommt sehr bald der Punkt, wo man sich entscheiden muss: den unsinnigen Versuch der Verbesserung der Wettbewerbsfähigkeit gegenüber dem Rest der Welt weiter zu treiben oder die Strategie vollständig zu wechseln. Es wird interessant sein zu sehen, wie man den Menschen in Spanien und Griechenland erklärt, dass sie sich zwar sehr gequält haben, dass es aber nichts gebracht hat, weil die Eurogruppe leider vergessen hatte, dass es einen Wechselkurs des Euro mit den anderen Währungen dieser Welt gibt und dass der sich ändern kann.

Wer seine Wettbewerbsfähigkeit verbessern will, muss in einer Welt, in der allenthalben die Inflationsraten schon nahe bei null liegen, von allen guten Geistern verlassen sein. Dieser Versuch muss angesichts der jetzt schon vorhandenen Sensibilität der wichtigsten Handelspartner scheitern. Ernten wird man stattdessen offene Deflation und anhaltende Rezession. Die jüngsten Zahlen beim Preisanstieg und die jetzt erfolgte Zinssenkung sollten ein Warnsignal ersten Ranges sein. Die Möglichkeiten der Geldpolitik, aktiv in den Kampf gegen eine deflationäre Entwicklung einzugreifen, sind bei einem Zins von 0,25 Prozent weitgehend erschöpft.[11] Wer jetzt noch Flexibilität der Arbeitsmärkte und Verbesserung der Wettbewerbsfähigkeit predigt, ist unmittelbar für die desaströsen Folgen dieser verantwortungslosen Politik verantwortlich.

Die wirtschaftliche Lage in Europa ist und bleibt katastrophal. Dass sich in Deutschland viele hinstellen und mit stolzgeschwellter Brust von Wende und Aufschwung reden, ist nur ihrer Ignoranz hinsichtlich der verheerenden Lage in den südeuropäischen Ländern einschließlich Frankreichs zuzuschreiben, die Deutschland maßgeblich zu verantworten hat. Es wird so gern mit der Ruhe an der Zinsfront der Kapitalmärkte argumentiert, um den

Nachweis zu erbringen, die Eurokrise sei, wenn schon nicht vollständig überwunden, so doch auf dem besten Wege abzuklingen. Das aber ist nicht nur Wunschdenken, es ist eine verheerende Einstellung zur Situation der Millionen Arbeitslosen vor allem in Südeuropa. Wie kann man eine Krise auch nur entfernt als in Überwindung begriffen einstufen, wenn Massen von Menschen nicht wissen, wie sie wirtschaftlich über die Runden kommen sollen, ob sie noch ein Dach über dem Kopf haben werden und genug auf dem Teller, um satt zu werden.

Das alles passiert nur eineinhalb Jahre, nachdem die Sozialisten mit François Hollande einen historischen Wahlsieg eingefahren haben und von ihren Anhängern als große Hoffnung gefeiert wurden. Aber niemand ist besser im Vergeigen solcher Gelegenheiten als Sozialdemokraten. Sie fürchten sich nämlich vor einem eigenständigen wirtschaftspolitischen Konzept, das die herrschende Lehre in Frage stellt, wie der Teufel vor dem Weihwasser. Sobald sie an der Macht sind, können sie deswegen nichts anderes tun, als die Wirtschaftspolitik der Konservativen zu imitieren. Sie behängen sie zwar mit einem sozialen Mäntelchen, aber das reicht natürlich nicht, um die gewaltigen Fehler, die auch die Konservativen gemacht hätten, zu kaschieren. Bald werden sie wieder abgewählt, gehen in die Opposition und warten darauf, dass sie beim nächsten Mal den gleichen Fehler wieder machen können.

So geht die Demokratie allmählich vor die Hunde. Weil die Parteien der Mitte sich in den entscheidenden Fragen zum Verwechseln ähnlich sind, gehen die Wähler immer häufiger extremen und – bei dem offenkundigen Scheitern der europäischen Idee – natürlich auch national gesinnten oder nationalistischen Parteien auf den Leim. Insofern ist, man muss es so drastisch sagen, auch in Deutschland die Große Koalition die dümmste Idee des Jahrhunderts. Sie macht auch für den letzten Zweifelnden deutlich, dass diese Parteien kaum noch unterscheidbar sind und die eine so wenig ein Rezept zur Überwindung der Krise hat wie die andere.

Ich habe es in meinen Reden schon lange gesagt: Wer wissen will, wie der Euro schließlich zerbricht, schaue nach Frankreich und Italien. Dort ist es nur eine Frage der Zeit, bis eine national oder nationalistisch gesinnte Regierung gewählt wird, die zu allem – einschließlich des Ausstiegs aus dem Euroraum – entschlossen ist.

22 Die Blairisation oder Schröderisierung des François Hollande

Interessant ist, dass Frankreich derzeit daran erinnert wird, dass schon einmal ein Sozialist im Präsidentenamt eine große Wende vollzogen hat, der ebenfalls François hieß und Hollandes großes französisches Vorbild ist: François Mitterand. Und wieder, so muss man dann konstatieren, scheitern damit die französischen Sozialisten zuerst an sich selbst, zum zweiten aber an ihren deutschen Nachbarn.

Als Mitterand 1982 an die Macht kam, wollte er angesichts hoher Massenarbeitslosigkeit sofort eine keynesianische Politik durchsetzen und versuchte, mit Hilfe großer staatlicher Ankurbelungsprogramme der Rezession zu entfliehen. Das Experiment scheiterte am Ende kläglich, weil in Frankreich sofort die Leistungsbilanz ins Defizit und die Währung unter großen Abwertungsdruck geriet. Das war eigentlich zu erwarten gewesen, weil die Wettbewerbsfähigkeit vorher schon schwach war und größeres Wachstum über steigende Binnennachfrage unweigerlich große Importzuwächse nach sich ziehen musste. Statt intelligent gegenzusteuern, brach Mitterand unter dem Jubel der Konservativen in der ganzen Welt das Experiment ab und wandelte sich sehr schnell zum »modernen« Sozialisten. Der versteht eben, dass für keynesianische Experimente in der realen Welt kein Platz ist und folgt brav dem Mainstream. Frankreich legte trotz weiter hoher Arbeitslosigkeit von da an den Schwerpunkt seiner Wirtschaftspolitik auf die Stabilisierung der Währung und später zudem auf den Eintritt in die Eurogemeinschaft.

Hollande ist scheinbar in einer ähnlichen Situation wie Mitterand damals. Er ist konfrontiert mit einem großen Leistungsbilanzdefizit und der kaum verhüllten Aufforderung der anderen

Euroländer, die eigene Wettbewerbsfähigkeit über Lohnsenkung zu verbessern und den, wie es der deutsche Leitartikler gerne beschreibt, übergroßen Staatsapparat, der »56 Prozent aller Wirtschaftsleistung verschlingt« (so die *Süddeutsche*), drastisch zurechtzuschneiden. Kehrt er um, entschließt er sich, die »Wahrheit endlich auszusprechen«, dann wären er und die Nation in der Lage, sich zu »befreien«, wie die *SZ* es ausdrückte.

Das ist eine schöne Legende, und sie wird natürlich heiß geliebt in allen konservativen Kreisen. Gleichwohl beinhaltet sie, wie alle Legenden, nur ein Körnchen Wahrheit und verleitet genau deswegen zu vollkommen falschen Schlussfolgerungen. Das Körnchen Wahrheit ist, dass ein kleines offenes Land, das umgeben ist von konservativ regierten Ländern, nicht einfach im Alleingang keynesianische Politik machen kann, ohne rasch an Zahlungsbilanzgrenzen zu stoßen. Es müsste dann nämlich bereit sein, seine Währung im Alleingang abzuwerten oder abwerten zu lassen (was auf eine kontrollierte Art und Weise im Alleingang sehr schwierig ist) und gleichzeitig verhindern, dass die Abwertung zu einer Beschleunigung der eigenen Inflation führt (was ebenfalls schwierig sein kann – je nachdem wie gut man sich mit den Gewerkschaften steht).

Dass eine große, relativ geschlossene Volkswirtschaft (wie die USA oder Europa oder Japan) keynesianische Politik machen können und müssen, ist dagegen viele Male bewiesen worden. Dass kleine relativ offene Volkswirtschaften konservative Wirtschaftspolitik von der Angebotsseite her betreiben können, ist ebenfalls oft (wie zuletzt in Südeuropa) gezeigt worden, aber es hat eigentlich nie etwas gebracht außer weiter steigender Arbeitslosigkeit.

Frankreich zu Beginn der Präsidentschaft Hollandes war aber in einer Situation, die jeder aufgeklärte Ökonom (von denen die Sozialisten oder Sozialdemokraten aber normalerweise gar keine haben) sofort hätte sagen können, dass sie für keinerlei Experimente taugt, solange das Grundproblem nicht behoben war, das da hieß: hohe deutsche Wettbewerbsfähigkeit wegen Lohndumping in der Währungsunion. Was jetzt über die Größe des französischen Staatsapparates von interessierten Kreisen wie der *SZ* in die

Welt gesetzt wird, ist alles großer Mumpitz. Da Frankreich in Sachen Produktivität genauso gut ist wie Deutschland, scheint der Staatsapparat sehr effizient zu sein. Aber auch darauf kommt es in der Währungsunion nicht an, sondern nur darauf, dass sich jedes Mitgliedsland in angemessener Weise an seine Produktivität anpasst. Darin war Frankreich vorbildlich.

Frankreich hat also, nicht anders als 1982, ein Problem mit seiner Wettbewerbsfähigkeit. Allerdings ist das diesmal vollkommen unverschuldet, weil es nur auf die deutsche Lohnunterbietung der ersten zehn Jahre der Währungsunion zurückzuführen ist. Statt dieses Problem aber head on, wie man auf Englisch sagt, anzugehen, hat sich Hollande zunächst halbherzig von der deutschen Seite abgewendet, dann aber feststellen müssen, dass er keine Mehrheit für seine Wischi-waschi-Position findet, und wird jetzt von den Medien und der Unternehmerschaft im eigenen Land ebenso wie von den europäischen Partnern zum Offenbarungseid getrieben.

Präsident Hollande ist schon jetzt eine tragische Figur. Wie er sich auch immer entscheidet, er scheitert in jedem Fall. Geht er den deutschen Weg, folgt er also Blair und Schröder, ist er verloren, weil der Versuch einer Lohnsenkung unter den heute gegebenen Umständen nur scheitern kann, da die Binnennachfrage, das einzige Standbein der französischen Konjunktur, einbricht und die Arbeitslosigkeit weit über die schon jetzt erreichten zwölf Prozent hinaus ansteigt. Bleibt er wider Erwarten Sozialist oder versucht, sich ohne Festlegung durchzumogeln, ist er auch verloren, weil Frankreich dann gegen das übermächtige Deutschland nie mehr auf die Beine kommt und die Wirtschaft in ein langes Siechtum fällt. Jede der beiden Varianten spielt der Rechten in die Hände, und in diesem Falle der extremen Rechten, dem Front National. Die Chance für Hollande, im Jahr 2017 wiedergewählt zu werden, ist schon jetzt nahe null, wenn er oder seine engsten Berater nicht beginnen zu begreifen, dass ohne eine offene Herausforderung der deutschen Position (am besten in einer Koalition mit Italien und anderen Südeuropäern) weder die Währungsunion noch die französische Wirtschaft zu retten sind.

23 Bravo, Monsieur le Président

Der französische Präsident hält immer zu Jahresbeginn eine große Pressekonferenz ab, und 2014 waren die Erwartungen besonders hoch. Vor allem die Erwartungen derjenigen, die darauf hofften, dass der französische Sozialist endlich zu Kreuze kriecht und bekennt, dass er nun kein Sozialist mehr ist, sondern Blair und Schröder zu seinen Vorbildern erklärt.

Und tatsächlich war das Ergebnis dieser Pressekonferenz eine rasante Wende, weil der französische Präsident offensichtlich kein progressives Konzept mehr hat, mit dem er der Bevölkerung plausibel erklären könnte, wie er das Land aus der wirtschaftlichen Misere zu führen gedenkt.

Damit hat er eine wirtschaftspolitische Wende hingelegt, die es in sich hat. Er hat er de facto Abschied genommen von den Ideen der ersten achtzehn Monate im Amt und hat sich dazu bekannt, dass die Unternehmen entlastet werden müssen und die französische Wettbewerbsfähigkeit erhöht werden muss. Darüber hinaus will er die Lohnnebenkosten senken, die Staatsausgaben drastisch zurückfahren und die Wirtschaft entbürokratisieren. Déjà-vu?

Ja, und er hat den entscheidenden Satz gesagt, der ihn von nun an ausweist als einen »modernen Sozialdemokraten«, als einen, so wird es in der konservativen Presse gesagt, der verstanden hat, dass Wirtschaftspolitik nur mit der Wirtschaft gemacht werden kann und nicht gegen sie. Er hat tatsächlich gesagt, dass er seine wirtschaftspolitischen Instrumente auf der Angebotsseite ansetzen wolle, was aber nicht heiße, die Nachfrage zu vernachlässigen, denn, und das wörtlich, »das Angebot schaffe sich seine Nachfrage«.

Da haben wir es! Die nächste sozialdemokratisch/sozialistische Regierung, die klein beigibt, die ohne wirtschaftspolitisches Alternativkonzept gestartet ist und sich nach kurzer Zeit dem Mainstream beugt. Von der Reichensteuer zur Entlastung der Unternehmen. Und dann Say's Law, der Satz des Jean-Baptiste Say, nach dem das Angebot sich seine Nachfrage schafft. Das einzig Gute an dem Satz ist aus französischer Sicht, dass er von einem Franzosen stammt. **Zu glauben, man könne eine Wirtschaft, die sich in ei-**

ner Rezession befindet und einen gewaltigen Wettbewerbs-rückstand gegenüber ihrem wichtigsten Konkurrenten in einer Währungsunion hat, mit Angebotspolitik heilen, ist lächerlich und gefährlich.

Aber François Hollande ist selbst schuld an seiner Misere. Er hat sich von Anfang an nicht ernsthaft mit dem Problem in der Euro-zone auseinandergesetzt und verschiedene Strategien gegenein-ander abgewogen. Hätte er das getan, hätte er vermutlich heraus-gefunden, dass es für die Eurozone als Ganzes nur den Weg nach vorne gibt, also durch Wachstum heraus aus der Rezession. Dann hätte er verstehen müssen, dass das nicht ohne Deutschland geht. Folglich hätte er, mit anderen zusammen oder allein, die deutsche Austeritätspolitik offen in Frage stellen und die deutschen Fehler zu Beginn der Währungsunion offen ansprechen müssen. Was er stattdessen tut, der Weg zurück, also der Versuch, durch Kürzung bei den Löhnen und Lohnnebenkosten und durch Austerität bei den Staatsausgaben die Wirtschaft auf »deutsches Niveau« zu bringen, ist fatal, weil es den Weg ganz Europas in die Deflation und weitere Rezession praktisch unumgänglich macht.

Das werden er und seine »neuen Sozialdemokraten« politisch nicht überleben. Gewinnen aber wird die Rechte, und das ist eine vitale Bedrohung für Europa, wie wir schon weiter oben gesehen haben. Der Rücktritt einiger Minister oder der Rücktritt des Premi-erministers wären in dieser Lage übrigens ein angemessenes Sym-bol gewesen. Tony Blair konnte wenigstens für sich in Anspruch nehmen, dass er nie einen Zweifel an »New Labour« gelassen hat. Gerhard Schröder konnte immerhin auf die konzeptionellen Un-terschiede zu seinem damaligen Parteivorsitzenden verweisen, die es ihm unmöglich gemacht hatten, den Wählern reinen Wein einzuschenken. Doch wer sich als lupenreiner Sozialist wählen lässt und nach nur achtzehn Monaten die Wende zum »modernen Sozialdemokraten« macht, dem kann man mit einigem Recht vor-werfen, die Wähler betrogen zu haben.

Das deutsche Wesen – ist das falsche Modell

24 *Die deutsche Agenda und das schwere Schicksal Europas*

Man ist ja manchmal mit Sachen geschlagen, für die man einfach nichts kann. Sie kaufen oder mieten ein Haus oder eine Wohnung, und plötzlich stellen Sie fest, Ihre Nachbarn sind einfach nicht zum Aushalten. Nicht nur, dass sie die Nachtruhe nie einhalten, sie mähen auch noch den ganzen Sonntag Rasen und schmeißen alles, was sie nicht mehr gebrauchen können, über den Zaun. Schlimm, da kann man Streit anfangen, vor Gericht gehen oder sich nach einer neuen Wohnung umsehen. Letzteres ist immer die beste Wahl, wenn man sich das eigene Leben nicht für lange Zeit vermiesen lassen will.

Genau das ist Ländern leider verwehrt, sie können nicht einfach mal umziehen. Sie müssen auf Teufel komm raus mit ihren Nachbarn leben. Ist so ein Nachbarland darauf aus, seinen eigenen Bürgern den Gürtel so eng zu schnallen, dass die kaum noch etwas zu Hause verbrauchen, aber mit allem, was sie superbillig produzieren, über die Grenze drängen, ist es schwer, den eigenen Bürgern zu erklären, dass sie das billige Zeug vom Nachbarn besser nicht kaufen, weil sie damit ihre eigenen Arbeitsplätze gefährden. Schließlich leben wir in einer Marktwirtschaft, und da kann man niemandem verwehren, sich bei seinen Einkaufsentscheidungen nach dem Preis zu richten.

Plötzlich sieht sich ein Land, obwohl es nichts Böses getan hat, außer dass es den eigenen Leuten ihren verdienten Anteil am Produktivitätsfortschritt zugestanden hat, in die Ecke

gedrängt oder auf jeden Fall in die zweite Reihe, **weil es Schulden machen musste, um die Importe vom billigen Nachbarn zu finanzieren.** Normalerweise müsste man dann die eigene Währung abwerten und auf diese Weise dafür sorgen, dass die eigenen Leute weniger von den ausländischen Produkten kaufen und wieder mehr von den eigenen, weil sonst die eigene Wirtschaft den Bach runter geht.

Da ist es wirklich tragisch, wenn man gerade mit dem Nachbarland ausgemacht hat, man wolle die Währungsrelationen nie mehr ändern, weil es ja viel praktischer sei, wenn alle das gleiche Geld benutzen und dann die lästige Umtauscherei an der Grenze entfällt. Folglich muss man jetzt dem Nachbarn erklären, dass da etwas grundlegend schiefgelaufen ist, weil der Wegfall des Umtauschs zwar praktisch ist, aber nicht zur Folge haben sollte, dass man selbst nichts mehr produzieren kann und für die Schulden, die man macht, um das Zeug vom Nachbarn zu kaufen, auch noch beschimpft und an die Kandare genommen wird, als hätte man etwas Schlimmes verbrochen.

Also gehen Sie mal rüber, um mit dem Nachbarn zu reden, man wird die Sache ja klären können unter vernünftigen Menschen. Aber der Nachbar hat keine Zeit, der feiert gerade. Der feiert sich selbst, weil er so klug gewesen ist, die eigenen Leute mal ordentlich zum Hungern zu bewegen, auf dass sie die Nachbarn in die zweite Reihe drängen und er nun selbst ganz alleine in der ersten Reihe steht. Einer der Anwesenden sagt der versammelten Partygemeinde gerade: »Wenn Schröder (das war der, der die Hungerorgie begann) damals so mutlos regiert hätte wie Angela Merkel (das ist die neue Besitzerin) heute, stünden wir jetzt in einer Reihe mit Italien, Frankreich und Spanien vor deutlich größeren Problemen inmitten der Euro-Krise.«[12] Da stockt Ihnen der Atem und Sie bekommen kein Wort heraus. Sie stehen ja nur in der zweiten Reihe, weil er sich in die erste gedrängt hat. Mutig war das also von denen, den Nachbarn die billigen Güter vor die Nase zu halten und die billigen Kredite dafür noch hinterherzuwerfen.

Da gehen Sie wieder nach Hause und fragen sich, ob das mit der einheitlichen Währung wirklich eine gute Idee war. Vielleicht sollte man doch wieder Grenzen haben und jedes Mal Geld tauschen, wenn man rüberfährt? Dann würde man jetzt abwerten, die Produkte vom Nachbarn wären plötzlich sauteuer und keiner käme mehr auf die Idee, dort etwas zu kaufen. Die eigene Wirtschaft würde wieder laufen, und Sie würden wieder Ihr eigenes Geld drucken und auch sonst das machen, was Sie für vernünftig halten, ohne dass dauernd irgendwelche Delegationen kommen, die der Nachbar geschickt hat, die einem erklären, man müsse es nur genauso machen wie der Nachbar selbst, dann ginge es einem auch gleich oder doch zumindest schon sehr bald wieder gut.

Da fragen Sie sich als vernünftiger Mensch (oder Regierungschef) doch, wie das sein kann. Wenn der sich in der Währungsunion in die erste Reihe gedrängt hat, war das ja nur erfolgreich, weil ich Idiot mich habe in die zweite drängen lassen, oder? Wenn ich jetzt das Gleiche versuche, muss ich doch wieder noch größere Idioten auf der Welt finden, die sich von mir in die zweite Reihe drängen lassen. Außerdem müsste ich die dann überreden, mit mir eine Währungsunion zu machen, was bestimmt in den nächsten hundert Jahren keiner mehr machen wird nach dem, was mir passiert ist. Wenn ich den größeren Idioten aber nicht finde, dann müssen meine Leute hungern ohne jeden Sinn und Verstand.

Das müssten Sie Ihrem Nachbarn doch erklären können, und Sie würden sich mit ihm darauf einigen, dass er aufhört mit dem ewigen Gürtel-enger-Schnallen, damit Sie auch mal etwas verkaufen und Ihre Schulden zurückzahlen können. Also wieder rüber. Die feiern aber immer noch, und gerade sagt jemand, auch in Zukunft ginge es nur mit Bescheidenheit, weil ja sonst die Nachbarn irgendwann zum Zuge kämen. Da kommen Ihnen die Tränen, weil Sie wissen, dass mit denen nichts zu machen ist. Sie müssen raus aus dieser dämlichen Währungsunion, selbst wenn Sie dafür die Grenzen völlig dicht machen müssen. Denn mit denen gutnachbarliche Beziehungen zu haben, das geht offenbar nicht, die wollen das einfach nicht. Die wollen höchstens, dass Ihre besten Leute, nämlich mit öffentlichen Mitteln gut ausgebildete junge Arbeitskräfte, umziehen zu denen.

25 Die neue deutsche Selbstgerechtigkeit ist kein Zufall

Von Beginn der Eurokrise an haben die deutschen Printmedien fast durch die Bank jede kritische Analyse (auch aus Deutschland und in Deutsch!) zur deutschen Rolle ignoriert. Der überwiegende Teil der Berichterstattung, darunter auch die im öffentlich-rechtlichen Rundfunk und Fernsehen, war und ist bis heute so unter die Käseglocke der Vorurteile der Meinungsmacher gestellt, dass die Wahrnehmung anderer Positionen und erst recht eine informative, objektive Auseinandersetzung mit ihnen auf der Strecke geblieben sind.

Das hat, wie man zugeben muss, viel mit der Monokultur an den deutschen wirtschaftswissenschaftlichen Lehrstühlen zu tun. Die führt dazu, dass man zu einem Zeitpunkt in Vorträgen, Interviews und Talkrunden von Seiten der Fachleute zu 90 Prozent mehr oder weniger das Gleiche zu hören bekommt, was den Grundtenor der Problemanalyse angeht, und später dann wieder von denselben Fachleuten mehr oder weniger etwas anderes.

Denn die Fachleute schlingern den einzelnen Krisenherden hinterher wie die Politiker selbst, jedes Mal überrascht von den gerade neu auftauchenden Problemen, die sie nicht voraussehen können, weil es ihnen an einer konsistenten Basis für ihre Analysen fehlt. Die großen Krisen der letzten Jahre machen das besonders deutlich: Man denke nur an die Bezeichnung der Eurokrise als Staatsschuldenkrise mit dem Fiskalpakt als empfohlener Therapie, später dann als Bankenkrise mit dem Ausweg europaweit einheitlicher Kontrolle durch eine Bankenunion. Da ist es kein Wunder, wenn Journalisten offenbar irgendwann den Maßstab dafür verlieren, was eine ausgewogene Berichterstattung angeht, und, schlimmer noch, was konsistente Erklärungen sind.

Ein weiteres Beispiel: Vor der Finanzkrise 2008 wurde der hohe Nettokapitalzufluss der südeuropäischen Staaten als Ausdruck von deren Euro-bedingter Investitionsfreudigkeit angesehen und umgekehrt der hohe Nettokapitalabfluss aus Deutschland (oft als Kapitalflucht tituliert) als Zeichen investorenfeindlicher Rahmenbedingungen. Am Anfang der Finanzkrise waren viele Medien voll des Lobes für die spanischen Banken, die anders als die deutschen Banken nicht in amerikanische Schrottpapiere investiert hatten. Dass der wesentliche Grund dafür der war, dass Spanien dank hoher Auslandsverschuldung keine Überschüsse im Ausland anzulegen hatte, interessierte schon nicht mehr. Als dann im Zuge des Platzens der spanischen Immobilienblase der spanische Bankenapparat ins Wanken geriet, war von den viel zu niedrigen Zinsen die Rede, die der Euro Spanien beschert habe und die den dortigen Bausektor zu stark stimuliert hätten.

Kaum ein Journalist fragte nach dieser Kehrtwende in der Beurteilung von Investitionstätigkeit und Zinsen in Südeuropa nach, wie denn der gleiche nominale Zinssatz in dem einen Land einen Bauboom auslösen könne, in anderen jedoch, wie etwa in Frankreich, nichts dergleichen stattgefunden habe. Hätte man diese Frage gestellt, wäre man möglicherweise viel früher auf die unterschiedliche Entwicklung der Preisniveaus, der Lohnstückkosten und Arbeitseinkommen gestoßen und damit auf die zentrale Frage der Wettbewerbsfähigkeit ganzer Länder einschließlich der Nettokapitalströme zwischen ihnen.

Spätestens als der deutsche Finanzminister im Oktober 2011 im Rahmen der »Sixpack«13 genannten **Regelungen durchsetzen konnte, dass Handelsdefizite ab vier Prozent des BIP eines Landes geahndet würden, Handelsüberschüsse aber erst ab einer Größe von sechs Prozent des BIP, hätte es kritischer Nachfragen der deutschen Presse auf breiter Front bedurft.** Doch nichts dergleichen fand statt. Der Traum vom ewigen Reichtum durch große und möglichst wachsende Exportüberschüsse war einfach zu schön, als dass man diesen merkwürdig asymmetrischen Beschluss der Finanzminister zu hinterfragen bereit gewesen wäre.

Nun sind die meisten Berichterstatter konsterniert, dass sich angesichts des offenkundigen Versagens der deutschen Therapien in anderen Ländern kritische Analysen dort schneller herumsprechen als in Deutschland selbst und vor allem, dass die ihre Wirkung in der öffentlichen Wahrnehmung Deutschlands im Ausland entfalten. Man ist sozusagen überrascht von der eigenen Ignoranz.

In den wichtigen englischsprachigen Medien wie etwa der *Financial Times* wurde schon seit Jahren die deutsche Rolle im Wettkampf der Nationen und in der Eurozone in aller Ausführlichkeit problematisiert. Dass man das nicht zur Kenntnis genommen hat oder nehmen wollte, rächte sich, als daraus eine breite politische Debatte in Europa wurde, und führte zu der Art von beleidigten Kommentaren wie in der *Süddeutschen Zeitung* vom 2. April 2013. Und dass in denen nun auch noch davor gewarnt wird, Kritik an Deutschland werde hierzulande zu Europafeindlichkeit führen, zeigt, wie meilenweit entfernt die deutsche Presselandschaft davon ist, an einer konstruktiven Lösung der Krise mitzuarbeiten.

Statt das eigene Versagen zu bedauern und die Leser endlich aufzuklären, stürzt man sich wie schon zu Anfang der Krise anklagend auf die Partnerländer und wirft denen wiederholt mangelnde Einsichtsfähigkeit, Deutschfeindlichkeit oder andere Absurditäten vor. Genau wie der *SZ*-Kommentator spielten viele andere deutsche Korrespondenten in Brüssel die beleidigte Leberwurst, als Übersprungshandlung gewissermaßen, weil sie nicht wussten und wissen, wie sie die Kurve kriegen und ihrem Publikum sagen sollen, sorry, was wir euch seit über vier Jahren erzählt haben, war leider weniger als die halbe Wahrheit, es war zum großen Teil verkehrt, wir fangen noch mal von vorne an.

26 Die Bundeskanzlerin und die Austerität

Die Bundeskanzlerin hat auf dem Sparkassentag im April 2013 eine Reihe bemerkenswerter Sachen gesagt. Unter anderem sagte sie: »Ich habe im Verlauf der letzten fünf Jahre zwei Worte kennengelernt, die ich vorher nie benutzt hatte. Das erste war ›Realwirtschaft‹, als es um die Finanzkrise ging. Und das zweite war ›Austerität‹. Bis dahin hieß das ›Haushaltskonsolidierung‹, ›solides Wirtschaften‹ oder ›keine Schulden machen‹. Jetzt heißt das ›Austerität‹, was sich ja schon als Wort so anhört, als ob ein Feind auf uns zukäme. Ich sage ganz einfach einmal: Die Lage, in der wir jetzt sind, ist ja nicht durch Austerität entstanden, sondern die ist daraus entstanden, dass wir irgendwann feststellen mussten, dass Griechenland ein Defizit von 15 Prozent hatte, und international jeder gesagt hat: Wir glauben nicht, dass das reduziert werden kann.«

Ich vermute, sie glaubt das auch genau so, wie sie es sagt. Was bedeutet, sie (beziehungsweise ihr wirtschaftspolitischer Berater) hat den Zusammenhang zwischen privaten Ausgaben und staatlichen Ausgaben in ihrer Wirkung auf die Gesamtwirtschaft einfach nicht kapiert. Sie setzt Austerität gleich mit »solidem Wirtschaften« oder »Haushaltskonsolidierung«. Austerität ist aber reserviert für eine ganz bestimmte Art der sinnlosen und gefährlichen Haushaltskonsolidierung. Wenn man schon so pointiert einen Begriff herausgreift, um seine Position zu beschreiben und für den Durchschnittszuhörer verständlich zu machen, wäre es klüger gewesen, sich den Begriff vorher genauer anzusehen, zum Beispiel auf Wikipedia, wo es in vollkommener Klarheit heißt: »Austerität beschreibt Strategien von Regierungen, um Haushaltsdefizite bei schlechter wirtschaftlicher Entwicklung zu reduzieren.«[14] Das ist der Hauptpunkt der Definition dieser Art von Politik: »bei schlechter wirtschaftlicher Entwicklung«.

Das heißt, in einer Phase der wirtschaftlichen Entwicklung, in der es insgesamt an Nachfrage von Seiten der Privaten fehlt, sollte der Staat nicht Öl ins Feuer gießen. Prozyklische Politik hat man das früher genannt, also staatliche Sparversuche genau dann, wie es auch bei Wikipedia heißt, »wenn Konsumenten und Unternehmen nicht bereit oder in der Lage sind, Ausgaben zu tätigen«.[15] Dann genau kann der Versuch des Staates, ebenfalls zu sparen, nur darin enden, dass sich die Wirtschaftslage weiter verschlechtert und der Sparversuch des Staates scheitert. Außerdem ist es für die staatliche Reaktion auf eine konjunkturelle Schieflage vollkommen wurscht, ob sie durch Sparversuche der Privaten oder geplatzte Spekulationsblasen der Banken entstanden ist. **Auch wenn eine Rezession Gründe hat, die nicht unmittelbar mit dem Staat zusammenhängen, ist Austerität immer die falsche Reaktion.**

Es geht nicht um die Frage, was man exakt wie definiert, weil ohnehin oft unter Begriffen Unterschiedliches verstanden wird.

Mit Haushaltskonsolidierung etwa meinen die einen ein staatliches Sparen-auf-Teufel-komm-raus und die anderen eine Politik, die das Wachstum, zum Beispiel auch durch sinnvolle öffentliche Ausgaben, so fördert, dass sich das Staatsdefizit quasi als Nebenprodukt der gesamten Entwicklung reduziert. Aber man kann aus dem Gesamtzusammenhang des Gesagten erschließen, was uns die Rednerin auf dem Sparkassentag mitteilen wollte: Schuldenmachen war schon immer schlecht und Sparen schon immer gut, daran hat sich nichts geändert, wir haben das immer schon gewusst und immer schon beherzigt. Und die gegenwärtige Katastrophe in Südeuropa ist keinesfalls durch die Sparpolitik entstanden, sondern durch das Gegenteil, das Schuldenmachen.

Und dann kommt der nächste Schlag: Das griechische Haushaltsdefizit von 15 Prozent und dessen vermeintliche Einschätzung durch die Finanzmärkte sollen der eigentliche Ausgangspunkt unserer derzeitigen Probleme sein. Die Reduktion der Problemanalyse auf diesen winzigen Punkt spottet jeder Beschreibung. Denn sie suggeriert ja umgekehrt, dass wir in Europa keine Probleme hätten, wenn nur die Griechen nicht so viele Staatsschulden gemacht hätten. Und schlimmer noch als diese einseitige Schuldzuweisung verführt sie trotz des Flächenbrandes, der in Südeuropa tobt, dazu, die Löscharbeiten völlig unangemessen zu gestalten.

Dass man der Regierungschefin des viertgrößten Industrielandes der Erde einen solchen Blödsinn als Redetext aufschreibt, lässt in Abgründe blicken, die ich nicht für möglich gehalten hätte. Das Niveau der Regierung Merkel in ökonomischen Fragen lässt sich nur mit einem Wort beschreiben: unterirdisch.

27 Angela Merkel, die Schulden und die Unabhängigkeit von den Banken

Wenn es stimmt, was die Zeitungen im Frühjahr 2013 über die ökonomische Weltsicht der Bundeskanzlerin verkündeten, dann gute Nacht Deutschland. Angela Merkel ist ja schon mehrfach durch prononcierte Äußerungen zur Wirtschaftspolitik aufgefallen, die von einer begrenzten analytischen Durchdringung der Materie ein gewisses Zeugnis abgelegt hatten.[16] Nun aber, so berichtete das *Handelsblatt*, hatte sie gesagt, es gebe viele Gründe für den Abbau von Schulden (des Staates, ist wohl gemeint): »Einmal, um unabhängiger von internationalen Finanzmarktakteuren zu werden. Zum Zweiten, weil Banken dazu neigen, erst Staatsanleihen zu kaufen, bevor sie der Wirtschaft Kredite geben.« Sie zeigte sich zudem darüber besorgt, dass die Versorgung mit Krediten in Ländern mit hoher Staatsverschuldung immer schwieriger werde. Das ist stark.

Die Bundeskanzlerin hat ausweislich dieser Analyse die entscheidenden Zusammenhänge zwischen Sparen und Schulden in einer offenen Volkswirtschaft und in der Eurozone nicht nur nicht verstanden. Problematischer noch ist, dass man mit diesem Stand des Wissens die Krise niemals bewältigen kann. Die »internationalen Finanzmarktakteure« sind in der Tat sehr wählerisch geworden, welchem Land sie ihr Geld zu welchem Zinssatz leihen. Negativ davon betroffen sind vor allem südeuropäische Länder mit Leistungsbilanzdefiziten. Diese haben über Jahre hinweg eine erhebliche Verschuldung im Ausland aufgebaut, weil sie, vor allem gegenüber Deutschland, an Wettbewerbsfähigkeit verloren haben. Wer diese Abhängigkeit vermindern will, muss dafür sorgen, dass deren Leistungsbilanzdefizite verschwinden. Angela Merkel wird, so muss man ihre Sätze verstehen, dafür kämpfen, dass der deutsche Überschuss sich in ein Defizit verwandelt und die Südeuropäer Überschüsse anhäufen, mit denen sie ihre Schulden bei den internationalen Finanzmarktakteuren zurückzahlen können. Nur, und das ist der kleine Pferdefuß, muss dazu Deutschland sein bisher von der Regierung Merkel so kompromisslos verfolgtes Wirtschaftsmodell ad acta legen.

Wenn die Bundeskanzlerin möchte, dass die Länder der Eurozone weniger abhängig von internationalen Finanzmarktakteuren werden, gibt es dazu ein einfaches Mittel: Die Eurozone als Ganzes muss Leistungsbilanzüberschüsse aufweisen. Das würde in der Tat kurzfristig passieren, wenn alle Länder, wie Frau Merkel ja nicht müde wird zu betonen, ihre Wettbewerbsfähigkeit über Lohnsenkung zu verbessern versuchen. Weil die Konjunktur noch weiter einbräche und die Kosten sänken, würden die Importe sinken und die Exporte für einige Zeit steigen. Das kann aber nicht auf Dauer gelingen, weil die Länder im Rest der Welt, nämlich die, deren Leistungsbilanzen dann ins Defizit gehen müssten, alles tun würden, um ihre Währungen abzuwerten. Denn auch die wollen ja nicht in Abhängigkeit von internationalen Finanzmarktakteuren geraten. **Wenn alle Länder zugleich versuchen, ihre Abhängigkeit von den internationalen Finanzmärkten zu verringern, und das nicht in einer abgestimmten Weise in einem neuen Währungssystem geschieht, dann droht der Welt in der Tat der Abwertungswettlauf, vor dem so viele warnen.**

Das Land, das seit Jahrzehnten Überschüsse in der Leistungsbilanz hat (mit Ausnahme einer kurzen Phase nach der Vereinigung wegen hoher Defizite in Ostdeutschland) und sein ganzes Wirtschaftsmodell auf die Verteidigung solcher Überschüsse ausgerichtet hat, empfiehlt den anderen Ländern, sie sollten auch ihre Abhängigkeit von Auslandsschulden verringern: Das ist zynisch oder unwissend. Und wenn das gleiche Land, das die Schuldnerstaaten in der eigenen Währungsunion behandelt wie Aussätzige, nun sagt, es sei die Abhängigkeit von den Finanzmärkten, die zumeist die Probleme schaffe, dann ist das eine unglaubliche Verzerrung der Fakten.

Es ist in der Tat ein großes, vielleicht sogar das größte internationale Problem, dass kein Land mehr Schuldner sein will. Das liegt aber weniger am Finanzsystem als solchem als an der Art und Weise, wie die Gläubigerländer die Schuldnerländer behandeln. Der Schuldner ist ja anscheinend immer Schuld an internationalen Ungleichgewichten und wird deswegen von den Gläubigern (oder deren wichtigstem Gehilfen, dem Internationalen Währungsfonds) durch die Mangel gedreht, sobald er das Vertrauen der Finanzmärkte verliert. Durch ihre Haltung verschärfen die Gläubigerstaaten gerade die Probleme der Schuldner, statt sie zu lösen. Den Schuldnern dann zu sagen, du wärst auch besser ein Gläubiger geworden, ist nicht sehr hilfreich, um es ganz milde auszudrücken.

28 Das BMF wäscht seine Hände in Unschuld

Mitte 2012 berichtete *Spiegel Online* von einem internen Papier des Bundesfinanzministeriums (BMF), in dem die bisherige Politik für Südeuropa verteidigt wird. Dort heiße es, der bisherige Kurs sei erfolgreich. Die andauernde Wachstumsschwäche sei »Ausdruck des tiefgreifenden Anpassungsprozesses, den die Euro-Zone momentan durchläuft (sic!) und keineswegs monokausal auf die Haushaltskonsolidierung zurückzuführen«. Die Beamten von Finanzminister Wolfgang Schäuble, so *Spiegel Online*, warnen in dem Papier eindringlich davor, »den notwendigen Anpassungsprozess« zu bremsen.

Wenn das, was da zitiert wurde, tatsächlich so in dem Papier stand – und ich habe keinen Grund, daran zu zweifeln –, zeigt es wieder einmal, wie grundlegend die Marktwirtschaft im Bundesfinanzministerium (wie in vielen anderen Zirkeln in Deutschland auch) missverstanden wird. Und ich glaube in der Tat, dass es Unverständnis ist und nicht eine perfide Strategie. Ich werde bei meinen Vorträgen immer wieder gefragt, wie es denn sein könne, dass eine so klare Analyse, wie die Zuhörer sie von mir gerade gehört haben, so verdreht werden könne, dass die von Deutschland verordnete Austeritätspolitik am Ende herauskomme.

Nun, das liegt daran, dass man sich in Berlin wie in einigen Kreisen in Brüssel einer solch klaren Analyse auf der Basis makroökonomischer Zusammenhänge noch immer verweigert. Ich habe das zum Beispiel im Sommer 2013 in Brüssel sehr plastisch erfahren. Da kamen nach der Veranstaltung im Europäischen Parlament Mitarbeiter der Europäischen Kommission (ganz hochrangige und einige junge Ökonomen) auf mich zu und haben mich beschworen, in meinen Anstrengungen nicht nachzulassen, weil es durchaus eine Chance gebe, dass sich meine Analyse allmählich durchsetze, obwohl sie derzeit noch nicht mehrheitsfähig sei. Das zeigt, es gibt Bewegung in der gesamten Szene, und Deutschland kämpft einen verzweifelten Kampf um die Deutungshoheit. Deutschland wird diesen Kampf am Ende mit Sicherheit verlieren. Ob das allerdings noch rechtzeitig ist, um den Euro zu retten, ist die große Frage.

Mit seiner Analyse, die Krise sei »Ausdruck tiefgreifender Anpassungsprozesse« will das Bundesfinanzministerium sicherlich sagen, die Verwerfungen, die sich in den vergangenen Jahren in Südeuropa ergeben haben, seien nicht in erster Linie Folge der (aus meiner Sicht falschen) europäischen Politik, sondern der unumgänglichen Anpassungsprozesse, die aus der falschen nationalen Politik der Jahre vor der Krise dort resultierten. Das ist zunächst nicht ganz falsch. Spanien mit seiner Immobilienblase ist das klassische Beispiel für eine Fehlentwicklung, deren Korrektur sehr teuer wird, weil zu viele leerstehende Häuser dazu führen, dass Bauarbeiter ihre Arbeit verlieren und die Konjunktur einbricht. Um das wieder auszugleichen, muss die Wirtschaft an anderer Stelle wachsen, was eine Anpassung der bis dahin vorhandenen Strukturen der Wirtschaft in einem Prozess erfordert, der unter Umständen sehr lange dauern kann.

Dieser Prozess wird aber unter normalen Umständen von einer antizyklischen Politik begleitet, die dafür sorgt, dass die sinkende Kapazitätsauslastung in der Bauindustrie nicht zu einem flächendeckenden Phänomen wird. Mit anderen Worten, die Rückführung der Verschuldung der Bauunternehmen und vieler privater Hausbesitzer, deren »Bilanzen unter Wasser sind«, wie mein Freund Richard Koo (zum Beispiel in dem Buch »Handelt jetzt!«) es nennt, bedeutet, dass in der Volkswirtschaft mehr gespart wird. Der Versuch, Schulden einzudämmen oder Schulden zurückzuzahlen, ist nichts anderes als der Versuch zu sparen. Wird aber in einem Sektor, der vorher sehr viele Schulden gemacht hat, nach der Wende bei den Baupreisen auf einmal sehr viel gespart, ändert sich nicht nur die reale Struktur der Wirtschaft, sondern auch die Finanzierungsstruktur der Wirtschaft. Das aber betrifft den Staat und sein eigenes Finanzierungsverhalten ganz unmittelbar. Versucht der Staat zur gleichen Zeit wie die Privaten seine Verschuldung herunterzufahren, erschwert er den Versuch der Anpassung der Strukturen oder macht ihn gar unmöglich. Austeritätspolitik ist somit auch und ganz unmittelbar Strukturveränderungsverhinderungspolitik, wenn mir einmal ein solches Wortmonstrum erlaubt sei.

Das heißt, der in den Worten des Bundesfinanzministers Schäuble zum Ausdruck kommende Versuch, gedanklich die reale Anpassung der Strukturen in der Wirtschaft von der finanziellen Anpassung des Staates und der Privaten zu trennen, führt in eine Sackgasse. Es gibt keine erfolgreiche reale Umstrukturierung der Wirtschaft, wenn die finanziellen Voraussetzungen dafür nicht gegeben sind. Die sind aber genau dann nicht gegeben, wenn in der Volkswirtschaft insgesamt alle versuchen zu sparen. Denn dann können die Sektoren, die potenziell expandieren könnten, wenn andere schrumpfen, gerade nicht genügend Nachfrage auf sich ziehen, um erfolgreich zu sein. Wer also – wie die Troika unter Anleitung des deutschen Finanzministers – Konsolidierung der Staatsfinanzen in einer Zeit durchsetzt, in der die Privaten versuchen, ihre Aktivitäten neu zu ordnen und umzustrukturieren, hat den entscheidenden finanziellen Aspekt dieser Umstrukturierung einfach nicht verstanden. Monokausal oder nicht, Haushaltskonsolidierung behindert in jedem Fall den Anpassungsprozess, ja sie ist verantwortlich dafür, dass die »notwendigen Anpassungsprozesse«, die der Bundesfinanzminister verlangt, nicht gelingen können.

Hinzu kommt ein weiterer, quantitativ vielleicht noch wichtigerer Punkt. Erfolgreiche Umstrukturierung verlangt auch, dass von Seiten der privaten Haushalte im Prinzip die Nachfrage zu mobilisieren ist, die für jede neue wirtschaftliche Aktivität, für jede erfolgversprechende Investition gebraucht wird. In einer Welt mit massiven Lohnkürzungen, wie sie wiederum von der Troika und der Bundesregierung in Südeuropa durchgesetzt wird, gibt es diese Nachfrage nicht und damit auch keine erfolgreiche Umstrukturierung. Da sich Lohnkürzungen unmittelbar in Nachfragerückgängen im Binnenmarkt niederschlagen und in einer Abnahme der gesamtwirtschaftlichen Aktivität, gibt es kein Klima, in dem neue Ideen und neue Investitionen gedeihen könnten. Wenn ich den ganzen Baum verdorren lasse, kann ich nicht darauf hoffen, dass an vielen Stellen neue Äste ausschlagen. **Die Lohnkürzungen in Südeuropa haben die Arbeitslosigkeit steigen lassen und damit die binnenwirtschaftliche Dynamik zerstört, die junge aufstrebende Unternehmen brauchen, durch die eine Volkswirtschaft erfolgreich umstrukturiert werden kann.**

29 Schäuble über Inflation – er weiß wirklich nicht, was er sagt

Es kommt ja nicht häufig vor, dass ich EU-Kommissar Olli Rehn lobe, weil der in der Vergangenheit vor allem durch viele unbedachte Äußerungen und eine stramm neoliberale Haltung aufgefallen ist. Anfang 2014 in Davos, so berichteten es die Medien, hatte Rehn aber etwas Vernünftiges gesagt, nämlich, dass eine längere Phase niedriger Inflation die nötige Wiederherstellung des wirtschaftlichen Gleichgewichts in der Eurozone erschwere. »Damit dieser Anpassungsprozess gelingt, sollte der Preisauftrieb nahe des Zwei-Prozent-Ziels der Europäischen Zentralbank (EZB) liegen«[17], sagte er. Zu diesem Zeitpunkt lag die Teuerungsrate bei 0,8 Prozent, und die EZB sagte für 2014 eine Inflation von lediglich 1,3 Prozent voraus. Sie hatte aber angekündigt, bei einer Verschlechterung des Ausblicks die Geldpolitik weiter zu lockern.

Das aber hat offenbar Bundesfinanzminister Wolfgang Schäuble auf den Plan gerufen, der an gleicher Stelle, so einige Medien, die Äußerungen des EU- Währungskommissars als Unsinn bezeichnet. »Die Meinung teile ich nicht«, sagte der CDU-Politiker laut n-tv und der *Welt*, »denn die würde ja bedeuten, dass Europa nur auf der Basis von Instabilität und Inflation funktioniert. Das ist Unsinn.« Er sei sich nicht sicher, ob Rehn noch als EU-Kommissar oder schon als Wahlkämpfer spreche: »Wenn er als Kommissar reden würde, müsste ich mich sehr davon absetzen.«[18]

Eine Inflationsrate nahe an zwei Prozent ist also nach Meinung des deutschen Finanzministers »Instabilität und Inflation«! Da hätte er aber mal schleunigst auf dem Rückweg von Davos über Frankfurt fahren und der europäischen Zentralbank erklären müssen, dass das Inflationsziel, das die Bank unmittelbar nach Beginn der Währungsunion festgelegt hat, schleunigst zu korrigieren ist, weil es Instabilität und Inflation bedeute.

Mario Draghi hätte ihn bei der Gelegenheit aber darauf hingewiesen, ein Ziel in der Nähe von zwei Prozent sei genau das, was Deutschland dreißig Jahre vorher angestrebt habe, als die Deutsche Bundesbank noch die Geschicke der Geldpolitik lenkte. Sicher hätte man ihm auch erklärt, dass es Bibliotheken voller Studien gäbe, die zeigen, dass eine Inflationsrate von null gerade nicht angestrebt werden sollte, weil die Messung von Inflation durch die Statistik einen systematischen Fehler in Form einer Überschätzung der Inflation in der Größenordnung von 1,5 bis 2 Prozent mit sich bringe. Vielleicht hätte man ihm auch gesagt, dass es auch unabhängig davon besser ist, ein wenig in Richtung Inflation zu irren, weil eine Deflation – im Gegensatz zu einer Inflation – mit geldpolitischen Mitteln kaum noch zu bekämpfen ist, weil die Geldpolitik den Zins nicht unter null senken kann. Schließlich würde auch in der Zentralbank jemand wissen, dass Inflation die Aktiven, die Investoren und Schuldner in einer Volkswirtschaft bevorteilt, Deflation aber die Passiven, die Sparer und Gläubiger.

Ein Bundesfinanzminister, der das alles nicht weiß, ist so wie ein Bundesjustizminister, der nicht weiß, dass im Grundgesetz etwas von der Würde des Menschen steht. Man fragt sich, auf welcher Basis der Bundesfinanzminister in den vergangenen Jahren seine Entscheidungen getroffen und in Europa Entscheidungen vorangetrieben hat? Noch schlimmer aber, auf welcher Basis wird er künftig seine Entscheidungen treffen?

Man fragt sich auch hier wieder, wo die kritischen deutschen Medien sind, die ähnliche Fragen stellen? Haben die Chefredakteure schnell telefoniert und beschlossen, keine kritischen Kommentare zu bringen? Wo ist Markus Lanz, der kritischste aller deutschen Moderatoren, der Herrn Schäuble in derselben Woche mit Unterstützung von Herrn Jörges hochnotpeinlich befragte? **Man stelle sich vor, ein amtierender Minister von einer linken Partei hätte in Deutschland gesagt, zwei Prozent Inflation seien doch zu wenig für eine dynamische wirtschaftliche Entwicklung? Das Zähnefletschen in der deutschen Presse hätte die Sonne verdunkelt.** Helmut Schmidt haben sie ein halbes Jahrhundert seinen Satz über die Inflation und die Arbeitslosigkeit vorgehalten. Und nun: Schweigen im Walde. Danke für diesen neuen Beleg für die Unabhängigkeit und Freiheit der deutschen Medien.

30 Deutschland braucht eine andere wirtschaftspolitische Strategie – die AfD findet sie aber nicht

Die im Februar 2013 ins Leben gerufene, mit vielen Ökonomen als Gründern bestückte Partei, die »Alternative für Deutschland« (AfD), wirbt mit einem einfachen Slogan: »Deutschland braucht den Euro nicht. Anderen Ländern schadet der Euro.«

Das ist eine steile These, da Deutschland, wie wir vielfach gezeigt haben, extrem abhängig vom Außenhandel ist und der Euro mit seinen schwachen Mitgliedsländern für Deutschland wie ein Schutzschirm gegen eine allfällige Aufwertung gewirkt hat. Wer einen Augenblick darüber nachdenkt, wird schnell feststellen, dass eine Partei, die mit einem solchen Slogan wirbt, eine äußerst krude ökonomische Theorie vertreten muss.

Deutschland ist wie kein anderes größeres Land der Erde vom Export abhängig und hat unter dem Schutz des Euro eine Politik der aggressiven Exportexpansion betrieben, die in der Geschichte ihresgleichen sucht.[19] Der Anteil der Exporte ist in der Zeit des Euro, also von 1999 bis 2012, von etwas über 30 Prozent am BIP auf über 50 Prozent gestiegen. Es ist keine Übertreibung zu sagen, dass die deutsche Wirtschaft in den letzten fünfzehn Jahren in einem Maße von ihrem Exportüberschuss gelebt hat, wie das unter den Bedingungen einer nationalen Währung (dahin will diese Partei ja zurück) niemals möglich gewesen wäre.

International, also in den G20 und anderen Gremien, wäre Deutschland in etwa der gleichen Weise wie China unter Druck geraten, seine Währung aufzuwerten oder eine Politik zu treiben, die mehr binnenwirtschaftlich orientiert ist. Wohlgemerkt, Deutschland wäre dann unter Druck von Ländern wie den USA gekommen, die nicht abhängig von deutschen Krediten sind oder sich in irgendeiner anderen Weise verpflichtet fühlen, Rücksicht auf Deutschland zu nehmen. Deutschland konnte sich dem Druck der internationalen Gemeinschaft hinsichtlich seiner Exportstrategie sowieso lange Zeit nur dadurch entziehen, dass es auf die ausgeglichene Bilanz des gesamten Euroraumes, folglich auch auf die Defizite in der Leistungsbilanz der anderen, verwies. China hat sich diesem Druck, der ja auch mit konkreten Handelssanktionen verstärkt werden kann, übrigens dadurch entzogen, dass es für Lohnsteigerungen zu Hause sorgte, die zu einem enormen Importsog führten und den Leistungsbilanzüberschuss erheblich verringerten.

Nun kann man eine binnenmarktorientierte Strategie ja für vernünftig halten und deswegen zu einer nationalen Währung zurückkehren. Dagegen, dass man das will, spricht aber der zweite Teil des Slogans. Den anderen Ländern hat der Euro tatsächlich geschadet, aber vor allem wegen der deutschen Exportexpansion unter dem Deckmantel der Währungsunion. Ein Deutschland, das vorwiegend auf seinen Binnenmarkt setzt, statt mit Lohndumping andere an die Wand zu drängen, war ja genau die Vorstellung, mit der die meisten anderen Europäer in die Währungsunion gegangen sind. Und viele Länder hatten ihre Wechselkurse ja schon lange vorher an die D-Mark gebunden (Frankreich seit 1987) oder konvergierten konsequent hin zum deutschen Inflationsmodell, ohne in gewaltige Probleme beim Export zu geraten.

Warum haben viele Länder schon bald nach dem Ende des internationalen Währungssystems von Bretton Woods eine feste Bindung an die D-Mark und später die Währungsunion mit dem Euro gewählt? Nun, weil die meisten Länder wussten oder zumindest geahnt haben, dass man den Wechselkurs der eigenen Währung nicht einfach dem Markt überlassen kann, weil man sonst in massiven Fehlbewertungen endet und zum Spielball der internationalen Spekulation mit Währungen wird. Nicht umsonst wird gerade von Entwicklungs- und Schwellenländern beklagt, es gebe einen Währungskrieg, und nicht umsonst sind viele Währungskrisen der letzten zwanzig Jahre gerade bei flexiblen Wechselkursen passiert, zum Beispiel in Island, Ungarn, Brasilien und anderen Ländern, die vom sogenannten carry trade, also der Spekulation mit Zinsdifferenzen, in eine eindeutig nachweisbare Überbewertung getrieben wurden. Insofern hat der Euro zunächst nicht geschadet, sondern enorm geholfen.

Dass der Euro ausgerechnet von dem Land, an das sich die anderen in Sachen Inflation anpassen wollten, missbraucht würde, konnte man vorher nicht ahnen. Auch konnte man nicht ahnen, dass dasselbe Land als Überschussland und als Gläubiger der anderen seine Position dazu missbrauchen würde, Austerität inmitten einer Krise zu predigen und durchzusetzen. Man hätte als vernünftiger Mensch mit Kenntnis über die weltweiten Währungskrisen darauf setzen können, dass aus den negativen Erfahrungen des Internationalen Währungsfonds mit Austeritätsprogrammen in Entwicklungsländern etwas gelernt worden ist und dass diese nicht mitten in Europa in verschärfter Form (nämlich verschärft durch Lohnkürzungen) umgesetzt werden.

Ja, heute schadet der Euro vielen Ländern, weil die Vorteile einer Mitgliedschaft in der Währungsunion bei weitem nicht mehr aufgewogen werden von den Nachteilen, die durch die deutsche Expansionsstrategie zuerst und die Anpassungsstrategie zuletzt entstehen. Deutschland hat, verglichen mit einer vernünftigen wirtschaftspolitischen Strategie nicht sehr vom Euro profitiert, es hat sich aber durch seine Lohnsenkungsstrategie in sklavische Abhängigkeit vom Euro begeben. Steigt es jetzt aus, würde die neue deutsche Währung massiv aufgewertet und die deutsche Industrie würde einer Schrumpfungskur unterzogen, wie sie das Land noch nicht gesehen hat. Die Arbeitslosigkeit würde ungeahnte Höhen erreichen und Deutschland müsste versuchen, sich auf der Basis einer florierenden Binnenkonjunktur (was heißt, mit deutlich steigenden Reallöhnen) über viele Jahre ganz neu zu erfinden.

Wer so tut, als würde sich Deutschland in dieser Gesamtlage mit einer eigenen Währung ohne große Kosten einfach in ein Schneckenhaus zurückziehen und weitgehend friktionslos eine rein binnenwirtschaftliche Strategie verfolgen können, belügt die Wähler genauso wie der, der so tut, als hätten die anderen alles falsch und nur Deutschland alles richtig gemacht. Zwischen diesen beiden Polen bewegt sich das Spektrum dieser neuen Partei. Wenn aber schon die Pole nicht stimmen, kann auch das, was dazwischen liegt, nicht überzeugend sein.

3 Hans-Olaf Henkel verstärkt die AfD – auch mit seinem Unwissen

Vielen Medien war es eine Meldung wert: Hans-Olaf Henkel, der Standortmahner der ersten Stunde, schließt sich der »Alternative für Deutschland« nun auch offiziell an, nachdem er schon lange mit der Partei sympathisiert hatte. Und prompt hat er kundgetan, dass er, wie viele andere, den entscheidenden Punkt in einer Währungsunion nicht verstanden hat oder nicht verstehen will.

Im *Handelsblatt* sagte er: »Um den Euro zu retten, muss der große Gegensatz in der Produktivität zwischen dem Norden und dem Süden der Eurozone reduziert werden. Da das im Süden nur unzureichend gelingt, müssen die Politiker die Wettbewerbsfähigkeit des Nordens, insbesondere Deutschlands, beschädigen. Jeder Ökonom weiß doch: Der Euro ist schon längst zu schwer für die Franzosen, die Spanier, die Italiener und für Griechenland sowieso. Und er ist viel zu leicht für die Deutschen. Die Konsequenz ist, dass die Südländer mit ihren Exporten nicht mehr wettbewerbsfähig sind. Auf der anderen Seite ist es für die deutschen Exporteure vor dem Hintergrund eines aus ihrer Sicht unterbewerteten Euros zu einfach, ihre Produkte ins Ausland zu verkaufen. (…) die Euro-Rettungspolitik wird sich weiterhin darauf konzentrieren müssen, die Unterschiede zwischen dem Süden und dem Norden einzuebnen. Um das zu tun, versucht man zwar, den Süden zu reformieren. Da das nur unzureichend gelingt, muss man die Wettbewerbsfähigkeit des Nordens reduzieren. Man kann den Euro also nur retten, wenn man die Produktivitätsunterschiede zwischen Deutschland und Griechenland einigermaßen angleicht.«[20]

Das ist, wie ich schon fast bis zum Überdruss dargelegt habe, falsch, weil hier Unterschiede in der Wettbewerbsfähigkeit mit Unterschieden in der Produktivität gleichgesetzt werden. Es kommt aber nicht auf die Produktivitätsunterschiede an, sondern auf die Unterschiede bei der Wettbewerbsfähigkeit, und das heißt so viel wie auf die Unterschiede bei den Lohnstückkosten. Das ist keine feinsinnige Unterscheidung, wie mancher meinen mag, sondern absolut zentral. Der Euro ist eben nicht zu schwer für die Franzosen, weil deren Produktivität niedriger ist als die deutsche (was sie obendrein nachweislich nicht ist), sondern weil die französischen Löhne in den vergangenen Jahren stärker gestiegen sind als die deutschen. »Unterbewertung« kommt in einer Währungsunion niemals von einer an sich zu hohen Produktivität, sondern immer von Löhnen, die im Vergleich zur Produktivität weniger gestiegen sind als in anderen Ländern. Und umgekehrt: »Überbewertung« entwickelt sich nicht aus einer absolut gesehen zu niedrigen Produktivitätssteigerung, sondern aus einer im Vergleich zur Produktivitätsentwicklung unangemessen hohen Lohnsteigerung. Im Falle der Europäischen Währungsunion sind die deutschen Löhne in Hinblick auf die deutsche Produktivität und das gemeinsam vereinbarte Inflationsziel von zwei Prozent zu wenig gestiegen.

Dass man den Menschen (und hier den Journalisten) immer wieder so ein Zeug erzählen kann, wie das Hans-Olaf Henkel tut, ohne sofort unterbrochen zu werden, ist mehr als erstaunlich. Wie hat China bei einem riesigen Produktivitätsrückstand zu den USA seinen Wechselkurs gegenüber dem US-Dollar über zwanzig Jahre stabil halten und sogar aufwerten können, ohne hoffnungslos ins Abseits zu geraten? Wieso sagt Herr Henkel seiner eigenen Logik folgend nicht, dass auch Nordländer wie Estland und Lettland sofort wieder aus dem Euroraum ausscheiden müssten angesichts ihres Produktivitätsrückstandes?

Dass die Politiker die Wettbewerbsfähigkeit des Nordens zur Eurorettung beschädigen müssen, ist vollkommen zutreffend, nicht aber die Produktivität des Nordens. Entscheidend für die Verwerfungen, die mit einer Senkung der Wettbewerbsfähigkeit des Nordens einhergehen, ist, in welchem Zeitraum und auf welche Weise die Senkung geschieht. **Wer, wie Hans-Olaf Henkel, den Euro aufsplitten will in Nord- und Südeuro, muss damit rechnen, dass die Verwerfungen unglaublich groß werden, weil die deutschen Marktanteile sozusagen über Nacht geschrumpft werden.** Im Gegensatz zu der Variante, in der die Lohnstückkosten im Norden über einen langen Zeitraum stärker steigen als zuvor und im Süden etwas weniger, wird bei jeder Spaltung der Währung die Wettbewerbsfähigkeit des Nordens sofort und heftig gegenüber dem Rest Europas und gegenüber dem Rest der Welt beschädigt, weil die ganze Operation ja nur Sinn ergibt, wenn sie mit einer kräftigen Abwertung des Südeuros beginnt.

Das sagt Hans-Olaf Henkel natürlich nicht klar, sondern er verweist auf eine mögliche Zusammenarbeit der dann neu entstandenen Nord- und Südeuropäischen Zentralbank. Ja, wozu sollen die zusammenarbeiten? Um die Wettbewerbsfähigkeit des Nordens zu schützen, indem sie verhindern, dass der Nordeuro zu stark aufwertet? Da müssten die Südländer verrückt sein, wenn sie das täten. Wer im Streit ausscheidet oder gar vom Norden gezwungen wird auszuscheiden, für den gibt es nur eine vernünftige Strategie, und die heißt, gleich am Anfang so stark wie möglich abzuwerten, um in eine Überschussposition bei der Leistungsbilanz zu kommen, denn nur dann kann man aus einer Position der Stärke heraus agieren, also ohne Abhängigkeit vom internationalen Kapitalmarkt. Wenn der Süden einschließlich Frankreichs ausscheiden würde, wäre er ohnehin stark genug, nach einer ersten starken Abwertung dem Norden die Bedingungen für eine Zusammenarbeit zu diktieren.

Es ist immer die gleiche Art von Demagogie, die angewendet wird. Man konstruiert sich einen Fall zurecht, verkündet plakative Parolen und verteidigt auf Teufel komm raus die deutsche Position. Ob das inhaltlich vernünftig ist, fragt ohnehin keiner, und welchen politischen Schaden man mit solchen suggestiven Formulierungen (»Euro ist zu schwer für Frankreich«) anrichtet, ist in Deutschland sowieso kein Thema, weil wir ja wieder wer sind!

32 Vom Merkantilismus zum Merkelantismus

In einem Gespräch in NDR-info brachte mein Gegenüber Henning Klodt vom Institut für Weltwirtschaft in Kiel ein schönes Zitat des früheren Direktors des Instituts, Herbert Giersch. Der hatte gesagt, das Wichtige beim Freihandel sei der günstige Import, nicht die

Maximierung des Exports. Wie weise. Wenn man das beim Institut für Weltwirtschaft heute noch ernst nähme, gehörte man zu den schärfsten Kritikern der Bundesregierung, weil die einen klar merkantilistischen Kurs fährt, bei dem der Export das Entscheidende, der Import aber nur eine lästige Begleiterscheinung ist, der zudem die Überschüsse, die man im Außenhandel doch erzielen möchte, mindert.

Im Merkantilismus war in der Tat der Überschuss im Außenhandel das wichtigste wirtschaftspolitische Ziel, weil ein außenwirtschaftlicher Überschuss mit der Vermehrung der Gold- beziehungsweise Metallreserven und das wiederum mit der Vermehrung von Vermögen gleichgesetzt wurde. Beides diente der Steigerung der staatlichen Macht. Daneben gab es aber auch im Merkantilismus schon die Idee, dass ein positiver Saldo von Export zu Import dazu dienen könne, mehr eigene Arbeit einzusetzen, weil Importe ja die eigene Arbeit verdrängen. Historisch gesehen wird dieses Beschäftigungsargument im Merkantilismus lange bewusst eingesetzt; es wird schließlich von den klassischen Autoren, vorneweg von Adam Smith, widerlegt. Smith argumentiert, dass man Beschäftigung auch durch vermehrte Produktion für die Nachfrage schaffen kann, die das eigentliche Ziel der menschlichen Anstrengungen im Bereich der Ökonomie ist, nämlich der private Konsum.

Schon zu den Hochzeiten des Merkantilismus, also zwischen dem Beginn des 16. und dem Ende des 18. Jahrhunderts, wurde zudem versucht, durch Lohnsenkung die Wettbewerbsfähigkeit der Volkswirtschaft zu erhöhen. Da das aber in allen Ländern geschah, hatte der weltweite Wettbewerb die »natürliche« Folge, die Löhne der Arbeiter auf das Existenzminimum abzusenken. In einem Standardwerk der außenwirtschaftlichen Literatur, »Studies in the Theory of International Trade« (1937) von Jacob Viner, findet man folgende bemerkenswerte Stelle:

»Die vorherrschende Doktrin empfahl folglich niedrige Löhne, um die Arbeiter zu größeren Leistungen anzutreiben und Englands Wettbewerbsfähigkeit durch sinkende Preise für englische Produkte zu steigern. Sir James Steuart drückte die Haltung, die dem Merkantilismus in der Arbeitsfrage innewohnt, lediglich schroffer als gewöhnlich aus, als er sagte, »die untersten Klassen eines Volkes müssen in einem Land des Handels auf das physisch Notwendige beschränkt werden«.[21]

Jacob Viner, einer der Begründer der Chicagoer Schule der Ökonomie (!), bemerkt dazu, dass Arbeiter vom Merkantilismus betrachtet würden als »a set of somewhat troublesome tools« (ein paar lästige Werkzeuge) anstatt als »human beings«. Interessant ist auch, wie Viner die Position eines der Begründer der klassischen Schule der Ökonomie, David Hume, beschreibt: »Hume gestand zwar ein, dass hohe Löhne zu einigen Nachteilen im Handel führten, aber er bestand darauf, dass man, da Handel mit dem Ausland nicht der alles entscheidende Faktor ist, das Glück so vieler Millionen Menschen nicht dagegen aufrechnen dürfe.«[22] Das heißt, die klassischen Autoren David Hume und Adam Smith, die Begründer der Volkswirtschaftslehre im modernen Sinne, wussten im 18. Jahrhundert schon, was heute wieder mühsam gelernt werden muss, dass nämlich der Außenhandel nie zur Begründung einer systematischen Verarmung der Bevölkerung dienen darf.

Hier nun betritt die moderne Variante des Merkantilismus, nennen wir sie Merkelantismus, die Bühne. Wolfgang Weimer, lange Jahre Chef des *Cicero*, beschrieb es im *Handelsblatt* wie folgt: »(…) der Saal strotzte vor Kraft und Selbstbewusstsein, denn keine Region Europas sei besser durch die Krise gekommen als Bayern. Doch die aufkommende Feierlaune beendete die Kanzlerin jäh mit einer schneidend klaren Prognose: Wenn Europa heute nur noch sieben Prozent der Weltbevölkerung ausmache (Tendenz fallend), kaum noch 25 Prozent des globalen Bruttosozialprodukts erwirtschafte (Tendenz fallend), aber sich damit opulente 50 Prozent der weltweiten Sozialkosten leiste, dann könne das auf Dauer nicht gut gehen. Merkel mahnte an, man werde ›sehr hart … arbeiten müssen, um diesen Wohlstand und unseren Lebensstil zu erhalten. Wir alle müssen aufhören, jedes Jahr mehr auszugeben, als wir einnehmen.‹«[23]

Kurzum, folgert Herr Weimer: »Die derzeitige Sozialstaatsverfassung Europas – 7 Prozent der Weltbevölkerung leisten sich 50 Prozent der Weltsozialkosten – kann einfach nicht überleben. Merkels bemerkenswerte Erkenntnis ist nicht nur eine Absage an die Politik des französischen Präsidenten François Hollande, der keine Abstriche in den Sozialleistungen machen möchte und sich stattdessen lieber planschuldenwirtschaftlich durchwurschtelt. Sie kündigt zugleich einen echten Paradigmenwechsel an. Denn die europäische Idee einer staatlichen Rundumversorgung könnte bald überholt sein.«

Die Kanzlerin wiederholt also, was sie schon in Davos sagte, wir *alle* müssen aufhören mehr auszugeben, als wir einnehmen. Abgesehen davon, dass ihr Zahlenbeispiel vollkommen absurd ist, wiederholt sie doch diese Botschaft vom Gürtel-enger-Schnallen in bemerkenswerter Kaltschnäuzigkeit. Da sie mit dieser Aussage Deutschland nicht meinen kann, denn Deutschland gibt ja sehr viel weniger aus, als es einnimmt, meint sie mit »alle« offenbar die anderen Länder in Europa. Alle Länder müssen also versuchen, mehr einzunehmen als auszugeben. Nun ist man mit der einfachen Analyse, indem man darauf hinweist, das sei einfach Blödsinn, weil ja logisch unmöglich, vielleicht doch zu kurz gesprungen. Es kommt ja unter Umständen nicht darauf an, dass wirklich alle das Ziel erreichen, sondern nur darauf, dass alle es versuchen. Und da sind wir beim Beschäftigungsziel des Merkantilismus und bei den Folgen für die Menschen!

Die 50 Prozent der weltweiten Sozialkosten, deren Reduktion Frau Merkel in Europa anmahnt und die Herr Weimer eine Rundumversorgung nennt, sind natürlich durch die europäische Produktivität gedeckt und kein wirkliches Problem, aber sie eignen sich hervorragend als Auftakt zu einer neuen Runde der allgemeinen Kürzungen von Löhnen und Sozialleistungen in Europa. Mit ähnlich schwachen Argumenten war einst auch Gerhard Schröder vor das deutsche Volk getreten, hat die chinesische Gefahr und die Alterung beschworen und hat mit diesen Argumenten zuerst die Lohnnebenkosten und dann die Lohnkosten selbst in die Zange genommen. **Was Schröder für Deutschland gemacht hat, versucht Frau Merkel jetzt für ganz Europa.**

Wenn aber Europa mit einer solchen Politik vorangeht, werden Konservative überall auf der Erde Ähnliches durchzusetzen versuchen, was nichts anderes heißt, als dass es, wie vom Merkantilismus erhofft, zu einem globalen Wettlauf um die niedrigsten Löhne und Sozialstandards kommt, bei dem die Arbeiter, dieser »set of somewhat troubled tools«, schließlich beim Subsistenzniveau enden. **Das wird am Ende nicht gelingen, weil weder die Merkantilisten verstanden haben, noch die Merkelantisten verstehen, dass man einerseits die Arbeitskraft des Arbeiters braucht, um die Fabriken zu betreiben, andererseits aber auch die Kaufkraft des Arbeiters, um die Produkte abzusetzen, die Arbeit und Kapital gemeinsam hergestellt haben.**

Aber schon der Versuch einer solchen Politik kann extrem kostspielig werden. Er kann Europa noch weiter zurückwerfen, als es schon die Agenda-Politik von Gerhard Schröder getan hat, und er hat das Potenzial, einen globalen Kampf um Marktanteile zu provozieren. Der ist zwar vollkommen sinnlos, erweckt aber doch den Eindruck, die Regierenden hätten das Heft des Handelns endlich in die Hand genommen. Es wäre ja nicht der erste Kampf, der von vorneherein sinnlos ist und doch auf dem Boden einer eingängigen Doktrin bis zum bitteren Ende ausgefochten wird.

33 Der Freihandel als Retter oder die Phantasielosigkeit der Neoliberalen

Geradezu enthusiastisch wurde in Europa das Angebot von Präsident Obama aufgenommen, konkret über eine Freihandelszone zwischen den USA und Europa zu reden. Sofort war wieder von vielen Arbeitsplätzen die Rede, die dabei geschaffen werden könnten und von den Wachstumsmöglichkeiten, die sich dadurch böten.

Das ist immer so. Ob man sich auf eine neue Liberalisierungsrunde bei der Welthandelsorganisation in Genf einigt, ob in Brüssel der Europäische Binnenmarkt geschaffen wird oder in Maastricht die Europäische Währungsunion, immer ist das Ergebnis in den Kommentaren aus mehr oder weniger berufenem Munde und in den Medien, nun sei mehr Wachstum und mehr Beschäftigung sicher, weil der freie Handel ja die entscheidende Quelle des Wohlstands darstelle.

Das ist zwar noch nie so eingetreten, aber das kümmert eigentlich niemanden, denn hinterher ist einfach immer alles anders als vorher. Auch ist der Handel die entscheidende Quelle des Wohlstandes nur in einem (neoklassischen) Weltbild, das einfach keine anderen Quellen kennt, weil es über keine auch nur annähernd befriedigende Theorie der wirtschaftlichen Entwicklung verfügt. Aber was soll's, Handel ist immer gut.

Besonders in Berlin war man hocherfreut, würden sich doch dann die Anstrengungen zur Verbesserung der europäischen Wettbewerbsfähigkeit auszahlen, die inzwischen als die wichtigste Weichenstellung in Sachen Eurokrise begriffen wurden. Deutschland als »natürliche« Exportnation, so haben sicher viele gedacht, wird davon in besonderem Maße profitieren.

Doch gemach. Wer den zweiten Satz gründlich liest, den der amerikanische Präsident dazu sagte, sollte sich nicht täuschen. Der Präsident ergänzte nämlich die bloße Ankündigung der Verhandlungen zum Schluss mit den Worten, »Millionen gutbezahlter amerikanischer Arbeitsplätze« schaffen zu wollen: »Auch wenn wir unser Volk schützen wollen, sollten wir nicht vergessen, dass es in der heutigen Welt nicht nur Gefahren gibt, nicht nur Bedrohungen, sondern Gelegenheiten. Um amerikanische Exporte anzukurbeln, um amerikanische Jobs zu fördern und gleichzeitig die Balance mit wachsenden Märkten in Asien zu halten, beabsichtigen wir, die Verhandlungen über eine Transpazifische Partnerschaft abzuschließen. Und heute gebe ich außerdem bekannt, dass wir Gespräche über eine umfassende Transatlantische Handels- und Investitionspartnerschaft mit der Europäischen Union aufnehmen werden – weil Handel, der fair und frei über den Atlantik geht, Millionen gutbezahlter amerikanischer Arbeitsplätze unterstützt.«[24]

Wer jetzt zwei und zwei zusammenzählt, kommt nicht mehr so leicht zu einem positiven Ergebnis für Europa. Denn machen wir uns nichts vor, europäische Versuche (nach dem Vorbild Deutschlands zu Beginn der Europäischen Währungsunion), die eigene Wettbewerbsfähigkeit über Lohnsenkung zu verbessern, führen in den USA genau zum Gegenteil dessen, was der Präsident will. Wenn er gut bezahlte amerikanische Jobs erhalten und schaffen will, kann er das nicht in einer Freihandelszone mit einem Europa, das nichts anderes im Sinn hat, als die amerikanischen Jobs durch eigene Billigjobs wegzukonkurrieren.

Wichtig ist das Wort »fair«. Vom Präsidenten eines Landes kommend, das inzwischen über Jahrzehnte riesige Defizite in der Handelsbilanz hat und in allen internationalen Verhandlungen all die Länder auf die Anklagebank setzt, die permanent Überschüsse haben, kann das nur heißen, er will ausgeglichenen Handel und sonst nichts.

Verfechter des Freihandels machen sich in der Regel nie die Mühe, zwischen Bruttoströmen auf der einen und Nettoströmen auf der anderen Seite zu unterscheiden beziehungsweise lassen diese Unterscheidung wohlweißlich unter den Tisch fallen, weil dann die Vor- und Nachteile des Freihandels offen diskutiert werden müssten. Ausgeglichener Handel – also Handel, bei dem jeder immer so viel importiert, wie er exportiert, die Nettohandelsströme zwischen allen Beteiligten also null sind – kann durchaus gut sein. Das war ja die ursprüngliche Idee des Freihandels. Da kann sich die Produktivität erhöhen, weil die Verteilung von Produktion und Einkommen ein wenig effizienter wird als vorher. Allerdings gibt es schon so viel Freiheit des Handels zwischen den USA und Europa, dass man die Erfolge einer Freihandelszone auf der dritten Stelle hinter dem Komma beim Produktivitätswachstum wird ablesen müssen.

Aber um ausgeglichenen Handel geht es den Freihandelsbegeisterten in Berlin und Brüssel gar nicht. In ihrem Beitrag auf dem Weltwirtschaftsforum in Davos hat Frau Merkel klar und deutlich die Erhöhung der Wettbewerbsfähigkeit ganz Europas gegenüber dem Rest der Welt als Ziel europäischer Wirtschaftspolitik verkündet. Da man wettbewerbsfähiger immer nur gegenüber jemand anderem werden kann, muss eine andere Region in der Welt an Wettbewerbsfähigkeit einbüßen, wenn den Europäern ihr wirtschaftspolitisches Ziel gelingen soll. Und unter diesem anderen stellt man sich offenbar auch die USA vor. Noch höhere Überschüsse wollen wir machen und zwar nicht zu knapp, denn die bringen neue Jobs und sichtbar mehr Wachstum, wie es Deutschland vorgemacht hat. **Da haben die Freihandelsbegeisterten allerdings die Rechnung ohne den Wirt gemacht. Die USA werden sogar andersherum argumentieren. Sie werden sagen, nachdem wir jetzt seit Jahrzehnten hohe Defizite im Handel mit euch und anderen hatten und die Entwicklungsländer Defizite scheuen wie die Pest, seid ihr Europäer jetzt an der Reihe, Defizite zu erdulden.** Und wenn das über ein Freihandelsabkommen nicht hinzubekommen ist, gibt es ja immer noch einen Wechselkurs zwischen den Währungen, der – Freihandel hin oder her – aus Sicht der Amerikaner so weit abgewertet werden kann, dass die amerikanischen gut bezahlten Jobs vor der ausländischen Konkurrenz geschützt werden.

Es ist höchst aufschlussreich, dass in allen hiesigen Kommentaren zu der geplanten Freihandelszone zwischen Europa und den USA das Wort Wechselkurs nicht vorkommt. Das ist eine Baustelle, an die man in diesem Zusammenhang lieber nicht erinnert werden möchte, schwelt doch ein Streit zwischen Japan auf der einen und Europa und den USA auf der anderen Seite hinsichtlich der Geldpolitik und ihren Folgen für die Bewertung von Währungen. Dabei hat schon John Maynard Keynes 1944 nach den Erfahrungen der Abwertungswettläufe zwischen den beiden Weltkriegen gesagt: »Es ist außerordentlich schwierig, irgendwelche Vorschläge hinsichtlich der Zölle aufzustellen, wenn es den Ländern frei steht, den Wert ihrer Währung ohne Zustimmung (von außen, Ergänzung des Autors) kurzfristig zu ändern. Zölle und Wechselkursabwertungen sind in vielen Fällen Handlungsalternativen. Ohne Währungsvereinbarungen hat man keinen festen Boden, auf dem man Zölle diskutieren kann. (…) Es ist sehr schwierig, irgendeine Art Ordnung in anderen Bereichen herzustellen, während monetäres Chaos herrscht.«[25]

Negative Wachstumsbeiträge vom Außenhandel, das wäre jedenfalls bitter, weil es ja hieße, dass die positiven Wachstumsbeiträge vom Handel (also die Beiträge, die daher rühren, dass ein Land mehr im Ausland verkauft, als es dort kauft), mit denen sich Deutschland in den letzten zehn Jahren hervorgetan hat, dann der Vergangenheit angehören würden. Man müsste dann tatsächlich versuchen, mit negativen Beiträgen vom Außenhandel zu wachsen. Wie aber soll das gehen?

Genau an der Stelle muss die gesamte neoliberale neoklassische Lehre regelmäßig den Offenbarungseid leisten. Weil es in dieser Lehre ja keine eigenständige, endogene Quelle gibt, aus der sich das Wachstum speisen könnte. Der technologische Fortschritt fällt vom Himmel und die Investitionen sind die Folge von Ersparnissen. Letztere verändern sich auf der Welt aber nicht, wenn die Leistungsbilanzdefizite von einer Region zu einer anderen wechseln, weil der Leistungsbilanzsaldo der Welt ja immer null ist.

Auf die schöne Idee, dass sich vielleicht alle zusammen anstrengen, um mehr zu investieren und zugleich mehr zu konsumieren, kann der Neoliberale nicht kommen, weil er dann ja zugestehen müsste, dass auch die Löhne steigen müssen. Denn sonst sind die Produkte, die Kapital und Arbeit zusammen erstellt haben, gar nicht zu verkaufen. Lohnerhöhungen jedoch sind nach neoliberaler Auffassung grundsätzlich Teufelszeug, und deswegen lassen wir lieber die Finger davon. Viel besser sind die Handelsüberschüsse als Wachstumslokomotive. Da kann man nämlich schön argumentieren, die Löhne müssten besonders niedrig sein, um mit den Niedriglohnländern der Welt mithalten zu können.

Hat nun der amerikanische Präsident nicht verstanden, dass ihn die Europäer aufs Glatteis des Freihandels führen wollen, um den USA europäische Handelsüberschüsse aufzuzwingen, oder haben die Europäer nicht verstanden, dass sie langfristig selbst bei freien Devisenmärkten auf dem Glatteis der Wechselkurse kräftig ausrutschen werden, wenn sie die merkantilistische deutsche Überschussstrategie in europäischem Maßstab wiederholen wollen? Die USA können es sich jedenfalls auch bei Abschluss eines Freihandelsabkommens aussuchen, ob sie die Abwehr europäischer Überschüsse den Devisenmärkten überlassen, oder ob sie sie selbst in die Hand nehmen wollen, damit es gar nicht erst zu solchen jahrelangen Fehlbewertungen wie etwa beim Yen kommt. Die Europäer sitzen mit Sicherheit in beiden Fällen am kürzeren Hebel. Denn sie werden kurzfristig durch freihandelsgeschützte Überschüsse nie das an Arbeitsplätzen gewinnen, was sie intern durch ihre Deflationsstrategie an Arbeitsplätzen verlieren. Und langfristig, wenn Devisenmärkte oder Wechselkurspolitik den Handelsüberschüssen den Garaus gemacht haben werden, bleiben die Europäer auf ihren Deflationsproblemen sitzen wie die Japaner heute schon.

34 Die FDP versteht den Freihandel nicht

Man soll über Tote nicht schlecht reden. Aber was die FDP mit dem deutschen Wirtschaftsministerium gemacht hat, wird noch lange nachwirken. Das Bundeswirtschaftsministerium wurde bekanntlich einige Zeit geführt von einem Mediziner aus der FDP, der immer wieder durch vollkommenes wirtschaftliches Unwissen auffiel. Aber genau diese FDP hat sich beispielsweise dadurch hervorgetan, dass sie Frankreich ein verheerendes wirtschaftspolitisches Zeugnis ausstellte. Das ist in der Tat verheerend, aber anders als bei der FDP gedacht.

Frankreichs Wirtschaft entspricht aber keineswegs dem Zerrbild, das man in Deutschland von ihr zeichnet, wie wir in These 14 bereits gesehen haben.

Die Angriffe der FDP konnte man nur perfide und dumm nennen. Rainer Brüderle und Philipp Rösler haben weder verstanden, was eine Währungsunion ist, noch können sie beurteilen, auf welche Art und Weise Nationen auf Dauer erfolgreich zusammenarbeiten können. Sie lassen sich von einer primitiven Freihandelsidee leiten, die jeder gesamtwirtschaftlichen Logik Hohn spricht, weil sie unterstellen, jede Art von Unterbietungswettbewerb sei gut und erfolgreich. Die Art von Doping, die Deutschland verwendet hat, um erfolgreich exportieren zu können, hat aber den Wettbewerb massiv verzerrt und eben nicht zu guten Ergebnissen geführt. Noch schlimmer ist, dass man nicht zur Kenntnis nehmen will, dass die Art von Wettbewerb, die Deutschland anstrebt, gerade nichts mit dem Wettbewerb zu tun hat, den die klassischen Ökonomen meinten, als sie den Freihandel gegen den Merkantilismus verteidigten. Insofern versteht die FDP nicht einmal ihre eigenen liberalen Wurzeln, und ihr Gerede über Wettbewerb und Freihandel ist nur hohl.

Freihandel war von Anfang an, also vor allem von David Ricardo und Adam Smith und ihren Zeitgenossen, als ein System verstanden worden, das allen Beteiligten Vorteile verspricht, weil es jedem mit seinen ganz besonderen spezifischen Fähigkeiten die Chance gibt, durch Austausch von Gütern und Dienstleistungen mit anderen seine Lage zu verbessern. Dass ein Teilnehmer durch seine überlegenen Möglichkeiten oder durch unfaire Mittel alle anderen in die Ecke drängt, wollten sie gerade nicht, denn das charakterisiert ja das von ihnen kritisierte merkantilistische System. Freihandel war gerade nicht als Nullsummenspiel gedacht, bei dem der eine das gewinnt, was der andere verliert.

Auch die modernen Vertreter des Freihandels, wie etwa das Kieler Institut für Weltwirtschaft, haben in vielen Auseinandersetzungen immer darauf beharrt, Freihandel sei gerade kein Nullsummenspiel, und haben versucht, meine Position zu ausgeglichenen Außenhandelssalden dadurch zu desavouieren, dass sie behaupteten, eine saldenmechanische Überlegung sei ein Nullsummenspiel, ihr Freihandel jedoch nicht. Das ist zwar falsch, wie ich schon so oft dargelegt habe, aber die FDP fällt sogar noch hinter diese Diskussion zurück.

Sie nimmt bei Licht betrachtet die Position ein, dass Freihandel doch nur ein Nullsummenspiel ist und man eben schauen muss, auf der richtigen Seite zu stehen. Frankreich tue halt nicht das Richtige, so wie das erfolgreiche Deutschland es vorgemacht habe. Daran seien die Franzosen selbst schuld. Sie könnten ja die hohe Regulierungsdichte ihres Arbeitsmarktes und das hochentwickelte System der sozialen Sicherung verändern, um auf Deutschlands Erfolgsseite zu wechseln. Wenn man sich die deutschen Erfolge aber genau ansieht, muss man feststellen, dass sie im Wesentlichen nur in Exportüberschüssen bestehen, dass insbesondere die deutsche Arbeitslosigkeit dadurch gesunken ist, dass sie exportiert wurde, und nicht dadurch, dass sie durch ein stabiles und nennenswertes Binnenwachstum echt beseitigt wurde.

Selbst wenn also Frankreich den deutschen Weg wie von der FDP empfohlen kopieren würde, bliebe die Frage, wer auf der anderen Seite, der Defizitseite nämlich, dann noch steht. Denn irgendjemanden muss es dort ja geben, der die Überschüsse aufzunehmen bereit ist. Und da wird es immer enger. Außenhandelsüberschüsse sind eben nicht auf Dauer hinnehmbar oder gar gut. Sie lassen die Vorteile, die der Freihandel potenziell für alle hat, verschwinden. Für die Defizitkandidaten sind die unmittelbaren und anhaltenden Verluste aus dem Handel, nämlich das Wegschmelzen ihrer Einkommensbasis, viel größer als die vergleichsweise mit der Lupe zu suchenden Produktivitäts- und Effizienzgewinne durch den Freihandel.

Dauernde Ungleichgewichte beruhen auf auseinanderlaufender Wettbewerbsfähigkeit. Wer dauernd Defizite macht, dessen Wettbewerbsfähigkeit ist offenbar dauernd zu niedrig im Vergleich zu demjenigen, der dauernd Überschüsse macht. Wer nun seine Wettbewerbsfähigkeit zu verbessern versucht (das raten die Liberalen Frankreich ja), der muss es auf Kosten anderer tun, da führt kein Weg dran vorbei. Denn Wettbewerbsfähigkeit ist immer ein relatives Konzept, wie ich trotz der verrücktesten Widersprüche, die wir zu dieser Grundlogik immer wieder zu lesen bekommen, nicht nachlassen werde zu erklären. Wenn die FDP also wirklich überzeugt ist, Frankreich solle den deutschen Sozialabbau und das deutsche Lohndumping nachahmen, dann soll sie wenigstens dazusagen, dass das Deutschlands Nettoexportposition gefährdet und dass Deutschlands Antwort darauf aus FDP-Sicht ein noch schärferes Lohndumping und ein noch stärkeres Aushöhlen der hiesigen Sozialsysteme sein muss.

Frankreich verzeichnet mehr und mehr Außenhandelsdefizite. Sein wichtigster Handelspartner ist ein permanentes Überschussland. Aus diesem Cocktail heraus müsste jede rational handelnde Regierung Frankreichs irgendwann den Freihandel in Frage stellen. Die Doktrin vom Freihandel wird derzeit noch von mehr als

90 Prozent aller Ökonomen und der Europäischen Union wie ein unverrückbarer Glaubenssatz behandelt, der nur Ausgangspunkt eines Nachdenkens über den Handel sein, selbst aber nie in Frage gestellt werden darf. Das wird sich über kurz oder lang ändern, wenn die Verzweiflung in den Defizitländern über die Erfolglosigkeit ihrer Bemühungen, es Deutschland recht zu machen und seinen Weg der permanent überlegenen Wettbewerbsfähigkeit zu kopieren, nur hoch genug steigt.

In den G20 wird die Frage nach Sinn und Zweck des Freihandels schon eine Weile sehr hart und sehr ernsthaft diskutiert. Man kann sich auch vorstellen, dass der neue Generaldirektor der WTO, der Brasilianer Roberto Azevêdo, diese Diskussion nicht weiter unterdrücken kann, sondern dass die Defizitländer auch dort vorstellig werden, was sie laut Statut sowieso könnten, und Sonderregeln wegen anhaltender Ungleichgewichte im Handel verlangen.

Die Vordenker des Freihandels im 19. Jahrhundert wussten genau, warum sie immer nur von einem ausgeglichenen Handel ausgingen, wenn sie dessen Vorteile beschrieben. Ihre Jünger in den Politkomitees der liberalen Parteien, die, ohne es zu ahnen, die schlimmsten Merkantilisten aller Zeiten sind, wissen davon nichts mehr. Dass sich mit einer solchen Haltung, die auch die deutsch-französische Freundschaft im Mark gefährdet, die FDP blamiert, ist nicht so schlimm. Dass aber von den meisten anderen Parteien kein logisch fundierter Widerspruch zu hören ist, ist eine wirkliche Katastrophe.

35 Mit wem sich Freihandel lohnt – und mit wem nicht

Zu dem vorigen Abschnitt passt, dass sich auf einer Konferenz in England im November 2013 ein erheblicher Teil der Diskussionen um die Frage drehte, ob mehr Freihandel ein Weg sein könnte, die Weltwirtschaft zu beleben. Viele glauben oder wollen gerne glauben, dass man mit neuen Abkommen der Weltwirtschaft den neuen Impuls geben könnte, der so dringend fehlt und den die traditionellen Instrumente nicht mehr zu liefern in der Lage sind.

Bei dieser Diskussion, die sich zunächst vor allem an den politischen Möglichkeiten abarbeitete, die gegeben sein müssten, um mehr Freihandel etwa zwischen Europa und den USA zu verwirklichen, ist mir wieder einmal deutlich vor Augen getreten, wie entscheidend es auch für den Erfolg des Handels ist, dass man von vorneherein unter einem Regime antritt, das darauf ausgerichtet ist, explizit für einen Ausgleich der Handelsströme zu sorgen, also genau die Art von Ungleichgewichten zu vermeiden, die derzeit so heftig diskutiert werden.

Für den wirtschaftlichen Erfolg oder Misserfolg des Handels für ein einzelnes Land sind nämlich die Beiträge, die vom Saldo des Außenhandel ausgehen (und als positiver oder negativer »Außenbeitrag« in die volkswirtschaftliche Gesamtrechnung übernommen werden, dort das Wachstum erhöhen/senken und als positiver oder negativer Arbeitsplatzeffekt gezählt werden müssen), viel wichtiger als die potenziellen »Produktivitätseffekte« des freien Handels für alle Beteiligten. Letzteres sind die Effekte, die sich daraus ergeben können, dass insgesamt effektiver gewirtschaftet wird, dass also die Arbeitsteilung tiefer und intensiver wird. In der Wirklichkeit gibt es natürlich immer eine Überlagerung dieser Effekte, sobald überhaupt nennenswerte Salden (also Abweichungen der Exportvolumina von den Importvolumina) im Handel auftreten. Das ist unproblematisch, wenn diese positiven oder negativen Beiträge nicht dauerhaft und nicht einseitig verteilt sind, weil dann ein Land nicht einem anderen den gesamten Vorteil aus dem gemeinsamen Handel dadurch wegnehmen kann, dass es selbst dauernd positive Salden erzielt und das andere dauernd negative.

Wer also überlegt, ein Freihandelsabkommen abzuschließen, muss zuallererst erwarten und dafür Sorge tragen, dass der andere Handelspartner nicht darauf aus ist, dauernd Leistungsbilanzüberschüsse zu erzielen. Wenn man das erwartet, kann man sich nämlich jedes Freihandelsabkommen schenken, denn es kann praktisch keine positiven Effekte mehr erzielen, weil die potenziellen positiven Produktivitätseffekte die realen und unter Umständen riesig großen Saldeneffekte niemals aufwiegen können. Aber selbst wenn man das Gegenteil vermutet, kann man sich nicht darauf verlassen, denn die Produktivitätseffekte kann niemand messen, und sie sind im Zweifel gleich zwischen den Ländern verteilt.

Ein Land wie Deutschland, das auf seinen positiven Leistungsbilanzsalden – aus welchen Gründen auch immer – **beharrt, kann niemals ein ernstzunehmender Partner für ein Freihandelsabkommen sein.** Man müsste verrückt sein, wenn man sich darauf einließe. Deswegen ist die regelmäßige Überprüfung der Handelspartner auf Dumping durch Währungsmanipulation, die der amerikanische Kongress von der Regierung durchführen lässt, vollkommen richtig, er müsste nur begreifen, dass eine dem Markt überlassene Währung nicht automatisch richtig bewertet ist, sondern selbst einen vernünftigen Maßstab (etwa einen konstanten realen Wechselkurs über einen bestimmten Zeitraum) festlegen. Dass Deutschland ernsthaft glaubt, es könne seinen Überschuss in alle Ewigkeit fortschreiben, »weil es ja so tüchtig ist«, ist nicht nur ökonomisch absurd, sondern auch politisch. Das Einzige, was die deutschen Überschüsse derzeit rettet, ist die Tatsache, dass zu der Zeit, als die meisten Freihandelsabkommen mit Deutschland abgeschlossen wurden, die Handelspartner nicht ahnen konnten, wie schlimm und unveränderbar der deutsche merkantilistische Geist ist. Das Wort Freihandel aus deutschem Munde hat einen ganz bitteren Beigeschmack bekommen.

36 *Jeder sollte seinen Wohlstand nach Gusto verdienen – nur Analyse nach Gusto geht nicht*

Uwe Jean Heuser, der Wirtschaftschef der *ZEIT*, hat einen bemerkenswerten Kommentar zur Eurokrise, genauer zu dem Konflikt von Deutscher Bundesbank und Europäischer Zentralbank geschrieben. Nie wurde besser gezeigt, wie vollkommen unverstanden die Europäische Währungsunion ist. Eigentlich ist der promovierte Ökonom Heuser, der ein Buch über Verhaltensökonomie geschrieben hat, nicht allzu weit weg von der Lösung, um dann zu zeigen, wie unendlich weit der Weg doch noch ist, wenn man die Makroökonomie ausblendet. Auf der ersten Seite der *ZEIT* vom 13. Juni 2013 schreibt er:

»Das Wachstum von morgen entsteht durch die Arbeit von heute. Und damit Europa der Euro-Krise entrinnt, müssen die Krisenstaaten auf irgendeine Art billiger und besser werden, Arbeitskosten senken und Märkte liberalisieren, Bürokratie abbauen und Bildung verbessern.

Das muss aber keineswegs nach deutschem Vorbild geschehen. Im dezentralen Europa kann jedes Land seinen eigenen Reformweg gehen. Frankreich zum Beispiel braucht einen effizienteren Staat, weil der sich heute mehr als 55 Prozent der Wirtschaftsleistung schnappt – und einen großen Teil davon in seinen Behörden versickern lässt. Europa lebt vom Wettbewerb der Wirtschaftssysteme, von der Freude an der nationalen Innovation. Jeder soll also nach Gusto seinen Wohlstand verdienen. Verdienen aber muss er ihn.«

In der Tat, das Wachstum von morgen entsteht durch die Arbeit von heute. Richtig ist auch, dass jedes Land seinen eigenen Weg gehen kann und jeder nach Gusto seinen Wohlstand verdienen soll. Dass jeder ihn verdienen muss, ist selbstverständlich. Wie aber kann aus so vielen richtigen Sätzen eine so grundlegend falsche Analyse werden?

Ganz einfach, weil Herr Heuser – wie so viele andere auch – das Inflationsziel der EZB und den Zusammenhang zwischen Lohnstückkosten und Inflation ignoriert. Das wird klar, wenn er sagt, die Krisenstaaten müssten billiger und besser werden. Damit widerspricht er sich selbst, weil sie nicht besser werden müssen, wenn jeder nach Gusto wirtschaften kann. Besser kann nur heißen, dass sie produktiver werden müssen. Müssen sie aber nicht, sie müssen ja nur zufrieden sein mit dem, was sie verdienen. Hat ein Land einen hohen Staatsanteil wie Frankreich, muss es den eben gerade nicht abbauen. Würde der hohe Staatsanteil tatsächlich auf die Produktivität drücken (was nicht nachweisbar ist, die Produktivität ist in Frankreich genauso stark gestiegen wie in Deutschland in den letzten zehn Jahren), müssten nur die Reallöhne etwas weniger steigen als in einem Land mit etwas stärkerer Produktivitätsentwicklung, und jeder wäre nach Gusto glücklich.

Ob die Krisenländer billiger werden müssen, ist die Frage nach dem Inflationsziel, das Herr Heuser offenbar nicht kennt. Würde er es kennen, wüsste er, dass nicht alle billiger werden dürfen und alle zusammen gerade nicht nachmachen dürfen, was Deutschland vorgemacht hat. Würde jemand sagen, Europa muss jetzt voll auf Deflation setzen, käme sicher Widerspruch auch von konservativen Ökonomen und Journalisten. Sagt man, Europa muss billiger werden, nicken alle weise mit den Köpfen. **Da die Lohnstückkosten aber die Preise bestimmen, kann man nicht billiger werden, ohne in eine Deflation zu geraten. Von den Kosten des »Billiger-Werdens« auf die Binnennachfrage ganz zu schweigen.**

Der Hauptirrtum besteht aber in der Erwartung, ein billiger werdendes Europa könne seine Wettbewerbsfähigkeit verbessern. Die Deflation kann nicht helfen, weil der Euro – wenn nicht durch die Devisenmärkte selbst, dann unter dem massiven politischen Druck der anderen Länder der G20 – rasch aufwerten und den vermeintlichen Vorsprung in Sachen Wettbewerbsfähigkeit wieder ausgleichen würde. Will man Deflation vermeiden, aber dennoch erreichen, dass die Krisenländer wettbewerbsfähiger werden, muss Deutschland teurer werden – das ist allein schon aus mathematischen Gründen unumgänglich. Das zu sagen, schafft aber ein guter deutscher Journalist natürlich nicht.

Man kann durchaus wie Herr Heuser daran glauben, dass »Europa … vom Wettbewerb der Wirtschaftssysteme [lebt], von der Freude an der nationalen Innovation«. Man muss aber doch wesentlich mehr von Makroökonomie verstehen, um auf der Basis einer solchen Aussage zu vernünftigen wirtschaftspolitischen Schlussfolgerungen zu gelangen.

37 Kleine Steuern und große Lügen

Schon lange lese ich die *Wirtschaftswoche* nicht mehr. Kaum jemand erinnert sich, dass deren Vorgänger einst *Volkswirt* hieß und eine richtig gute Zeitung war. Selbst die Online-Version dieses Kampfblattes findet sich nicht auf meiner Lesezeichenleiste. Dagegen muss man, um zu wissen, wie der Mainstream tickt, immer mal wieder ins *Handelsblatt* schauen, das neben vielen Fehlschüssen auch ab und zu ins Schwarze trifft. Das *Handelsblatt* versucht wenigstens ein Mindestmaß an Seriosität zu wahren. Deswegen war ich schon erstaunt, am 8. Juli 2013 eine wilde Revolvergeschichte über den Steuerbürger als »ausgequetschte Zitrone« im *Handelsblatt online* zu lesen.[26] Bis ich merkte, dass es eine Übernahme aus der *Wirtschaftswoche* war, war es zu spät.

Wenn man so etwas liest, merkt man aber erst, was in bestimmten Kreisen gang und gäbe ist, und kommt aus dem Staunen nicht heraus. Ich meine, wie kann sich ein halbwegs intelligenter Mensch noch immer diesen Blödsinn von den ersten sechs Monaten erzählen lassen, in denen er nur für den Staat gearbeitet hat? Ist er nicht schon sechs Monate auf Straßen gefahren, für die er nichts bezahlt hat, hat er sich nicht von der Polizei und vom Militär bewachen lassen, hat er nicht auf die staatlichen Gerichte zurückgegriffen, ohne dafür zu berappen, und hat er nicht seine Kinder in Schulen geschickt, ohne am Ende jeden Monats die Rechnung dafür überwiesen zu haben?

Man ist am meisten erstaunt, was in einem solchen Pamphlet alles verschwiegen werden kann. Dass es in den vergangenen fünfzehn Jahren eine erhebliche Absenkung des Spitzensteuersatzes und damit massive Steuersenkungen für die oberen Einkommensklassen gegeben hat, Fehlanzeige. Dass die Unternehmenssteuern unter Rot-Grün fast halbiert worden sind, Fehlanzeige. Dass gegen jede Vernunft die Sozialabgaben gedeckelt worden sind, Fehlanzeige. Dass die ertragsunabhängigen Steuern fast auf null gesenkt wurden und vor allem die Vermögensteuer verschwunden ist, Fehlanzeige.

Dafür aber kommt, Sie ahnen es schon, das dümmste aller Argumente: »Doch Fakt ist:«, schreibt der Schreiberling der *Wirt-*

schaftswoche, »Die oberen zehn Prozent leisten bereits jetzt 54 Prozent des Einkommensteueraufkommen, das oberste Prozent überweist 20 Prozent des Aufkommens.« Hurra, jetzt wissen wir endlich, wie reich die wirklich sind. Offensichtlich verdienen die obersten zehn Prozent so viel, dass sie selbst bei den für sie gesenkten Steuersätzen ein so hohes Einkommen erzielen, dass davon 54 Prozent der Einkommensteuer bestritten wird. Wenn das nicht ein Anlass ist, drastische Umverteilungsmaßnahmen zu fordern!

Mancher wird sagen, daran konnte man erkennen, dass der Wahlkampf begonnen hatte, schließlich stand keine drei Monate später die Bundestagswahl an. Das ist richtig. Doch eine solche Kampfschrift zeigt auch jenseits des Wahlkampfes, dass die Steuersenkungen der Vergangenheit vollkommen sinnlos waren: Wie oft man die Steuern auch senken mag, sie sind immer zu hoch. Sicher haben viele in der SPD und bei den Grünen geglaubt, man müsse die Steuern nur einmal kräftig senken, dann kehre Ruhe ein und das Thema sei durch. Nichts dergleichen. Man kann daraus nur schließen, dass man ohne weiteres die vormals gesenkten Steuern wieder erhöhen oder wieder einführen kann, denn gemeckert wird sowieso immer.

Um das Ganze mal an Zahlen zu demonstrieren, hier die wichtigsten Fakten vom Bundesministerium der Finanzen: Die gesamtwirtschaftliche Steuerquote, also alle Steuern im Verhältnis zum Bruttoinlandsprodukt lag 1960 bei 23 Prozent und die Abgabenquote (also einschließlich der Sozialbeitragsquote) lag bei 33,4 Prozent, das war in Zeiten absoluter Vollbeschäftigung. Schon 1980 waren die Sozialbeiträge auf 39,6 Prozent gestiegen und die Steuerquote auf 23,8 Prozent. Im Jahr 2012 lag die gesamte Abgabenquote bei 40,4 Prozent, die Steuerquote bei 23,4 Prozent. Die Schwankungen dazwischen sind ziemlich unerheblich.[27]

Das zentrale Problem in Deutschland im Vergleich zu damals ist trotz der enorm verschärften Ungleichheit nicht die personelle Verteilung des Einkommens. Das zentrale Problem ist, dass 1960 die Unternehmen ihre Rolle als Investor und als wichtigster Schuldner der Volkswirtschaft noch in jeder Hinsicht wahrnahmen, während sie heute Nettosparer sind und sich darauf verlassen, dass über Exportmärkte und niedrige Löhne unglaubliche Renditen zu erzielen sind. **Wenn Deutschland dieses Problem, nämlich die Funktion der Unternehmen als Sachinvestor und als wichtigster Schuldner am Finanzmarkt nicht löst, löst es überhaupt kein Problem. Das wird ohne höhere Steuern für die Unternehmen nicht gehen.** Dass aber genau dieses Thema zum Tabu bei den großen Parteien erklärt wird und selbst die Linke die Körperschaftsteuer nur auf 25 Prozent erhöhen will, lässt ahnen, wie groß die Explosion sein muss, die diese festgefügte Denkwelt aus den Angeln hebt.

38 Die deutsche Investitionsschwäche, eine Folge der Angebotspolitik

Dass die deutsche Wirtschaft glänzend dasteht, weiß jeder, der den »offiziellen« Medien Glauben schenkt, und wie gut es den deutschen Unternehmen geht, kann man jeden Tag an steigenden Aktienkursen und Meldungen über Rekordgewinne ablesen. Erstaunlicherweise wird über das, worum es beim Wirtschaften eigentlich geht, nämlich über das Investieren und zwar das Investieren in Sachanlagen fast nicht gesprochen. Wenn aber die überaus zahlreichen Spindoktoren der deutschen Wirtschaft und ihre Helfershelfer in den verschiedensten Instituten und Stiftungen zu einem so wichtigen Thema schweigen, kann das eigentlich nur daran liegen, dass die Investitionstätigkeit der deutschen Unternehmen kein Ruhmesblatt ist und deswegen die sonst so lauten Jubler alle nicht zu hören sind.

Und in der Tat, es ist nicht nur kein Ruhmesblatt, es ist eine schlichte Katastrophe, und wenn man hinzunimmt, wie viel Geld die deutschen Unternehmen in den vergangenen Jahren verdient haben und auch jetzt noch verdienen, ist das Schweigen der Betroffenen, der Medien und der Politiker ein ganz großer Skandal, vielleicht sogar der größte in einem Land, in dem doch alle jeden Tag vorgeben, durch solide Politik für die Zukunft vorsorgen zu wollen. Man braucht bei diesem Thema gar nicht viele Worte, sondern kann die Fakten sprechen lassen.

Die Investitionsquote in Deutschland, und hier vor allem die von der Wirtschaft zu verantwortenden Ausrüstungsinvestitionen und der Wirtschaftsbau, kennt seit der deutschen Wiedervereinigung vor mehr als zwanzig Jahren nur eine Richtung, nämlich abwärts. Unterbrochen von zwei kleinen Aufschwüngen zu Ende der neunziger Jahre und vor dem Platzen der Finanzblase 2008 gibt es einen durchweg nach unten weisenden Trend, der auch von dem so viel bejubelten Aufschwung nach der Rezession von 2009 (»die deutsche Wirtschaft strotzt vor Kraft«, so die *Welt* noch am 25. Mai 2013) nicht beendet wurde.

Im Gegenteil: Dem massiven Einbruch der Investitionen in Ausrüstungen und Wirtschaftsbau von fast 17 Prozent im Jahre 2009 folgte zwar ein kurzer Aufschwung 2010 und 2011 (7 Prozent und 6,5 Prozent Zuwachs), aber 2012 sind die Investitionen schon wieder um fast fünf Prozent gefallen, und im vergangenen Jahr sind sie nochmals gefallen. Dass die Investitionen der Wirtschaft in Ausrüstungen und Wirtschaftsbauten im zweiten Jahr in Folge und im dritten und vierten Jahr des sogenannten Aufschwungs absolut sinken, während in der Öffentlichkeit die Jubelarien nicht enden wollen, ist schon sehr bemerkenswert. Auch für das nächste Jahr kann ohne positive Impulse von der Wirtschaftspolitik nicht mit einer Wende gerechnet werden. Wenn nicht durch ein Wunder die Exportnachfrage wieder anspringt, spricht bei weiterhin flauer Binnennachfrage nichts für einen Aufschwung der Investitionstätigkeit. Einziger Rettungsanker wäre eine weiter sinkende Sparquote der Privaten aufgrund von Misstrauen in unser Geldwesen und unsere Banken – keine gerade ermutigende Begleitmusik für Sachinvestoren.

Auch bei internationaler Betrachtung, wo doch anscheinend jeder weiß, dass Deutschland Spitze ist, sieht es nicht besonders gut aus. Im Vergleich der Investitionsquoten schneidet etwa Frankreich kurz nach Beginn der Währungsunion gleich gut und seit der Finanzkrise besser ab als Deutschland und überholt den Nachbarn zum ersten Mal seit vierzig Jahren.

Betrachtet man Spanien, Italien, Frankreich und Deutschland zusammen, fällt Deutschland keineswegs durch überragende Investitionstätigkeit auf. Spanien hat im Bereich Wirtschaftsbau und Ausrüstungen (also auch ohne die berühmte Blase im Wohnungsbau) bis zum Beginn der Eurokrise durchweg eine viel größere Investitionsdynamik, nur Italien fällt seit Beginn der Währungsunion massiv zurück, was seine schwache Produktivitätsentwicklung erklärt. Die immer wieder zu hörende Behauptung, Deutschland habe sich zu Beginn der Europäischen Währungsunion einem schmerzhaften Anpassungsprozess unterzogen und sei aus dieser Reformphase gestärkt hervorgegangen, lässt sich an den Investitionen nicht ablesen. Der Vergleich von elf EWU-Ländern mit Deutschland seit Beginn der neunziger Jahre zeigt, dass das größte Mitgliedsland nach dem Stahlbad seiner Reformen nur drei Jahre (2006 bis 2008) eine *leicht* bessere Investitionsentwicklung zustande brachte als die übrigen EWU-Länder und sich erst seit der dem Süden verordneten Austeritätspolitik 2010 und 2011 in einem deutlich sonnigeren Licht präsentieren kann.

Kumuliert man gar die Investitionsdynamik der EU15 seit Beginn der Währungsunion auf, betrachtet also den gesamten Neuzugang an Investitionen in dieser Zeit, fällt Deutschland bis zur Krise erheblich zurück und wird nur noch von Italien unterboten. Dagegen haben Länder wie Griechenland (kein Druckfehler) und Spanien Deutschland bei weitem abgehängt, bevor sie in der Krise gezwungen wurden, ihre Investitionen brutal zurückzufahren. In dieser Betrachtung steht Frankreich auch heute noch weit besser da als Deutschland.

Diese magere Leistung der deutschen Unternehmen erstaunt sicher auch viele der Beobachter, die zwar einen kritischen Blick auf die deutsche Rolle in Europa haben, aber doch glauben, die im Vergleich zu den anderen Europäern noch gute Lage sei hart erarbeitet und auch Ergebnis der technologischen Führung vieler deutscher Unternehmen. Was dabei leicht vergessen wird, ist die unglaublich schwache Entwicklung der deutschen Binnenwirtschaft seit fünfzehn Jahren. Die Unternehmen der Exportindustrie haben sicher kräftig im In- und im Ausland investiert, binnenwirt-

schaftlich gab es jedoch keinen Anreiz neue Kapazitäten aufzu-
bauen, weil die Nachfrage in realer Rechnung kaum stieg. Von
1999 bis 2013 ist die (reale) inländische Verwendung nur um insgesamt acht Prozent gestiegen, das sind nur wenig mehr als ein
halbes Prozent pro Jahr.

Generell hat sich die Rolle der Unternehmen als Investor in den
letzten beiden Jahrzehnten erheblich verändert. In den fünfziger
und sechziger Jahren waren die Unternehmen der natürliche Ge-
genpol der per Saldo sparenden privaten Haushalte. Die Unternehmen waren der wichtigste Schuldner und Investor zugleich in
der Gesamtwirtschaft. Sie nahmen den Großteil der von den Haus-
halten gebildeten Ersparnisse von den Banken auf und investierten in Sachanlagen.

**Betrachtet man die Finanzierungssalden der einzelnen Sek-
toren heute, stellt man fest, dass die (nicht-finanziellen) Unternehmen per Saldo sparen, also Überschüsse in ihrer Finan-
zierungsrechnung aufweisen. Da auch der Staat keine neuen
Schulden mehr macht, liegt die Last der Verschuldung aus
deutscher Sicht allein beim Ausland.** In dieser Nettorechnung
werden alle deutschen Ersparnisse, also alle Überschüsse der drei
Sektoren (in allen inländischen Sektoren in Deutschland werden
Überschüsse der Einnahmen über die Ausgaben verzeichnet) ins
Ausland transferiert. Das galt für 2012 genau wie für 2013.

Damit erweist sich die verbreitete These, der Export deutscher
Ersparnisse sei ein einmaliges Phänomen zu Beginn der Europäischen Währungsunion gewesen und inzwischen weitgehend überwunden, als falsch. Vielmehr werden die Ersparnisse exportiert,
um dem Ausland den Kauf deutscher Güter (Konsum- und Investi-
tionsgüter) zu ermöglichen. Daran verdienen die deutschen Unternehmen zwar sehr gut, weil aber die Inlandsnachfrage sehr
schwach ist, deponieren die Unternehmen ihre Gewinne bei den
Banken und tragen so selbst zur Nettoersparnis des Landes bei.

Der Unternehmenssektor als Sparer und das Ausland als einziger
Schuldner ist eine krasse Fehlentwicklung in der Marktwirtschaft.
Die Unternehmen sollten der wichtigste Schuldner sein, weil man
von ihnen erwartet, die Ersparnisse der privaten Haushalte in er-

tragreiche Investitionen umzusetzen, aus deren Erträgen dann Zinsen gezahlt werden können. Auch aus dieser Sicht erweist sich das deutsche Lohndumping der letzten Jahre, das den deutschen Unternehmen auf einfache Art und Weise (nämlich ohne Investitionen unter Unsicherheit) hohe Gewinne beschert hat, als fatal. Hinzu kommt, dass auch die Steuerpolitik alles getan hat, um die Unternehmen zu entlasten, ohne wenigstens diese Entlastung an den entscheidenden Beitrag der Unternehmen in einer Marktwirtschaft zu koppeln, nämlich die Investition. So haben die Unternehmen funktionslose Gewinne erzielt mit der Folge, dass sie sich nicht wie Unternehmen verhalten, sondern wie Kapitalsammelstellen.

Die europäische Krise zeigt, dass dieses Wirtschaftsmodell keine Zukunft hat. Eine Änderung muss vom Staat in die Wege geleitet werden. Wenn er sich nicht selbst mehr verschulden will, muss er dafür sorgen, dass die Unternehmen wieder zum wichtigsten Schuldner werden. Dazu muss er einerseits Druck auf die Unternehmen ausüben, höhere Lohnsteigerungen über lange Zeit zu akzeptieren, und er muss andererseits die Steuern für die Unternehmen systematisch erhöhen, um funktionslose Gewinne abzuschöpfen.

39 Sollen die Steuern für Reiche erhöht werden?

Die Gegenfrage zu dieser Frage, die die *FAS* mir und einem Ökonomen von der Gegenseite im Oktober 2013 gestellt hat, ist naheliegend: Warum eigentlich nicht? In Deutschland gab es vor zwanzig Jahren einen massiven Druck von Seiten der Reichen und der Unternehmen, die Steuern zu senken, weil Deutschland nur so reüssieren könne. Die 1998 neugewählte rot-grüne Regierung beugte sich diesem Druck. Der Spitzensteuersatz, der in der Wirtschaftswunderzeit bei mindestens 56 Prozent lag, wurde von Rot-Grün auf 42 Prozent gesenkt.

Doch keins von den Wunderdingen ist eingetreten, die versprochen wurden, wenn man nur die Steuern ein für alle Mal deutlich senken würde. Weder ist die Investitionstätigkeit durch die Decke gegangen, noch haben die »Leistungsträger« dafür gesorgt, dass in Deutschland die Produktivität dank ihrer Ideen und ihrer Kreativität kräftig steigt. Deutschlands Produktivität ist in dieser Zeit bei genau gleichem Niveau nicht stärker als die französische gestiegen. Deutschlands Exporterfolge haben nur mit relativer Lohnsenkung zu tun, sie sind gerade nicht das Ergebnis einer überlegenen Produktivitätsentwicklung.

Wenn also die massive Rückführung der Steuersätze bei Einkommen und Gewinnen vollkommen ungerechtfertigt war, warum sollte man den Fehler nicht eingestehen und angesichts des dringenden Investitionsbedarfs bei der öffentlichen Hand eine Revision der Steuerentlastungen fordern. Jede Art von Steuererhöhungsidee wird aber in weiten Teilen der Medien gnadenlos niedergemacht. Dabei muss immer die »Mittelschicht« herhalten, weil ja niemand offen die Reichen verteidigen will. Und es war in der Tat ein geschickter Schachzug bei den Steuerreformen der Vergangenheit, den Spitzensteuersatz schon bei einem so niedrigen Einkommen anzusetzen, dass man beim Spitzensteuersatz schon mit der Mittelschicht argumentieren kann, ohne rot zu werden. Wäre das zu versteuernde Einkommen, bei dem der Spitzensteuersatz greift, doppelt so hoch wie heute, wäre es nicht so leicht, die Mär von der Mittelschicht zu erzählen.

Die unglaubliche Dimension der Absenkung der Unternehmenssteuern unter Rot-Grün wird nicht mehr erwähnt. Für Kapitalgesellschaften wurde die Belastung aus Körperschafts- und Gewerbesteuer zusammen (in Prozent der Gewinne) fast halbiert. Unmittelbar danach, als die deutsche Lohnsenkung (die reale Abwertung) gegenüber den europäischen Partnern zu greifen begann, explodierten die Einkommen der deutschen Unternehmen förmlich. Der von allen erwartete Investitionsboom aber blieb aus.

Das zeigt, die Forderung nach höheren Steuern für die Reichen ist zwar berechtigt, greift aber viel zu kurz. Höhere Steuern für die Unternehmen sind das eigentliche Thema.

Das Contra kam in diesem Fall von Ulrich van Suntum, Professor für Volkswirtschaft an der Westfälischen Wilhelms-Universität

Münster. Und ich muss sagen, als ich las, was Herr van Suntum schrieb, da fragte ich mich, was eigentlich die Rolle der Wissenschaft sein soll und wieso jemand wie er, der eine »unersättliche Gier der Politiker nach höheren Steuern und Abgaben« unterstellt, an einer staatlichen Hochschule beschäftigt ist.

Er brachte unter anderem das »Argument«, wohin eine hohe Steuerlast führe, sehe man an Frankreich: »Elf Prozent Arbeitslosigkeit und anhaltende Budgetdefizite …« Wieso aber sollte die Arbeitslosigkeit in einem Land in irgendeiner Weise an der Steuerbelastung hängen? Gibt es dafür eine Theorie, die ausreichend empirisch getestet ist, dass ein Professor sie so einfach verwendet? Dann sagt er: »Das Geschäftsmodell der Politiker dabei ist immer dasselbe: Belaste die Minderheit, und kauf dir damit die Stimmen der Mehrheit.« Wie kann man das so sagen? Ist nicht unter Rot-Grün, worauf ich explizit hinweise, die Steuerbelastung der Minderheit nicht massiv gesenkt worden? Wieso verschweigt das der Herr Professor und tut so, als hätte es beim Spitzensteuersatz in Deutschland und bei der Besteuerung der Unternehmen nur eine Richtung gegeben, nämlich nach oben?

Und dann argumentiert Herr van Suntum tatsächlich auch noch mit dem oben schon erwähnten ältesten und schlechtesten aller Argumente, wenn er schreibt: »Heute werden bereits 95 Prozent der Einkommensteuer von der Hälfte der Steuerpflichtigen erbracht … Kein Wunder, dass man für Steuersenkungen kaum noch Mehrheiten bekommt.« Dieser Vergleich ist nicht nur unwissenschaftlich, er ist eindeutig irreführend und dazu gedacht, die öffentliche Meinung zu manipulieren. Man darf natürlich nicht einen Anteil von *Personen* mit einem Anteil am Steueraufkommen, also einer *Geldsumme*, vergleichen. Da die Steuern aus dem Einkommen der Personen gezahlt werden, muss man deren Einkommen insgesamt vergleichen mit deren Anteil am Steueraufkommen. Nur dann weiß man, ob sie wenig oder stark belastet sind. **Wenn aber die** oben genannte **Hälfte der Steuerpflichtigen 95 Prozent der Einkommen verdienen, dann ist es völlig in Ordnung, dass sie 95 Prozent der Einkommensteuer bezahlen.** Das lernt man eigentlich in Statistik I im zweiten Semester an der

Universität, wieso weiß das ein Professor für Volkswirtschaftslehre nicht, oder will er es nicht wissen?

40 Kein Grund für niedrige Steuern für die Unternehmen

Über kein Thema wird emotionaler geredet als über die Steuern. Im Wahlkampf zumal wird, wer höhere Steuern auch nur einmal im Mund führt, von der Presse, den Lobbyisten und den anderen Parteien gnadenlos niedergemacht. Man wundert sich ja nicht über die FDP, weil man weiß, dass sich in dieser Partei Lobbyismus und Politik zu einer perfekten Synthese entwickelt haben, die nie mehr zu trennen sein wird. Stichwort: Mehrwertsteuersenkung für Hotels! Doch auch in den anderen Parteien wird die Steuerfrage nur mit Samthandschuhen angepackt, offenbar weil man fürchtet, jederzeit eine Lawine der Entrüstung loszutreten. Das liegt sicher auch an den deutschen Medien, die sich seit vielen Jahren als Beschützer der Steuerzahler verstehen, vermutlich vor allem deswegen, weil der jeweilige Chefredakteur den höchsten Grenzsteuersatz, den berühmten Spitzensteuersatz, zu zahlen hat.

Man kann sich heute kaum noch vorstellen, wie groß der Druck war, den die Lobby der Unternehmen und der Wohlhabenden in den achtziger und neunziger Jahren in Sachen Steuersenkung gemacht hat. Damals war selbst die 1998 neu gewählte rot-grüne Regierung mit einem Bundesfinanzminister Oskar Lafontaine nicht in der Lage, sich diesem Druck zu entziehen und souverän darüber zu entscheiden, ob eine Steuersenkung gerechtfertigt ist oder nicht. Inzwischen wissen wir allerdings, dass keines der Wunderdinge eingetreten ist, die damals von der Lobby versprochen wurden. Weder ist die Investitionstätigkeit durch die Decke gegangen, noch haben die »Leistungsträger« dafür gesorgt, dass in Deutschland die Produktivität dank ihrer Ideen und ihrer Kreativität kräftig steigt.

Doch obwohl die massive Rückführung der Steuersätze auf Einkommen und Gewinne vollkommen ungerechtfertigt war, tun sich auch heute noch fast alle Parteien schwer, eine Revision der Steuerentlastungen zu fordern. Die leichten Steuererhöhungen, die die Grünen in ihr Wahlprogramm geschrieben haben, wurden in weiten Teilen der (interessierten) Presse gnadenlos niedergemacht.

Wer heute offen eine Steuererhöhung für die Unternehmen fordert, wird sofort zu einem Feind der Wirtschaft erklärt. Und die Ökonomen waren wieder einmal vorneweg beim Fordern der Entlastung für die Unternehmen. So schrieb der Sachverständigenrat 2005: »Niedrige Steuersätze auf Unternehmensgewinne – dies zeigen ausländische Beispiele – können zudem das Gewinnsteuersubstrat eines Landes und damit den finanzpolitischen Spielraum erweitern. Eine Reform der Unternehmensbesteuerung muss daher rasch angegangen werden … Über eine niedrigere Besteuerung von Kapitaleinkommen in Höhe von 25 vH verbessert dieses Konzept die steuerliche Standortattraktivität Deutschlands.«[28]

Das ist dann auch geschehen. Rot-Grün senkte die Unternehmensteuern in einem bis dahin nicht für möglich gehaltenen Ausmaß. Insofern realisierte die Politik exakt das, was die sogenannte Angebotstheorie über Jahre, ja über Jahrzehnte gefordert hatte. **Bei den Löhnen und bei den Steuern wurden die Unternehmen in Deutschland »entlastet«. Doch die scheinbare Bürde, die man von ihren Schultern nahm, brachte sie nicht zum Laufen.** Wenn in der Angebotstheorie auch nur ein Fünkchen Wahrheit steckte, hätten die Investitionen in Deutschland abheben und die Wirtschaft über viele Jahre tragen müssen. Aber nichts dergleichen geschah.

Im Gefolge der »Entlastung« der Unternehmen ergab sich stattdessen das größte strukturelle Problem, das Deutschland heute hat: Die Unternehmen insgesamt haben zu viel Geld, weil sie dank Lohndumping extrem hohe Gewinne im Außenhandel machen, aber wegen der dadurch ebenfalls ausgelösten Binnenmarktschwäche zu wenig investieren.

Die Unternehmen als Sparer stehen in krassem Gegensatz zu den Jahrzehnten zuvor, aber insbesondere zu den Zeiten des deutschen Wirtschaftswunders in den fünfziger und sechziger Jahren, wo die Unternehmen als Schuldner den Hauptgegenposten zum Sparen der privaten Haushalte darstellten. Es sollte auch die normale Rolle der Unternehmen in einer Marktwirtschaft sein, als Investor und damit als Schuldner für eine sinnvolle Verwendung der Ersparnisse zu sorgen.

Diese gravierende Fehlentwicklung zeigt, dass die Angebotspolitik vollständig falsch war. Es ist einfach nicht sinnvoll, Unternehmen in einer Marktwirtschaft ohne die Gegenleistung der Investition Gewinne zuschieben zu wollen, wie das mit den Steuersenkungen intendiert war. Entweder es misslingt unmittelbar oder es misslingt über den Umweg des Auslandes. Wenn der Staat sofort bei seinen Ausgaben einspart, was er den Unternehmen durch Steuersenkung zuschieben will, wird es nicht gelingen, die Gewinne und die Investitionstätigkeit zu erhöhen, weil die Nachfrage sinkt. Nur wenn der Staat seine Verschuldung erhöht, um die Steuersenkung zu finanzieren, hat das einen direkten positiven Gewinneffekt. Der muss aber keineswegs zu einem positiven Investitionseffekt führen. Wenn gleichzeitig jedoch andere retardierende Effekte auftreten, wie in Deutschland die Lohnmoderation, die die Binnenmarktdynamik vollständig zum Erliegen brachte, stecken die Unternehmen die Steuersenkung in die Tasche, ohne mehr zu investieren.

Die deutsche Wirtschaftspolitik muss, um wieder eine normale Marktwirtschaft zu werden, bei der die Unternehmen vor allem die Rolle des Schuldners und des Investors übernehmen, dafür sorgen, dass die Löhne weit stärker steigen als in den letzten Jahren, aber sie muss auch die Unternehmenssteuern wieder deutlich erhöhen, um die Unternehmen zu zwingen, über eine größere Investitionsdynamik in Innern erfolgreich zu sein, statt über die staatliche Subvention in Form geringer Steuern.

4 Ein offener Brief an den SPD-Vorsitzenden Sigmar Gabriel

Ich habe kurz nach der Bundestagswahl 2013 einen Brief an den SPD-Vorsitzenden Sigmar Gabriel schreiben müssen, weil der von seiner Partei mehr Wirtschaftskompetenz erwartet. Dass das nicht so einfach ist, hat er aber offensichtlich nicht verstanden. Deswegen der Brief:

»Lieber Herr Gabriel,

Sie haben in Ihrem Eröffnungsvortrag auf dem gerade zu Ende gegangenen Parteitag der SPD in Leipzig etwas sehr Wichtiges gesagt. Sie haben gesagt: ›Scheinbar bedarf es neben der sozialen Kompetenz der SPD auch einer deutlich stärkeren Wirtschaftskompetenz.‹ Zu diesem Satz kann ich Sie nur beglückwünschen.

Wenn wir aber einmal kurz Revue passieren lassen, was zu einer ›stärkeren Wirtschaftskompetenz‹ gehört, dann ist die Sache nicht so einfach, wie sie sich in dem Satz anhört. Denn Wirtschaftskompetenz kann viel oder wenig heißen. Es kann heißen, dass möglichst viele in der Partei so über Wirtschaft reden können, wie die Wirtschaft das selbst gerne tut und gerne von anderen hört. Das aber wäre für eine sozialdemokratische Partei genau das Gegenteil von Wirtschaftskompetenz, weil das Wissen von der Wirtschaft in der Wirtschaft doch sehr begrenzt und zudem vollkommen von Interessen geleitet ist, die der sozialdemokratische Wähler gerade nicht teilt.

Wirtschaftskompetenz kann aber auch heißen, dass es möglichst viele in der Partei gibt, die ein Verständnis von gesamtwirtschaftlichen Zusammenhängen haben und das den Menschen auch nahebringen. Das klingt zwar gut, ist aber, wie ich Ihnen aus eigener Erfahrung sagen kann, ganz schwer. Dann müssten nämlich viele Parteifunktionäre der SPD in der Lage sein, dem größten Bauunternehmer im Wahlkreis Paroli zu bieten, wenn der darüber klagt, dass Arbeit in Deutschland zu teuer ist, oder sie müssten dem Sparkassendirektor entgegentreten können, der behauptet, die niedrigen Zinsen führten zur Inflation. Die Krux mit der Wirtschaftskompetenz ist eben, dass man sich entscheiden muss, ob man einzelwirtschaftlich kompetent sein will oder gesamtwirtschaftlich.

Entscheidet man sich für gesamtwirtschaftlich, weil einzelwirtschaftlich für eine Partei, die bundespolitische Bedeutung haben will, von vorneherein sinnlos ist, dann kommt man an einer zentralen strategischen Entscheidung nicht vorbei. Man muss sich nämlich entscheiden, an welches Bild von der Wirtschaft man glauben will. An eine sich (neoklassisch) weitgehend selbst regulierende Marktwirtschaft – einschließlich der Arbeits- und Finanzmärkte –, in der dem Staat nur eine korrigierende Rolle zukommt und in der die Unternehmen mit ihrer Sicht der Dinge meistens richtig liegen. Oder eine (keynesianisch) nahezu blind in die Zukunft taumelnde Wirtschaft, die ohne ein strenges und tägliches Management von Seiten des Staates kein einziges der großen Probleme lösen kann, die vor uns liegen.

Erhard Eppler, den viele Sozialdemokraten seit vielen Jahren für einen ihrer Vordenker halten, hat schon Anfang der achtziger Jahre des vergangenen Jahrhunderts gesagt, die SPD müsse über Keynes hinaus. Das ist gut gesagt, aber schwer getan, denn bis heute wissen wir nicht, wohin das führt, weil es über Keynes hinaus einfach nichts gibt. Tertium non datur.

Aber selbst wenn Sie das alles entschieden haben, fällt die Kompetenz nicht wie Manna vom Himmel. Eine große Partei mit vielen Funktionären muss permanent geschult werden im richtigen wirtschaftlichen und wirtschaftspolitischen Denken, um Kompetenz an der Basis wirklich glaubhaft vermitteln zu können. Das muss die CDU nicht, weil es dort genügt, dass der Funktionär im Wahlkreis zustimmend nickt, wenn der Bauunternehmer und der Sparkassendirektor ihre Wirtschaftsweisheiten verkünden.

Kompetenz beginnt aber an der Spitze. Wer heute (in der drittgrößten Industrienation dieser Erde) ernsthaft mitreden will bei den komplexen globalen und europäischen Themen, der darf nicht darauf hoffen, dass ihm die tägliche Lektüre von drei deutschen Leitmedien schon den Weg in die Zukunft zeigt. Er (oder sie) muss sich auf eine Art und Weise beraten lassen, die bisher noch kein Spitzenpolitiker versucht hat. Sie selbst haben ja zu Beginn ihres Parteivorsitzes einen Wirtschaftsrat gegründet, der diese Aufgabe haben sollte und an dem ich auch einige Male teilgenommen habe. Das war aber genau das nicht, worum es geht. Zwanzig der Partei nahestehende Wissenschaftler und Beamte, die sich alle zwei Monate für zwei Stunden mit dem Parteivorsitzenden treffen, sind der berühmte Tropfen auf den heißen Stein, ein Zisch und aus. **Eine große Partei, die ernsthaft und in ernstzunehmender Weise mitreden will, muss investieren. Sie muss Geld in die Hand nehmen, um eine Struktur aus anerkannten Experten und einem Stab zu schaffen, die dem Parteivorstand jederzeit mit umfassendem Rat zur Seite stehen und auch nach außen die Position der Partei vertreten können.**

Lassen Sie mich das kurz an der Schicksalsfrage Europas demonstrieren, die leider im Wahlkampf keine Rolle gespielt hat – aus Gründen, die ich nicht nachvollziehen kann und will. In der Eurokrise hat Frau Merkel, offenbar weitgehend unbemerkt von der Opposition, aber sicher stark beeindruckt von der internationalen Diskussion, einen Schwenk vollzogen, der es in sich hat. Aus der ›Staatsschuldenkrise einiger kleiner Länder‹ (in Südeuropa) wurde innerhalb relativ kurzer Zeit eine Krise der Wettbewerbsfähigkeit fast aller Länder (einschließlich Frankreichs) gegen Deutschland. Und mit der heftigen amerikanischen Kritik an Deutschland ist es sogar eine Krise ›Rest der Welt gegen Deutschland‹ geworden. Kann es sich die größte Oppositionspartei oder der kleine Koalitionspartner leisten, in Bezug auf eine solch absolut zentrale Frage keine dezidierte Meinung zu haben, ohne großen Schaden anzurichten?

Was hat die SPD dazu zu sagen? Was sagt die SPD zu der Forderung der Kanzlerin, die anderen Länder in Europa müssten jetzt so wettbewerbsfähig werden wie Deutschland und ihre Löhne senken? Können alle gleichzeitig ihre Schulden verringern und Überschüsse in den Leistungsbilanzen haben? Können die Staaten bei ihrer Verschuldung ignorieren, ob die anderen Sektoren der Volkswirtschaft sparen, insbesondere die Unternehmen? Ist die Politik der Agenda 2010 auf ganz Europa übertragbar oder nicht? Wird es dann Deflation geben oder nicht? Wird der Euro aufwerten oder nicht? Ist das, was mittlerweile in vielen Teilen der Welt der neue deutsche Merkantilismus genannt wird, die Position der SPD? Wird die SPD diese Extrem-Position der CDU in den Koalitionsverhandlungen modifizieren können? Aber wohin? Kann es einen halbierten Merkantilismus geben, eine soziale Schuldenverteilung oder eine gerechte Deflation?

Wenn man einen Augenblick darüber nachdenkt, kommt man leicht zu dem Ergebnis, dass es in fast allen diesen Fragen keinen Kompromiss geben kann, weil ein Kompromiss mit einer vollkommen falschen Position in der Regel ganz falsch ist, aber nicht halb richtig. So dürfte es mit einer wirtschaftskompetenten SPD angesichts dieser offenen, aber für Europa absolut lebenswichtigen Fragen keine Große Koalition geben ...«

42 Wofür ist man, wenn man gegen eine Große Koalition ist?

Die SPD hat die Große Koalition trotzdem gemacht und Gabriel hat mir nicht geantwortet. Gleichwohl hatte der Brief eine große Resonanz und mir wurde oft die Frage gestellt, ob es denn überhaupt Alternativen zu einer Großen Koalition gäbe. Ich habe darauf geantwortet, dass ich dafür bin, die CDU/CSU immer wieder auf die Suche nach Mehrheiten zu schicken.

Die beiden konservativen Parteien sind stolz darauf, dass sie die Wahl gewonnen und fast eine absolute Mehrheit erreicht haben, doch ihnen ist der »natürliche« Koalitionspartner abhandengekommen. Es gibt eine potenzielle Mehrheit auf der Linken im Bundestag, aber die traut sich nicht, hat nicht das Führungspersonal oder ist sich nicht einig genug in den Sachfragen, um effektiv zusammenarbeiten zu können. Das ist in gefestigten Demokratien die klassische Situation, in der die mit Abstand stärkste Fraktion eine Minderheitsregierung bildet.

Sowohl für die Wahl der Kanzlerin als auch für alle weiteren Entscheidungen müssen CDU und CSU dann auf die Suche nach Unterstützern in den anderen Parteien gehen. Das ist nicht leicht, aber sehr gut für die Demokratie. Es öffnet nämlich die Debatte und führt in vielen Situationen erst zu einer ernsthaften Diskussion, weil man Abgeordnete aus anderen Fraktionen inhaltlich überzeugen muss. Wer sagt, das sei das Letzte, was Deutschland in einer schwierigen Situation brauche, nämlich instabile Verhältnisse einer Minderheitsregierung, muss sich fragen lassen, was repräsentative Demokratie im Gegensatz zu einer reinen Parteiendemokratie ist.

Wenn Frau Merkel verspricht, eine Politik zu machen, die viel mehr Aspekte berücksichtigt, als jetzt im Koalitionsvertrag stehen, kann sie jederzeit damit rechnen, die notwendigen Mehrheiten im Bundestag zu gewinnen. Freilich muss man dafür sofort und ein für alle Mal die undemokratische und grundrechtswidrige Institution abschaffen, die »Fraktionszwang« genannt wird. Ein Abgeordneter, der sich seinem Gewissen verpflichtet fühlt, wird in einer solchen Konstellation bei jeder anstehenden Entscheidung sehr genau überlegen, ob er mit der stärksten Fraktion stimmt und ihr so zu einer Mehrheit und der Demokratie zu einer Entscheidung verhilft.

Das hat auch den nicht zu unterschätzenden Vorteil, dass weit weniger business as usual gemacht wird und sich die Regierung auf wichtige Fragen konzentriert, statt alles und jedes von ihrer Mehrheit im Parlament durchwinken zu lassen, was sich irgendein Bürokrat in irgendeinem Ministerium unter dem Einfluss irgendeines Lobbyisten ausgedacht hat. Schließlich, und das ist das Wichtigste, hat die Opposition die Möglichkeit, selbst initiativ zu werden und die Regierung in entscheidenden Fragen zum Handeln zu zwingen. Zudem, eine Regierung, die damit rechnen muss, im Parlament effektiv gestoppt zu werden, agiert – auch in internationalen Verhandlungen – ganz anders, nämlich weniger selbstherrlich und gutsherrenartig als eine, die weiß, dass ihre Position im Parlament niemals kritisch hinterfragt geschweige denn in Frage gestellt wird.

Angesichts der Fehlentwicklung und der schweren Krise in Europa, die maßgeblich auf eine verfehlte deutsche Politik zurückzuführen ist, ist genau das die Attitüde, die Europa sich von seinem wirtschaftlich stärksten Mitgliedsland wünscht. Hätte Herr Schäuble seine nur absurd zu nennende Position zur Überwindung dieser Krise (»Austerität ist die einzige Lösung«) so vertreten, wenn er Finanzminister einer Minderheitsregierung gewesen wäre? Hätte er mit der gleichen Chuzpe die Sonderbehandlung Deutschlands bei der Überprüfung der makroökonomischen Ungleichgewichte in Brüssel durchgesetzt? Hätte Frau Merkel einen so dramatischen Schwenk in ihrer Position (von der Staatsschuldenkrise zur Krise der Wettbewerbsfähigkeit) vollziehen können, ohne auch nur den Versuch zu machen, im Parlament detailliert zu erklären, was sie dazu bewogen hat?

Nein, **eine Minderheitsregierung in Zeiten großer Unsicherheit und komplexer Herausforderungen würde nur dann die Lage destabilisieren, wenn man genau wüsste, dass eine Mehrheitsregierung auf jeden Fall alles richtig machte.** Da nichts für Letzteres spricht, dürfte es genau umgekehrt sein: Die Intensität der Auseinandersetzungen nimmt erheblich zu und damit die Wahrscheinlichkeit, dass vernünftige Lösungen gefunden werden.

Und wenn sich die christlichen Parteien beharrlich weigerten, diesen Weg zu gehen, was angesichts des Machthungers dort allerdings sehr unwahrscheinlich ist, ja dann müsste die Opposition sich erneut und ernsthafter fragen, ob sie nicht doch ihre Mehrheit dazu nutzen will, um selbst einen Bundeskanzler zu wählen (oder eine Kanzlerin), der seinerseits immer wieder versucht, seine geringe Mehrheit dadurch zu sichern, dass er eine Politik macht, die auch für andere zustimmungsfähig ist. Wieder wäre mehr Demokratie gewagt und vermutlich auch gewonnen.

43 Schäubles und Gabriels Personalentscheidungen: Kein Interesse an der Volkswirtschaft!

Manchmal sagen Personalentscheidungen ja mehr als tausend Worte. Nachdem die beiden in der Großen Koalition für Wirtschaft hauptamtlich zuständigen Minister ihre Personaltableaus bei den beamteten Staatssekretären vervollständigt hatten, konnte man ziemlich genau sehen, wohin die Reise geht. Bundesfinanzminis-

ter Schäuble hat sich den dritten Juristen als beamteten Staatssekretär zugelegt und Bundeswirtschaftsminister Gabriel hat seinen
Büroleiter zum Staatssekretär gemacht, der weder von seiner Ausbildung her als sachkundig anzusehen wäre noch in anderer Weise
als sachkundig aufgefallen ist. Damit sind an der Spitze dieser Ministerien (es geht um den Minister und die beamteten Staatssekretäre, parlamentarische Staatssekretäre muss man nicht weiter be-
achten, weil sie substanziell in der Regel keine Rolle spielen) bis
auf einen Volkswirt (Rainer Baake im BMWI, der für die Energiewende zuständig sein soll und auch bisher vor allem Umweltpoli-
tik gemacht hat) kein Volkswirt mehr vorhanden. Bravo!

Man kann ja die Volkswirte für generell so unfähig halten, dass
man lieber einen gestandenen Juristen oder Verwaltungsexperten
nimmt als einen, der sich mit allem möglichen Zeug geistig auseinandergesetzt hat wie der Inflation, der Beschäftigung oder dem
Wachstum. Man sollte auch nicht glauben, dass die bloße Ausbildung zum Diplom-Volkswirt irgendeine Aussage über die fachli-
che Qualifikation eines Kandidaten für ein Minister- oder Staatsse-
kretärsamt macht. Nein, das nicht. Aber man braucht in der
Führungsetage dieser Ministerien mindestens einen oder zwei
Menschen, die sowohl eine solide Ausbildung haben als auch, und
das ist noch wichtiger, in und mit der Materie Makroökonomie für
viele Jahre praktisch und theoretisch gearbeitet haben. Noch
wichtiger wäre es, wenn diese Menschen eine Ahnung davon hätten, dass es vollkommen unterschiedliche Positionen in Sachen
Makroökonomie gibt, von denen man keine einfach zur Seite
schieben kann, wenn man verantwortlich arbeiten will.

Nun werden viele Leser fragen, ja, was macht denn ein Verwal-
tungsjurist, wenn es in den Diskussionen auf europäischer oder
globaler Ebene oder mit den Zentralbanken um komplizierte ökonomische Sachfragen geht, von denen er in der Regel keine Ahnung hat? Die Antwort ist einfach, und ich habe das hunderte
Male gesehen und gehört: Er liest vorbereitete Statements ab, was
meist vollkommen lächerlich ist, oder er flüchtet sich, wie Juristen
das üblicherweise tun, ins Prozedurale. Das heißt, er sagt nichts,
wenn es um die Sache geht, und hebt jedes Mal die Hand, wenn es

darum geht, wann die nächste Sitzung stattfinden soll und wer daran teilnehmen darf. Ich habe erlebt, dass auf dem Höhepunkt der Lateinamerikakrise, obwohl damals niemand ein vernünftiges Konzept zur Überwindung der Krise hatte, gestandene, aber substanzlose Staatssekretäre aus vielen Ländern mehrere Stunden darüber gestritten haben, in welchem Format das nächste Treffen stattfinden soll, während die inhaltliche Auseinandersetzung aus Zeitgründen leider entfiel.

Mit diesen Personalentscheidungen ist festgelegt, dass sich die drittgrößte Industrienation in den nächsten Jahren aus allen wichtigen Fragen heraushalten will und wird. Denn welcher Mensch geht schon in eine ernsthafte sachliche Auseinandersetzung, wenn er befürchten muss, von seinem Gegenüber als Laie bloßgestellt zu werden. Das ist gegen jede Lebenserfahrung. Und wenn der Minister in gleicher Weise sachlich schwimmt, dann rettet man sich in die üblichen Phrasen und folgt streng dem Mainstream, weil man dann relativ sicher sein kann, dass keine allzu kritischen Fragen gestellt werden.

Das dadurch entstehende politische Vakuum in volkswirtschaftlichen Fragen wird übrigens häufig ungemein geschickt von den Zentralbanken genutzt, wo genügend sachverständige Volkswirte vorhanden sind, weil man dort weiß, dass man mit prozeduralen »Lösungen« nicht weit kommt. **Wenn der Finanzminister und der Wirtschaftsminister sachlich passen müssen, können ihnen die Zentralbanken ihre Lösungen quasi aufzwingen. Mit Demokratie hat das dann nichts mehr zu tun**, aber wen kümmern schon solche Kleinigkeiten, wenn es schöne Posten zu besetzen gibt?

Wohin das führt, konnte man vor kurzem wieder einmal beobachten. Bei einem Treffen mit seinem amerikanischen Amtskollegen sagte Finanzminister Schäuble laut *Handelsblatt*, »die Eurozone hätte ohne Deutschland ein Handelsdefizit«. Und spitz, so die Zeitung, fügte der Deutsche hinzu: »Das amerikanische Defizit wird nicht besser, wenn ein europäisches Defizit hinzugefügt wird.«[29] Klar, wenn einer etwas Blödes tut, wird es nicht besser, wenn ein anderer das Gleiche tut, würde ein Jurist sagen. Dass ein europäisches Defizit vermutlich einen amerikanischen Überschuss

erlauben würde, und dass ein solcher Überschuss nach vielen Defi-
zitjahren auch gerechtfertigt sein könnte, kommt ihm nicht in den
Sinn. Und es kann ihm nicht in den Sinn kommen, wenn ihm niemand klipp und klar sagt, dass die Welt keine Überschüsse oder
Defizite aufweist und man deswegen nicht so daherreden darf,
ohne sich lächerlich zu machen. Wer soll ihm das aber sagen? Die
vielen kleinen Beamten, die es sicher wissen? Wenn er keine beamteten Staatssekretäre hat, die selbstbewusst und wissend sind,
sagt es ihm im Zweifel niemand – und er redet in vier Jahren auch
noch so.

44 Schäuble im Rückwärtsgang, aber ohne Rückspiegel

Wenn Wolfgang Schäuble kurz vor der Bundestagwahl 2013 einen
Kommentar im *Guardian* schreibt, erwartet man eigentlich nicht,
dass er einen Moment stille hält und überlegt (oder überlegen
lässt), was er den Menschen in Europa noch zumuten kann.[30] Er
hätte darüber nachdenken können, ob das, was in den vorange-
gangenen Monaten in Europa abgelaufen ist, in etwa dem entsprochen hat, was er selbst vorhergesehen hat, als er die Austeritätspolitik vor drei Jahren durchzusetzen begann. Ich hätte aber gehofft,
dass der deutsche Finanzminister zumindest zugesteht, dass auf
der Zeitschiene die Dinge viel schlechter gelaufen sind, oder dass
er den anderen wenigstens sagt, dass die Bundesregierung be-
daure, dass in den vergangenen Jahren in Europa so viel politisches Vertrauensporzellan unter deutscher Führung zerschlagen
worden ist.

Äußerlich nichts von alledem. Alles war richtig und notwendig.
Deutschland hat es vorgemacht, die anderen müssen folgen.
Schmerzen sind unvermeidlich bei schwierigen Anpassungspro-
zessen, Wettbewerbsfähigkeit ist entscheidend, und Schulden sind
keine Lösung. Die Botschaft: Zwischen widerstreitenden Interessen und widersprüchlichen Forderungen fährt Deutschland einen

Kurs der Mitte, kein strenger Zuchtmeister der europäischen Nationen, aber auch keiner, der die Zügel schleifen lässt.

Nur zwischen den Zeilen kann man erkennen, dass sich da einer, der sich selbst als großen Europäer sieht, auf den Schlips getreten fühlt, weil der Chor derer, die ihm Ignoranz und Unwissen vorwerfen, immer heftiger anschwillt. Deswegen ist es am Ende doch eine Rede im Rückwärtsgang, eine Verteidigungsrede, die nicht gradlinig die sachliche Position darlegt, die Deutschland leitet, sondern andere mit ins Boot nimmt (wie den IWF, die Europäische Kommission, die OECD und deren jeweilige Chefs) und versucht, aus einer Extremposition eine moderate mittlere Meinung zu machen.

Nur wer sich die Mühe macht, die Funktionsbedingungen einer Währungsunion verstehen zu lernen, kann nachvollziehen, auf welche Weise Deutschland in historisch einmaliger Weise diese Union ausnutzen konnte und damit einem Wirtschaftsmodell via sinkende Löhne und steigende Leistungsbilanzüberschüsse zu einem Erfolg verhelfen konnte, der ohne die Währungsunion niemals möglich gewesen wäre. Nur wer diesen Rückspiegel hat, kann ohne weiteres nachvollziehen, wieso eine von der schwäbischen Hausfrau geistig geführte Bundesregierung (samt Großteilen der sogenannten Opposition und späteren Großen Koalition) besser keine Führungsmacht in Europa in die Hände bekommt. Führung in der großen, fast geschlossenen Volkswirtschaft Europa (die zudem mit anderen Ländern über bewegliche Währungsverhältnisse verbunden ist), ist etwas vollkommen anderes als Führung in dem kleinen offenen Land, das eine historisch einmalige Situation ausnutzen konnte – freilich auch das, ohne zu verstehen, was es eigentlich getan hat.

Und wenn die Unterzeile von Wolfgang Schäubles Artikel im *Guardian* heißt »Deutschland will niemanden nach seinem Vorbild formen – aber es will eine wettbewerbsfähige Europäische Union«[31], dann sieht man unmittelbar, wie prekär die Führungsdiskussion ist. Wenn das Führungspersonal eines Landes beansprucht, einem ganzen Kontinent die wirtschaftspolitische Richtung zu weisen, weil es den Weg des eigenen Landes für richtig hält und intellektuell nicht in der Lage ist zu erkennen, dass die gleiche Strategie aus logischen Gründen nicht im kontinentalen Maßstab erfolgreich wiederholbar ist (nicht einmal kurzfristig), dann wird es gefährlich. **Europa kann und wird nicht im Wettbewerb gegen den Rest der Welt gewinnen, weil es keine weltweite Währungsunion gibt, in der man die anderen einfach an die Wand konkurrieren könnte, ohne dass die sich mit Handelsschranken oder Abwertung ihrer Währung wehren würden.**

45 Wieder versucht der Davos-Mensch die Welt zu retten – oder doch nicht?

Davos, beziehungsweise das, was die Zeitungen darüber schreiben, ist vermutlich das größte Missverständnis der Welt. Jedes Jahr aufs Neue schreiben sich viele hundert Journalisten die Finger wund über das, was in dem kleinen Bergdorf passiert. Und sie tun so, als sei das doch alles ganz ernst und gewichtig, als könne von dort eine Botschaft ausgehen, die alles etwas besser oder wenigstens klarer macht. Ist das große Spektakel vorbei, wundert sich mancher vielleicht insgeheim, dass wieder so wenig herauskam, aber immerhin, denkt man, war es doch wichtig, dass sich so viele wichtige Menschen getroffen und miteinander geredet haben.

Ich bin überzeugt davon, dass viele Berichterstatter tatsächlich so denken, weil es ja eigentlich nicht sein kann, dass so viele eindeutig bedeutende Personen sich in einem Bergdorf treffen, ohne dass irgendetwas daraus folgt. Allerdings sitzen alle, die glauben, es gäbe auch nur so etwas wie den Versuch, einen Schritt weiterzukommen, einem fundamentalen Irrtum auf. Sie haben nicht verstanden, was die globale Aufgabe des World Economic Forum (WEF) ist, das diese große Show (und viele andere) veranstaltet, und warum von der Wirtschaft dafür so viele Millionen bereitwillig gegeben werden.

Ich habe selbst einige Male versucht, auf Einladung des WEF »die Welt zu retten«, indem ich mich überreden ließ, bei dieser oder jener globalen Aktion mitzumachen. Da werden dann ein paar hundert Leute per Business Class rund um die Welt verfrachtet, um sich ein Wochenende lang scheinbar den Kopf darüber zu zerbrechen, wie bestimmte Probleme zu lösen sind. Es werden stundenlange Brainstormings gemacht und Papiere verfasst, die dann in ein großes Konzept einfließen sollen, das den Politikern zur Verfügung gestellt wird. Dieses Konzept aber entsteht nie. Das WEF fürchtet nichts mehr als konkrete Konzepte. Wer sich bemüht, wie ich das versucht habe, einige inhaltliche Punkte in die Papiere einzubringen, wird sofort abgeblockt. Es muss alles im Ungefähren, im Schwammigen bleiben. Die Meetings des WEF und vermutlich seine gesamte Arbeit sind ausschließlich dem Versuch gewidmet, der Öffentlichkeit vorzuspielen, dass es die sich um alles kümmernden CEOs (Vorstandsvorsitzende) und die ernsthaft mit ihnen kommunizierenden Politiker gibt.

So gibt es nur eine Botschaft, die in Wirklichkeit in diesen Tagen (wie in allen Jahren zuvor) von Davos ausgeht und die heißt: »Keine Sorge, die Großen dieser Welt aus der Wirtschaft und der Politik sind zu jeder Anstrengung bereit, um die anstehenden Probleme zu lösen, sie nehmen sogar die anstrengende Reise in ein kleines Bergdorf auf sich, nur um der Menschheit zu helfen.« Wenn diese Botschaft dann von den unzähligen Journalisten in alle Welt verbreitet wird, freuen sich die Großen in Davos, feiern ein paar schöne Partys und fahren ein paar Tage Ski, immer in der Gewissheit, dass sie denen da unten wieder Mut gemacht haben, ein Jahr lang zu malochen, ohne aufzumucken.

Arbeit ist kein Produkt – und der Arbeitsmarkt ist kein Markt

46 *Arbeitszeitverkürzung mit vollem Lohnausgleich*

Im Winter 2013 machte ein Aufruf die Runde, in dem eine neue und verschärfte Dimension von Arbeitszeitverkürzung (AZV) mit vollem Lohnausgleich (und sogar Personenausgleich) gefordert wurde.[32] Nachdem ich mich gegenüber *Spiegel Online* ablehnend zu der in einem offenen Brief geforderten 30-Stunden-Woche geäußert habe[33], haben mich viele gebeten, ich solle doch noch einmal darlegen, wie sich meine reservierte Haltung gegenüber AZV als Mittel zur Bekämpfung der Arbeitslosigkeit erklärt.

Zunächst muss man klarstellen, dass die Grundüberlegung, aus der immer wieder und auch in dem Aufruf AZV sozusagen als zwingende Notwendigkeit der wirtschaftlichen Entwicklung abgeleitet wird, falsch ist. Man sagt, es habe sich empirisch herausgestellt, dass über viele Jahre hinweg die Produktivität immer stärker gestiegen sei als das Wachstum, und daraus entstehe Arbeitslosigkeit, weil offenbar das Wachstum gar nicht hoch genug sein kann, um die Wirkung der Maschinen auf die Produktivität und die Freisetzung der Arbeitskräfte auszugleichen. Diese sogenannte Scherentheorie ist seit vielen Jahrzehnten im Umlauf und schon genauso lange Humbug. Man schließt aus einer reinen Identität auf eine Kausalität. Wenn die Arbeitslosigkeit zunimmt, muss definitionsgemäß die Produktivität stärker gestiegen sein als das Wachstum. Folglich erklärt man das Entstehen von Arbeitslosigkeit mit der Arbeitslosigkeit.

Zum zweiten ist es erstaunlich, dass auch scheinbar progressive Ökonomen sich nicht an eine Kritik des Preises am Arbeitsmarkt, also des Lohnes, herantrauen. Statt die Funktionsweise des Arbeitsmarktes grundsätzlich zu kritisieren, wollen sie lieber die angebotene Arbeitsmenge reduzieren, um den Druck vom Lohn zu nehmen.

Sie hätten sagen müssen, der Preis am Arbeitsmarkt in Deutschland ist falsch, er ist zu niedrig! Und sie hätten sagen müssen, in der ganzen westlichen Welt ist der derzeitige Druck auf die Löhne vollkommen ungerechtfertigt, weil die Arbeitslosigkeit gestiegen ist, obwohl die Lohnquote den niedrigsten Stand seit sechzig Jahren erreicht und bis zuletzt die Ungleichheit dramatisch zugenommen hat. Sie hätten sagen müssen, dass nur deutlich steigende Löhne dafür sorgen können, dass es in Zukunft genug Arbeitsplätze gibt für alle, die arbeiten wollen und können. Das alles haben sie nicht gesagt, stattdessen machen sie sich an die Verwaltung des scheinbar objektiv vorgegebenen Mangels mit der gleichen Naivität wie in den achtziger Jahren, ohne die perverse Funktionsweise des Arbeitsmarktes überhaupt zu erwähnen.

Um zu einer konsistenten Erklärung der Wirkung von Lohnkürzung oder AZV zu kommen, muss man sich vollständig von dem Angebot-Nachfragemodell für einen isolierten Arbeitsmarkt lösen. Man muss fragen, welche Konsequenzen es tatsächlich hätte, wenn man entweder (neoklassisch) die Löhne oder (scheinbar progressiv) die Arbeitszeit der Arbeitnehmer zu einem bestimmten Zeitpunkt senkt. Das ist der eigentliche Knackpunkt von Lohnkürzung oder AZV als Mittel zur Bekämpfung der Arbeitslosigkeit und ebenfalls seit vielen Jahren unverstanden: Auch bei ansonsten progressiven Ökonomen funktioniert der Arbeitsmarkt nämlich allzu häufig wie in neoklassischen Modellen.

Lohnsenkung und Senkung der Arbeitszeit ist in der Tat vergleichbar, weil in beiden Fällen zunächst der Monatslohn der Arbeitnehmer sinkt (im ersten Fall sinkt der Lohn pro Stunde bei gleicher Stundenzahl, im zweiten bleibt der Stundenlohn gleich, aber die Zahl der gearbeiteten Stunden sinkt). Der Monatslohn ist aber zentral für die Nachfrage der Arbeitnehmer nach Konsumgütern. Wenn der Monatslohn sinkt, wird unmittelbar jeder Arbeitnehmer weniger nachfragen. Wenn aber die Nachfrage sinkt, sinkt sofort auch die Bereitschaft der Arbeitgeber, mehr Leute einzustellen. Damit ist die Sache, die erreicht werden sollte, nämlich die Einstellung von mehr Arbeitern, in beiden Fällen schon im Ansatz gescheitert.

Das Lohnsenkungsmodell der neoklassischen Beschäftigungstheorie unterstellt, dass in der gleichen Sekunde, in der der Lohn sinkt, die Nachfrage nach Arbeitskräften steigt, weil die Arbeitgeber sofort ihre Produktion umstellen und weniger kapitalintensiv produzieren. Dann gibt es kein Nachfrageproblem. Das scheinprogressive Modell unterstellt, dass in dem Moment, in dem die Arbeitszeit verkürzt wird, die Arbeitgeber sofort mehr Leute einstellen, um die Zahl der Stunden konstant zu halten. Auch dann gibt es kein Nachfrageproblem.

Nur funktioniert die Welt leider nicht so. In der Welt, in der wir leben, gibt es Verzögerungen und Abwarten der Unternehmen, nachdem eine der beiden Maßnahmen in die Welt gesetzt wird, und deswegen gibt es in beiden Fällen ein unvermeidbares Nachfrageproblem. Kein Unternehmer wird nach einer Arbeitszeitverkürzung sofort wieder auf die volle Stundenzahl aufstocken, sondern zunächst sehen, wie weit man mit der geringeren Stundenzahl kommt und ob es vielleicht positive Produktivitätseffekte gibt. Dann ist aber der theoretisch mögliche Effekt schon längst verpufft, denn nach dem Nachfragerückgang braucht er die gleiche Stundenzahl ja nicht mehr.

Weil die »Aufrufer« das irgendwie ahnen, schreiben sie in ihren Aufruf jetzt nicht nur den Lohnausgleich hinein (den es sowieso nicht gibt, siehe unten), sondern auch noch einen Personenausgleich (also offenbar die Garantie von Seiten der Unternehmen, den Arbeitsausfall unmittelbar durch Neueinstellung auszugleichen). Nur wie man den in einer Welt mit vielen und zudem noch mächtigen Unternehmen durchsetzen will, sagen sie leider nicht. Man möge sich einmal anschauen, wie kläglich eine solche Vorstellung Ende der achtziger Jahre sogar im öffentlichen Dienst gescheitert ist. Nicht einmal dort ist es gelungen, in den Tarifvertrag eine solche Beschäftigungsgarantie hineinzuschreiben und durchzusetzen. Tatsächlich wurden im Zuge der AZV Personalkosten eingespart, weil man auf Produktivitätseffekte hoffte.

Schließlich noch der volle Lohnausgleich: Das ist ein trauriges Kapitel gewerkschaftlicher Geschichte und sollte eigentlich längst und ein für alle Mal zu Grabe getragen worden sein. Es gibt für die Arbeitnehmer entweder mehr Lohn oder weniger Arbeitszeit, wenn die Produktivität steigt. Es kann auch eine Mischung geben, ein wenig mehr Lohn und ein bisschen weniger Arbeitszeit. Immer gibt es aber nur die Produktivität, die real verteilt werden kann. Also gibt es keinen Lohnausgleich, sondern vielleicht eine Situation, in der die Arbeitszeit ein wenig sinkt und der Lohn dennoch ein wenig steigt oder wenigstens nicht sinkt. Alles andere ist graue Theorie.

Nehmen wir beispielsweise ein Gesamtvolumen von fünf Prozent Zuwachs, das die Gewerkschaften durchsetzen können. Wenn dann die Arbeitszeit um zwei Prozent sinkt und die Nominallöhne um drei Prozent steigen, ist vielleicht der Verteilungsspielraum voll ausgeschöpft, dennoch gab es keine Umverteilung, weil »voll ausschöpfen« ja in der Regel nur heißt, dass die Arbeitnehmer genauso viel bekommen wie die Arbeitgeber, die Verteilungssituation sich also nicht verändert. Solche Abschlüsse wurden jahrelang »Arbeitszeitverkürzung bei vollem Lohnausgleich« genannt, was für jeden vernünftigen Menschen so klingt, als sei die negative Wirkung der Arbeitszeitverkürzung auf die Monatseinkommen voll durch höhere Löhne pro Stunde ausgeglichen worden. Das war aber natürlich nicht der Fall, denn ohne AZV wären die Löhne ja um fünf Prozent gestiegen und nicht um drei. Folglich hat man für die AZV auf zwei Prozent Lohnzuwachs verzichtet und nichts ist ausgeglichen worden. Für diese Art von Volksverdummung sollten sich die Funktionäre von damals heute noch schämen.

Freilich kann man auch für Umverteilung kämpfen. Dann sollte man das aber auch klar sagen. Dann sollte man sagen, die Gewerkschaften werden auf irgendeine geheimnisvolle Weise in den nächsten Jahren so stark sein, dass sie nicht nur zum ersten Mal seit Ende des letzten Jahrhunderts die Umverteilung in die falsche Richtung stoppen und die volle Beteiligung an der Produktivität erreichen (also den Verteilungsspielraum voll ausschöpfen), sondern einen erheblichen Zuschlag dazu, der, und das ist entscheidend, auch nicht zu höheren Preisen führt. Man sollte auch sagen, dass man erwartet, dass die Unternehmen das klaglos hinnehmen werden, weil sie einsehen, dass es Zeit für eine wirkliche Umverteilung zugunsten der Arbeitnehmer ist. Dann können wenigstens die vernünftigen Arbeitnehmer laut und schallend lachen und den Gewerkschaftsfunktionären bei der nächsten Betriebsversammlung ihre Trillerpfeifen zeigen.

Viele fragen sich sicher an dieser Stelle, ob es denn gar keine Möglichkeit gibt, die Arbeitszeit zu verkürzen, selbst wenn die Arbeitnehmer es alle wollen. Doch, die gibt es schon. Die gibt es genau dann, wenn die Nachfrage der Arbeitnehmer, also die Binnennachfrage boomt. Bei Verhältnissen wie in den sechziger Jahren, als die Reallöhne und der private Konsum jedes Jahr um fünf Prozent zulegten, kann man ohne weiteres ein oder zwei Prozent jedes Jahr für AZV reservieren. Aber genauso wenig, wie man mitten in der Rezession die Staatsausgaben senkt, um die öffentlichen Haushalte zu konsolidieren, schwächt man inmitten der größten Binnenmarktschwäche in Deutschland den Binnenmarkt noch weiter – von den europäischen Notwendigkeiten zur Stärkung der deutschen Importnachfrage ganz zu schweigen. **Arbeitszeitverkürzung als Mittel der Verbesserung der Arbeitsbedingungen und zur Schonung der Ressourcen ist ein ehrenwertes und wichtiges Instrument. Als Mittel zur Bekämpfung der Arbeitslosigkeit ist sie nicht geeignet.** Alles hat seine Zeit. Und für fast alles gibt es eine Unzeit.

47 Mindestlohn oder warum wir uns nicht wirklich von den alten Argumenten freimachen können

Der Mindestlohn ist ein in Deutschland immer noch hoch umstrittenes Thema. Aber auch international gibt es angesichts der globalen Konsumflaute mehr und mehr Diskussion darüber, ob bei den gegebenen Lohnverhältnissen überhaupt ein Aufschwung erwartet werden kann.

Beeindruckend an der Debatte ist, dass immer nur empirisch argumentiert wird. Man sagt, es sei einfach erwiesen, dass Mindestlöhne der Beschäftigung nicht schaden. Offensichtlich tut man sich trotz aller Evidenz doch schwer, die neoklassische Arbeitsmarkttheorie fundamental in Frage zu stellen. Deswegen scheint auch ein Argument, wie das des DIW-Präsidenten, unwiderlegbar zu sein. Marcel Fratzscher sagte: »Der Lohn eines Arbeitnehmers sollte seine Produktivität sehr eng widerspiegeln. Dies ist unabhängig von der normativen Frage, was man als eine faire Verteilung des Mehrwerts ansieht. Sondern dies ist wichtig auch von einer Effizienzperspektive, denn gute Löhne stärken das Humankapital, die wirtschaftliche Nachfrage und damit auch Wachstum und den Wohlstand, der verteilt werden kann. Daher wäre ich vorsichtig mit einem einheitlichen Mindestlohn. Wenn man ihn zu niedrig ansetzt, bringt er kaum etwas. Setzt man ihn zu hoch an, kostet er Jobs, vor allem der Arbeitnehmer, die man eigentlich schützen wollte.«[34]

Das ist vollkommen falsch. Und man muss dieses Denken bekämpfen, wenn man beim Mindestlohn weiterkommen will. Der Lohn spiegelt in einer funktionierenden Marktwirtschaft gerade nicht die Produktivität des Einzelnen wider, sondern die Produktivität, die die Gesellschaft als Ganzes jeweils erreicht. Wenn der Lohn eines Arbeitnehmers sehr eng seine Produktivität widerspiegelte, dann dürften Krankenschwestern, Lehrer und Polizisten niemals mehr Lohn bekommen, sondern immer nur die Arbeitnehmer der IG Metall in den Bereichen, in denen die Produktivität kräftig steigt. Man kann das schön an einer Marktwirtschaft ganz ohne nominale Lohnerhöhungen zeigen. **Bleiben die ausgezahlten Löhne immer gleich, steigt aber gleichzeitig die Produktivität, dann wird bei funktionierendem Wettbewerb früher oder später das Preisniveau zu sinken beginnen. Dann bekämen alle Arbeitnehmer mehr Reallohn, und zwar vollkommen unabhängig von individueller Produktivität, weil die Entlohnung in realen Größen dann ja vor allem davon abhängt, was der Arbeitnehmer konsumiert, und nicht, was er produziert.**

Dann würde eben, und hier nehme ich ein beliebtes, aber vollkommen richtiges Beispiel, die Krankenschwester, deren Produktivität sich in den letzten 25 Jahren überhaupt nicht verändert hat, einen stetig steigenden Reallohn bekommen. Und das nur, weil im Rest der Volkswirtschaft die Produktivität steigt und nicht, weil sich an ihrer individuellen Arbeit irgendetwas geändert hätte.

48 Vom Kampfeswillen und der Kampfesfähigkeit der deutschen Gewerkschaften

Auf einer Vortragsreise durch Norddeutschland 2013 habe ich von vielen Gewerkschaftern gehört, wie groß ihr Kampfeswille wäre, wenn sie in gleicher Weise wie in früheren Zeiten in der Lage wären, die Basis zu mobilisieren und auch einen längeren Streik durchzuhalten. Doch, so klagten sie, seit der Agenda 2010 und Hartz IV sei es wesentlich schwerer, die Basis in einen Arbeitskampf zu führen. Ich glaubte das gerne, war doch jedem vernünftigen Menschen klar, dass die Drohung, schon nach einem Jahr Arbeitslosigkeit in das Hartz-IV-Regime abzusteigen, eine fundamentale Bedrohung auch für die Arbeitnehmer war, die sich eigentlich relativ sicher wähnten, dass für sie Arbeitslosigkeit eigentlich kein Thema ist, sondern sie höchstens für kurze Zeit einmal in Verlegenheit bringen kann.

Hinzu kamen sicherlich das weit verbreitete Gerede von den Gefahren durch die Globalisierung und die permanente Gehirnwäsche durch die deutschen Medien, die den Gewerkschaften und den Arbeitern weiszumachen versuchen, in Zeiten des Wettbewerbs von Nationen, des Standortwettbewerbs, könne man nicht mehr wie früher einmal einen größeren Schluck aus der Lohnpulle nehmen, ohne dauerhaft zu Schaden zu kommen. Man sollte auch nicht übersehen, wie viel Eindruck bei den Arbeitnehmern die Tatsache hinterlassen hat, dass es nach einem historischen Wahlsieg im Jahr 1998 ausgerechnet die Sozialdemokraten waren, die mit der Agenda 2010 und Hartz IV den Gewerkschaften das Rückgrat gebrochen haben. Wenn schon die Sozialdemokraten Lohnsenkung und Flexibilisierung des Arbeitsmarktes als einzigen Ausweg aus Arbeitslosigkeit ansehen, so wird manch ein Arbeiter gedacht haben, dann muss da etwas dran sein und ich spiele nur den anderen in die Hände, wenn ich auch diese politische Partei bekämpfe.

Das alles ist einleuchtend und nachvollziehbar, es reicht aber dennoch nicht aus, die Defensive zu erklären, in der sich die Gewerkschaften befinden. Der wichtigste Punkt ist meines Erachtens, dass die Gewerkschaften als Organisation insgesamt und jede ihrer Unterorganisationen kein wirtschaftspolitisches Konzept haben, das sie dem der Arbeitgeber und der Regierung (die meistens identisch sind) entgegenstellen könnten. Insbesondere der Arbeitsmarkt ist ihre große Schwachstelle. Zu wenige Funktionäre und Arbeitnehmer können sich von dem mikroökonomischen Modell emanzipieren, das den betrieblichen Alltag beherrscht. Die klarsten Beweise dafür sind die auch in dieser Lohnrunde immer wieder eingebaute Formel »Lohnverzicht gegen Sicherung von Arbeitsplätzen« und der noch immer in vielen Köpfen spukende Traum von der Arbeitszeitverkürzung als Lösung für Arbeitsmarktprobleme schlechthin.

Ich habe auf besagter Vortragsreise immer wieder die provokanten Formeln benutzt: »Lohnverzicht vernichtet Arbeitsplätze« oder »angemessene Lohnsteigerungen schaffen Arbeitsplätze« oder »Lohnsenkung führt zu steigender Arbeitslosigkeit« oder auch »Lohnerhöhung schafft Arbeitsplätze«. Man kann dann förmlich sehen, wie bei vielen Arbeitern und Gewerkschaftern ein tiefer Zweifel aufsteigt nach dem Motto: Das geht ja wohl zu weit, wir wünschen uns ja höhere Löhne und wollen auch dafür kämpfen, aber wir wissen auch, der Kompromiss mit den Arbeitgebern ist notwendig, damit nicht zu viele Arbeitsplätze verlorengehen. Was sie nicht sehen: Auch und gerade die Arbeitgeber denken vollkommen einzelwirtschaftlich. Einzelwirtschaftlich – das ist das Denken, mit dem wir alle groß geworden sind – kann es natürlich so sein, dass höhere Löhne eine Gefahr für die Arbeitsplätze sind. Wenn nur ein Unternehmen die Löhne erhöht, seine Konkurrenten aber nicht, sind in der Tat die Arbeitsplätze dort gefährdet, weil das Unternehmen an Wettbewerbsfähigkeit verliert und nur noch über höhere Preise (die seine Nachfrage bedrohen) auf seine Kosten kommen kann.

Der gedankliche Sprung zur Gesamtwirtschaft ist eigentlich nicht schwer, was mir einige Unternehmer, die ich auf meiner Gewerkschaftsreise und sogar in meinen Vorträgen traf, auch sofort bestätigt haben: Eine Lohnerhöhung bei *allen* Unternehmen, oder doch bei *allen in einer Branche* beispielsweise, verschlechtert die Wettbewerbsfähigkeit eines einzelnen Unternehmens eben nicht. Einer dieser Unternehmer sagte: Wenn alle gezwungen sind, die Löhne zu erhöhen, erhöhe ich sie gerne, aber alleine kann ich es natürlich nicht. Das ist der springende Punkt: Wenn man einmal den Rubikon der Flexibilisierung überschritten hat und der Flächentarifvertrag zerstört ist, dann genau triumphiert die einzelwirtschaftliche Sichtweise – und man kann sich ihrer Logik nicht mehr entziehen.

Um wieder zu einer konsistenten gesamtwirtschaftlichen Position zurückzukommen, müssen sich die Gewerkschaften explizit vom einzelwirtschaftlichen Denken lösen, und – das ist der Dollpunkt – **sie müssen ebenso explizit die Argumentation mit der Wettbewerbsfähigkeit der Volkswirtschaft zurückweisen.** Das ist schwerer, als es sich anhört, weil in den Betrieben natürlich einzelwirtschaftlich gedacht und argumentiert wird. Die Gewerkschaften haben hier eine gewaltige Übersetzungsleistung zu erbringen. Sie müssen ihrer Basis erklären, dass das, was für den Betrieb gut sein mag, schlecht ist für die Volkswirtschaft. Konkret: Wird Beschäftigungssicherung auf Betriebsebene mit Lohnverzicht erkauft, was die Regel ist, gefährdet das Arbeitsplätze (in der Volkswirtschaft insgesamt) und sichert sie nicht. Nur wenn die Löhne voll in Höhe des Produktivitätsfortschritts plus der Zielinflationsrate steigen, kann das, was insgesamt produziert wird, auch insgesamt abgesetzt werden.

Aus gesamtwirtschaftlicher Sicht ist der Produktivitätsfortschritt die Quelle unseres Wohlstandes und vollkommen unproblematisch, *wenn er in den Löhnen konsequent weitergegeben wird.* Im einzelnen Betrieb mag es wegen Rationalisierung immer noch Entlassungen geben. Aber irgendwo in der Volkswirtschaft steigt die Nachfrage nach Gütern stärker als zuvor, weil ja das Arbeitseinkommen insgesamt zugenommen hat, und damit steht der Entlassung in dem einen Betrieb ein Mehr an Nachfrage nach Arbeitskräften anderswo gegenüber. Die an einer Stelle womöglich Entlassenen können an anderer Stelle wieder Arbeit finden. Ist es, aus welchen Gründen auch immer (Rezession wegen Finanzkrise oder restriktiver Geldpolitik), einmal zu Massenarbeitslosigkeit gekommen, muss die Volkswirtschaft für einige Jahre stärker wachsen, als es der Produktivitätszunahme entspricht. Das ist in der Regel nur möglich durch eine sehr expansive Geldpolitik und eine dadurch boomende Investitionstätigkeit bei entsprechend unserer (goldenen) Lohnregel weiter steigenden Nominallöhnen.

Tut die Geldpolitik über längere Zeit nicht, was nötig wäre, verfestigt sich die Arbeitslosigkeit. Wenn daraufhin die Gewerkschaften beginnen, mit den altbekannten Bordmitteln AZV und Lohnverzicht gegen die Arbeitslosigkeit vorzugehen, wird es kritisch. Die Gewerkschaften haben nämlich einfach kein eigenes Mittel, mit dem sie eine Nachfrageschwäche überwinden könnten. Das Beste, was sie erreichen können, ist gerade mal die Neutralisierung des Produktivitätsfortschritts im Hinblick auf die aktuelle Arbeitsnachfrage durch eine lohnbedingt steigende Güternachfrage. Das aber beseitigt die bereits vorhandene Arbeitslosigkeit nicht, es beugt nur neu entstehender Arbeitslosigkeit vor. Versuchen die Gewerkschaften, stärkere Lohnerhöhungen durchzusetzen, als es die Lohnregel vorgibt, steigen die Preise über das Inflationsziel hinaus. Dann tut die Geldpolitik erst recht das Gegenteil dessen, was notwendig wäre, sie restringiert, anstatt anzuregen. Und dann steigt die Arbeitslosigkeit weiter und wird den Gewerkschaften angelastet.

An dieser Stelle wird regelmäßig Solidarität mit den Arbeitslosen ins Spiel gebracht: Könnte man nicht die vorhandene Arbeit gerechter verteilen, also umverteilen, um dadurch die Arbeitslosigkeit zu beseitigen? Wie wäre es, die Beschäftigten weniger Stunden arbeiten zu lassen und dadurch für entsprechend Mehrnachfrage nach Arbeitskräften zu sorgen? Nun, wenn die Beschäftigten dann in der Summe weniger Einkommen pro Monat erhalten, wird ihre Nachfrage sinken und es wird zu keinen Neueinstellungen kommen, weil der Ausgangspunkt ja gerade eine Unterauslastung ist. Den Arbeitslosen ist so nicht gedient.

49 Riester-Rente am Ende – wer hatte etwas anderes erwartet?

Es ist schon bemerkenswert, dass in der Koalitionsvereinbarung von CDU/CSU und SPD zur privaten Altersvorsorge praktisch nichts Programmatisches mehr steht. Deshalb sind, wie *Spiegel Online* berichtete, einige Experten »sehr irritiert« von den Beschlüssen. Die Politik setze voll auf die gesetzliche Rente. Den Menschen werde signalisiert, dass sie nicht mehr privat vorsorgen müssten.

Das ist in der Tat irritierend. Haben die Parteien etwa verstanden, welchen Schilda-Streich sie damals mit der sogenannten privaten Vorsorge angerichtet haben? Ich glaube es nicht. Es ist wohl nur so, dass die geringe Resonanz bei den Bürgern und die vielfach geäußerte Kritik an den Verwaltungskosten der privaten Anbieter der Riester-Rente die Parteien von weiteren Schritten in diese Richtung abschrecken.

Die Tatsache, dass ernsthaft vorgeschlagen wird, der Staat solle selbst einen Pensionsfonds gründen, statt das Geschäft den Versicherern zu überlassen, zeigt vollkommen klar, wie konfus man da bisher zu Werke ging. Das gab es schon in einigen Ländern. Der Staatsfond wird natürlich als Anlageobjekte vor allem Staatsanleihen halten, und auf diese Weise bekommt der Staat über einen kleinen Umweg das Geld, das die Bürger sonst als Rentenbeitrag direkt an ihn gezahlt hätten, sofort zurück. Das ist Schilda in Reinform.

Natürlich hat sich auch deshalb die Euphorie hinsichtlich privater Vorsorge gelegt, weil die Zinsen in den Keller rutschten. Als die EZB den Leitzins auf ein Rekordtief von 0,25 Prozent senkte, stieß das bei deutschen Banken und Versicherern auf scharfe Kritik. Die Versicherer werteten die Senkung laut *Handelsblatt* als »fatales Signal an alle Altersvorsorgesparer in Deutschland«.[35] Auch das ist natürlich grandioser Unsinn. Wenn nicht investiert wird, gibt es auch keine Rendite. Wenn alle versuchen zu sparen, aber niemand sich verschulden will, muss der Zins sinken. Die Zinssenkung zeigt unmittelbar, wie falsch die Idee war, mit mehr Sparen für die Zu-

kunft vorsorgen zu wollen. Wenn selbst ein Zins von null in großen Teilen der Welt nicht ausreicht, die Unternehmen zum Investieren zu bewegen, dann gibt es eben heute keine Rendite auf die
»Rentenprodukte« und später – auch unabhängig von den Verwaltungskosten – keine vernünftige Rente.

**Die Rente wird immer aus dem Einkommen der laufenden
Periode bezahlt oder gar nicht.** Angesparte Beträge, die für viele
Jahre auf einem Konto bei einer Versicherung stehen oder auf einem Rentenversicherungsschein des Staates, sind immer nur ein
Versprechen auf eine zukünftige Leistung. Das Versprechen ist nur
dann etwas wert, wenn bis zur Einlösung dieses Versprechens so
viel in reale Anlagen und Ausrüstungen investiert wird, dass das
Versprechen ohne große Verteilungskämpfe eingehalten werden
kann. Das gilt für die private Vorsorge genauso wie für die staatliche. Die private hat aber genau dann, wenn sie im Sinne von höhe-
rem Sparen funktioniert (was bei der Riester-Rente nicht einmal
der Fall war) den entscheidenden Nachteil, dass sie schon heute
das Investieren erschwert und damit den Grundstein für ihr eigenes Versagen legt. **Die Riester-Rente ist nur ein gewaltiges Sub-
ventionsgrab, das den deutschen Banken und Versicherern dicke
Gewinne ohne jede substantielle Gegenleistung beschert hat.**

50 Rentendebatte erneut auf dem niedrigsten denkbaren Niveau

Anfang 2014 sind sie alle wieder reflexartig aus ihren Löchern gekommen, aufgescheucht von dem Versuch der Großen Koalition,
wenigstens ein klein wenig zu korrigieren, was in den letzten fünfzehn Jahren systematisch kaputtgeschlagen wurde: die gesetzliche Rente. Und sie blasen sich auf wie dereinst, als die rot-grüne
Koalition ihnen genügend Schussfeld gegeben hatte, um eine der
wichtigsten Errungenschaften der sozialen Marktwirtschaft zu
zerlegen, nur damit dubiose private Versicherungsangebote verkauft werden konnten.

Der Anlass war denkbar klein, aber da es ums Prinzip geht, werden reflexartig alle alten Argumente wieder hervorgeholt, um in einer Medienschlacht ohnegleichen die in ihren Augen fatale Schwäche dieser Regierung in einer sozialen Frage umgehend zu korrigieren. Vorneweg marschieren wie immer bei solchen »systemrelevanten Anlässen« die Truppen der INSM (Initiative Neue Soziale Marktwirtschaft) und viele von der Versicherungswirtschaft (früher, heute oder in Zukunft) bezahlte Wirtschaftswissenschaftler.

Ich will hier nicht über die Frage der Finanzierung der Mütterrente reden. In dem Fall gibt es wirklich gute Gründe, eine Steuerfinanzierung (oder Kapitalmarktfinanzierung) ins Auge zu fassen, weil es offensichtlich um versicherungsfremde Leistungen geht, die sozialpolitisch sicherlich berechtigt sind, aber von der Allgemeinheit und nicht nur von den Beitragszahlern getragen werden sollten. Dass man aber sogar mit allen Mitteln verhindern will, dass Menschen, die 45 Jahre im Arbeitsleben gestanden haben, die volle Rente (die seit den »Reformen« ja sowieso nur eine erheblich gestutzte Rente ist) erhalten, ist ein Skandal ohne Beispiel.

Die Lobbygruppe INSM hat den Takt vorgegeben: »Höhere Rentenbeiträge bedeuten höhere Lohnnebenkosten und gefährden Arbeitsplätze«, heißt es lapidar in ihrer Stellungnahme.[36] Und sofort sind andere zur Stelle, die das scheinbar wissenschaftlich untermauern. Immer dabei ist Bert Rürup, der, wenn es für Wissenschaftler eine Interessenoffenlegungspflicht gäbe, stets angeben müsste, viele Jahre für Carsten Maschmeyer gearbeitet zu haben. Er schrieb am 31. Januar 2014 in der *FAZ*:

»Die Annahme aber, dass es gesamtwirtschaftlich irrelevant sei, wie ein Rentensystem finanziert werde, ist falsch. Denn das Niveau des Volkseinkommens kann durchaus von der Art der Finanzierung des Rentensystems abhängen. So können steigende Zwangsbeiträge eines Umlagesystems dämpfend auf die Beschäftigung wirken und das Volkseinkommen niedriger ausfallen lassen. Andererseits ist es möglich, dass ein Kapitaldeckungsverfahren die Sparquote erhöht, was den Ausbau des volkswirtschaftlichen Kapitalstocks erleichtern und das Wirtschaftswachstum fördern könnte. Wichtiger ist aber das Folgende: Das Umlageverfahren stützt sich auf die nationalen Erwerbseinkommen, während das Kapitaldeckungsverfahren auf die nationalen und internationalen Kapitaleinkommen setzt. Damit erlaubt dieses Verfahren, durch rentablere Anlagen der Prämien im Ausland, das nationale Volkseinkommen zu erhöhen und im Ausland generierte Wertschöpfung zur Finanzierung der im Inland ausbezahlten Alterseinkommen heranzuziehen. Beim Kapitaldeckungsverfahren ist es deshalb leichter möglich, sich – in Grenzen – bei der Rentenfinanzierung von der nationalen demographischen und wirtschaftlichen Entwicklung abzukoppeln.«[37]

Das zu schreiben, nach allem, was auf den Kapitalmärkten dieser Welt in den letzten Jahren passiert ist und zum Zeitpunkt der Veröffentlichung passiert, ist schon unverfroren. Anfang des Jahrtausends konnte man vielleicht als »Rentenexperte« für sich noch in Anspruch nehmen, dass man keine Ahnung hat, wie Kapitalmärkte funktionieren. Nach dem größten denkbaren Versagen dieser Kapitalmärkte und den Verwerfungen der Ungleichgewichte im internationalen Handel, an denen Deutschland maßgeblich beteiligt ist, den Menschen in Deutschland einzureden, man könne auf »im Ausland generierte Wertschöpfung zur Finanzierung der im Inland ausgezahlten Alterseinkommen« setzen, ist unglaublich dreist.

Ich will nicht lange auf die ersten beiden im Konjunktiv gehaltenen Sätze eingehen, an die glaubt er offensichtlich selbst nicht. Dass steigende Lohnnebenkosten die Beschäftigung einfach so negativ beeinflussen, ist nicht einmal neoklassischer Unsinn. Selbst als ehrlicher Neoklassiker müsste man sagen, wenn steigende Lohnnebenkosten dazu führen, dass die Löhne stärker als sonst steigen und damit die gesamte Lohnsteigerung über den Produktivitätsanstieg hinausgeht, gibt es eine Gefährdung von Arbeitsplätzen. Aber selbst das ist nicht einfach richtig, wenn man Nachfrage- und Preiseffekte hinzunimmt. Es ist aber in jedem Fall falsch in einer Situation, in der die Lohnsteigerungen seit vielen Jahren hinter dem Produktivitätsfortschritt zurückgeblieben sind, wie das in Deutschland der Fall ist. Da gibt es mit oder ohne Neoklassik einen großen Nachholbedarf, der sowohl von steigenden Löhnen wie von steigenden Lohnnebenkosten befriedigt werden kann.

Dass vermehrtes Sparen den volkswirtschaftlichen Kapitalstock erhöht, ist hundertmal empirisch wie theoretisch widerlegt,[38] und es wird nicht besser, wenn einer es noch einmal vollkommen naiv hinschreibt. Das genaue Gegenteil ist der Fall: **Sparen behindert das Investieren und damit die Zukunftsvorsorge.** In einer Welt, in der die Zinsen gegen null tendieren (was für einen Marktwirtschaftler ja nur heißen kann, dass es zu viel Sparen und zu wenig Investieren gibt), so zu tun, als ob man nur noch mehr sparen müsse und alles werde gut, ist Volksverdummung. Zudem müsste man, wenn man dieses Argument schon verwendet, wenigstens zur Kenntnis nehmen, dass die Riester-Rente trotz massiver staatlicher Subventionen eben nicht zu einer steigenden Sparquote geführt hat, sondern dass die Sparquote heute niedriger als bei der Einführung der sogenannten privaten Vorsorge ist.

Schlimm ist aber, das Rürup den internationalen Aspekt in den Vordergrund stellt. Nachdem die Defizitländer in Südeuropa durch die Bank in ungeheuren Schwierigkeiten stecken, die Entwicklungsländer mit Leistungsbilanzdefiziten gerade jetzt erneut in Schwierigkeiten geraten, den Menschen in einem Überschussland zu erzählen, man könne ohne große Probleme im Ausland generierte Wertschöpfung zur Finanzierung der eigenen Altersversorgung abrufen, wenn man sie denn gerade braucht, ist extrem gefährlich. Wo sind denn die Investitionen, die in den Defizitländern mit dem deutschen anlagesuchenden Kapital vorgenommen wurden, aus deren Rendite dann in zwanzig Jahren eine Rente bezahlt wird? Wieso glaubt man in Deutschland eigentlich, man könnte erst seine Autos auf Pump im Ausland verkaufen (das dann natürlich selbst weniger Autos baut, Fabriken schließt und Jobs verliert) und dann könne man noch zusätzlich und auf Dauer eine Rendite einstreichen. Woher soll die kommen? Aus der Substanz der anderen Länder?

Erst eröffnet man den Wettkampf der Nationen, ist selbst natürlich der Beste, ringt die anderen durch eigenes Gürtel-enger-Schnallen nieder, und dann erwartet man, dass sie unsere Rente bezahlen. Das ist mehr als dumm, das ist zynisch, nationalistisch und im Grunde eine wirtschaftliche Kriegserklärung an die anderen Länder.

51 *1 : 12 war eine gute Idee*

Die 1:12-Initiative der Jusos in der Schweiz, die darauf abzielte, den Abstand zwischen den Gehältern in einem Unternehmen auf ein Verhältnis von eins zu zwölf zu begrenzen, ist im November 2013 bei der Abstimmung mit einer relativ großen Mehrheit (65 Prozent) abgelehnt worden. Das ist bedauerlich, weil die Annahme ein Zeichen dafür gewesen wäre, dass sich auch die Unternehmen, und insbesondere die großen, global orientierten Unternehmen nicht dem Zugriff der Macht des Volkes entziehen können. So müssen wir weiter auf den Tag warten, an dem es den Unternehmen und ihren Verbänden nicht mehr so leicht gelingt, mit Drohungen jede scheinbare Belastung von sich fernzuhalten.

Friederike Spiecker und ich hatten die Initiative mit einem Argumentationspapier unterstützt, indem wir bewusst nicht auf soziale Fragen oder auf Fragen der Gerechtigkeit eingegangen sind. Wir hatten vielmehr argumentiert, dass es viele Anzeichen dafür gebe, dass sich die Machtverhältnisse am Arbeitsmarkt in den letzten dreißig Jahren so sehr verschoben haben, dass von einem Markt im üblichen Sinne des Wortes, also von einem annähernden Gleichgewicht zwischen den Vertretern auf der Nachfrage- und auf der Angebotsseite, eigentlich nicht mehr die Rede sein kann. Ein solches Gleichgewicht in der Verhandlungsposition ist aber die Mindestvoraussetzung dafür, dass es überhaupt vernünftige »Markt«-Ergebnisse geben kann. Gerade diejenigen, die bei jeder Gelegenheit betonen, dass der Markt für Arbeit funktionsfähig sein kann, und dafür plädieren, ihn noch funktionsfähiger (noch »flexibler«) zu machen, gehen implizit davon aus, dass es jederzeit eine Machtbalance gibt.

Aber wie immer in solchen Fragen, wenn es wirklich darum ginge, die eigenen Überzeugungen auch gegen die Lobby der Unternehmervertreter hochzuhalten, hört man von den vielen Markttheoretikern nichts mehr. Dann ist auf einmal alles gut, was da draußen geschieht, und man schließt beide Augen ganz fest, um nicht sehen zu müssen, wie die eigenen Ideale von denen, die man eigentlich für die Guten hält, den Unternehmen nämlich, jeden Tag mit Füßen getreten werden. Damit aber vergrößern sie die Macht der Unternehmen nur noch einmal, weil die Unternehmen ja durch dieses Stillschweigen auch von den meisten »Experten« bestätigt bekommen, dass ein Eingriff in die Gehaltsfestlegung ein ungerechtfertigter Eingriff in einen »funktionierenden« Markt bedeutet. Nimmt man die Massenmedien hinzu, die selbstverständlich fast ausschließlich in den Händen derjenigen liegen, die den Erfolg einer solche Initiative verhindern wollen, dann kann auch eine demokratisch aussehende Abstimmung massiv manipuliert sein. Angesicht all dessen ist ein Drittel Zustimmung in der Schweiz übrigens gar nicht so schlecht.

Auch in der Schweiz wurde von den Unternehmerverbänden wie zu erwarten mit Abwanderung in andere Länder gedroht. Und selbstverständlich ist die Masse der Bürger davon erheblich beeindruckt. Nur, ist das noch Marktwirtschaft? Ist das noch Demokratie? Ist es ein Markt mit einer Machtbalance zwischen Kapital und Arbeit, wenn die Unternehmen jederzeit mit Abwanderung drohen können, weil sie wissen, dass sich die Arbeitnehmer natürlich nicht mit einer ähnlichen Drohung wehren können? Ist es Demokratie, wenn eine Gruppe übermächtig wird und der Mehrheit der Bevölkerung die Bedingungen diktieren kann, zu denen sie in ihrem Land zu leben haben? Und wo sind die demokratisch gewählten Regierungen in solchen Fragen? Sind sie noch in der Lage, die Mehrheit im Lande gegen die Macht dieser Minderheit zu schützen?

Allerdings, die Unternehmen und ihre Verbände sollten die Sektkorken nicht zu laut knallen lassen. **Es kommt der Tag, an dem die Masse der Menschen von diesem Diktat genug haben wird, an dem ihre Perspektiven kollektiv so schlecht geworden sind, dass ihnen Drohungen mit dem Verlust des Arbeitsplatzes nichts mehr anhaben können. Dann werden sie Regierungen wählen, die viel weniger demokratisch sind als die**

heutigen und Minderheiten nicht vor dem Zugriff der Mehrheit schützen wollen. Dann ist die Marktwirtschaft zugleich mit der Demokratie am Ende – und die Hybris zu Beginn des zweiten Jahrtausends muss teuer bezahlt werden.

Es scheint ein kleiner Lichtblick zu sein, dass die Große Koalition in Deutschland dagegen halten will. »Wo der freie Markt versagt, muss der Staat versuchen, für Gerechtigkeit zu sorgen«, sagte der SPD-Fraktionsvorsitzende Thomas Oppermann laut *FAZ* der *Bild am Sonntag*.[39] Es sei gut, »dass wir im Entwurf des Koalitionsvertrages erstmals eine Grenze für Managergehälter eingezogen haben.« Ob es eine wirkliche Grenze ist, wird sich zeigen – und danach hat man davon auch nichts mehr gehört.

Wenn wenigstens Transparenz hergestellt würde und die Hauptversammlungen von Aktiengesellschaften explizit beschließen müssten, in ihrem Unternehmen sei ein Verhältnis von einhundert zu eins angemessen, während andere »nur« fünfzig zu eins haben, dann wäre schon etwas gewonnen. Der Weg zu einer vernünftigen Regelung wäre dann immer noch sehr weit, aber mehr und mehr Bürger haben allein durch die ganze Diskussion wenigstens die Chance zu sehen, wie Macht auf den Chefetagen der Unternehmen missbraucht wird.

Klimawandel ist Strukturwandel – aber die Politik hat Angst vor der eigenen Courage

52 Oh Schreck, ein Klimawunder

Eine Billion Euro kostet die Energiewende, sagte der Energieminister dereinst. Warum sagt niemand: Eine Billion Euro bringt die Energiewende? In der Gesamtwirtschaft sind logischerweise die Kosten der einen Seite immer die Erträge der anderen Seite. Warum reden alle über die Kosten, aber niemand über die Erträge? Wenn der Klimawandel eine Billion kostet, dann profitieren davon direkt Unternehmen und Arbeitnehmer in Höhe von einer Billion mehr Umsatz und es entsteht zusätzlich etwas, das die Volkswirtschaft zukunftsfähiger macht. Wo ist das Problem?

Im eigentlichen Bereich der Wirtschaftspolitik weiß man es ja schon. Aber auch in völlig anderen Bereichen wie dem des Klimawandels beziehungsweise -schutzes muss man jeden Tag aufs Neue feststellen, dass unsere Politiker die Marktwirtschaft, in der wir leben, einfach nicht verstehen. Da erlebt Deutschland ein Klimaschutzwunder, die rasend schnelle Umstellung von fossiler auf erneuerbare Energie, aber statt zu jubeln, sind fast alle erschrocken und überlegen fieberhaft, wie sie diesen Zug in Richtung Zukunft schnellstmöglich stoppen können.

Am Anfang stand eine gute Idee: Um bei der Energiewende voranzukommen, garantiert der Staat all denen, die in erneuerbare Energien investieren wollen, einen bestimmten Abnahmepreis für Strom, eine feste Einspeisevergütung. Da kommt die Flexibilität der Marktwirtschaft sehr schnell zum Tragen, denn auf der Basis einer solchen Vergütung lässt sich gut rechnen. Folglich begann fast jeder, der Geld zum Investieren hatte oder es sich leihen konnte, zu überlegen, ob er nicht irgendwo ein großes Dach habe, das man mit Sonnenkollektoren bedecken könne, oder eine Wiese auf einem Hügel, auf die ein Windrad passt. So wurden in null Komma nichts Landwirte, Eigenheimbesitzer oder Restaurantbetreiber zu Stromproduzenten. Wunderbar, Deutschland ein Land von alternativen und zudem noch klein- und mittelständischen Stromunternehmern.

Doch schon kommt der Pferdefuß. Das kostet ja was? Natürlich kostet das was! Wie sollte es solch riesige Investitionen umsonst geben? Solange der Preis herkömmlicher Energie unter dem Preis liegt, zu dem man erneuerbare Energie erzeugen kann, muss jemand die Rechnung bezahlen. Das ist hier der Stromkunde. Wo aber ist das Problem? Wer aus fossiler und atomarer Energie aussteigen will, muss entweder die fossile und atomare Energie so stark verteuern, dass die erneuerbare Energie auf diese Weise wettbewerbsfähig wird, oder er muss die erneuerbare Energie direkt subventionieren. Wenn man sich an das Erste nicht herantraut, muss man das Zweite machen. In Sachen richtiger und zukunftsfähiger Preisfindung auf den Markt zu vertrauen, ist dagegen auf keinen Fall sinnvoll, insbesondere in einer Zeit, in der die Finanzmärkte den Preis des in diesem Spiel wichtigsten Rohstoffs, den Preis von Öl nämlich, bestimmen (wie im nächsten Kapitel gezeigt wird).

Interveniert der Staat jedoch konsequent beim Preis, verknappt also fossile Energie relativ zu den erneuerbaren, nennt man das, was dann hinten rauskommt, Strukturwandel. Der ist ja gewollt, aber der kostet natürlich immer etwas in dem Sinne, dass die Kunden nicht mehr das Gleiche wie vorher mit ihrem Geld kaufen. Folglich verlieren zwar viele Produzenten von alten Produkten, aber viele neue Anbieter gewinnen. Dass die großen Energiekonzerne das nicht gut finden, ist klar, aber warum sollten sich Politiker darum scheren, wo sie doch alle den Mittelstand lieben und die Energiewende das größte Mittelstandsförderungsprogramm aller Zeiten ist?

Aber, das sind doch Subventionen, murmeln da einige in ihren Bart. Natürlich sind das Subventionen! Ohne solche Subventionen gibt es die Energiewende aber nicht, weil ja nichts dafür spricht, dass der Markt von sich aus das Öl früh genug so teuer macht, dass die Wende rechtzeitig von allein kommt. Solche Subventionen gibt es, nebenbei bemerkt, immer noch für die Atomwirtschaft, nämlich in Form der nicht durch den Strompreis abgedeckten Kosten für Endlagerstätten und Schadensbeseitigung bei den Zwischenlagern (Stichwort Asse, Gorleben und so weiter). Die Finanzierung der Entschärfung dieser Zeitbomben kommt auf den Steuerzahler noch zu, denn die großen Konzerne haben sich bislang erfolgreich darum herumgedrückt.

Man lernt, die Marktwirtschaft ist ein ungeheuer flexibles System, das auch solche Herausforderungen wie den Klimawandel leicht bewältigen könnte, wenn wir nur begreifen würden, wie sie funktioniert, und nicht vor der Lobbymacht einzelner großer »Player« einknicken würden. Ist der Preis für ein Produkt ausreichend stabil und gibt es vernünftige Finanzierungsbedingungen, investieren selbst solche Menschen in die Umwelt und die Zukunft, die bisher keine Unternehmer waren und sich den Teufel um die Umwelt und die zukünftigen Generationen geschert haben. Das geht allerdings nicht ohne den Staat. Wer auch bei Gütern von allgemeinem Interesse (öffentlichen Gütern, wie die Ökonomen sagen) wie dem Klimawandel auf den Markt wartet, wartet bis zum Sanktnimmerleinstag, denn kaum jemand fragt alternative Energie nach, solange sie teurer als herkömmliche ist. Stimmt dagegen das Preisverhältnis von traditioneller und alternativer Energie und garantiert der Staat oder der Stromkunde durch staatlichen Druck dieses Verhältnis für einige Zeit, geht fast alles.

Aber der arme Stromkunde und insbesondere die Armen, stöhnen da einige, denen sonst die Armen und die Einkommensverhältnisse der Menschen vollkommen egal sind. Hier kommt ein altes Prinzip zum Tragen: Subjektförderung ist besser als Objektförderung. Es ist immer besser, die Menschen in ihren materiellen Voraussetzungen zu fördern, als in die Produktion einzugreifen, um etwas besonders billig zu machen. Wem die Armen am Herzen liegen und wer sie nicht besonders stark belasten will durch steigende Energiepreise, kann sie ja generell besser stellen, dann können sie den höheren Strompreis auch bezahlen. Um es simpel auszudrücken: Jeder Hartz-IV-Empfänger soll selbst entscheiden können, ob er ein höheres Transfereinkommen für höhere Heizungskosten ausgeben will oder ob er sich lieber am Energiesparen durch veränderte

Verhaltensweisen (Stoßlüften, ein Pullover mehr) aktiv beteiligt und das zusätzliche Geld für andere Konsumgüter verwendet.

Man kann Hartz IV kräftig aufstocken, die Steuern für Geringverdiener senken, flächendeckende Mindestlöhne einführen oder die Beiträge zur Sozialversicherung für Geringverdiener systematisch verbilligen. Statt Milliarden in der Rentenversicherung zu horten, für die man keine vernünftige Anlagemöglichkeit findet, ist es allemal besser, auf diese Weise den zukünftigen Generationen tatsächlich eine große Bürde von den Schultern zu nehmen. Wer das ablehnt, macht sich vollkommen unglaubwürdig. Selbst wenn derjenige glaubt, dass man Anreize zur Arbeitsaufnahme durch Hartz IV – nämlich mittels eines gehörigen Abstands zu den Durchschnittseinkommen – braucht, um die Arbeitslosigkeit zu senken (oder andere abstruse Argumente aufführt, die ich hier nicht wiederholen will), ist es weder gerechtfertigt, wegen der Energiewende die Lebensverhältnisse der unteren Einkommensgruppen noch einmal zu verschlechtern, noch die Energiewende zu gefährden, weil man ja nur für einen Ausgleich der zusätzlichen Belastung bei den betroffenen Subjekten sorgen muss, um beide Klippen gleichzeitig zu vermeiden.

Von der Sache Klimawandel her absolut unangemessen ist es, die Strompreise wieder zu senken, selbst wenn das stromintensiv produzierenden Industrien oder den großen Stromkonzernen gefallen würde, die vor allem fossile und atomare Energie erzeugen. In Deutschland kann auch zunehmende Verdrängung stromintensiv produzierender Unternehmen kein Argument gegen steigende Energiepreise sein. Deutschland hat sich ja aufgrund geringer Lohnsteigerungen (die maßgeblich durch staatlichen Druck zustande kamen) in den letzten zehn Jahren gegenüber anderen Ländern gewaltige Vorteile verschafft. Da kann man ja nicht jeden anderen Bereich auch noch herausgreifen und sagen, auch da dürfen wir auf keinen Fall an Wettbewerbsfähigkeit verlieren. Deutschland muss aber insgesamt über die Zeit wieder an Wettbewerbsfähigkeit verlieren. Wenn das dann im Bereich stromintensiver Unternehmen stattfindet, nutzt das dem Klima zwar auf der globalen Ebene wenig, befördert aber den Abbau der massiven Handelsbilanzungleichgewichte in der Welt.

Für Länder, die insgesamt weniger wettbewerbsfähig sind, ist aber selbstverständlich die Drohung von Unternehmen, bei steigenden Energiepreisen abzuwandern, nicht von der Hand zu weisen. **Daher nützt die deutsche Energiewende dem globalen Klimawandel wenig bis gar nicht, weil** die Markträumung durch fallende Preise im Prinzip dafür sorgt, dass **der deutsche Minderverbrauch fossiler Energie durch den Mehrverbrauch an anderer Stelle mindestens aufgehoben wird.** Deswegen braucht man internationale Vereinbarungen über die Preise fossiler Energie oder die Preise alternativer Energie, wenn man wirklich etwas erreichen will bei der Verminderung des Tempos des Klimawandels. Dass man ohne weiteres global etwas erreichen kann, das zeigt das deutsche Beispiel in wunderbarer Weise.

53 Stationäre Ökonomie – eine Antwort auf Arbeitslosigkeit und Umweltzerstörung?

Manche Wissenschaftler und einige interessierte Politiker und Bürger machen sich darüber Gedanken, ob nicht das Modell einer stationären Wirtschaft die richtige Antwort auf beide Problemfelder wäre: Die »Grenzen des Wachstums« (Club of Rome, 1972) scheinen in der Endlichkeit unseres Planeten und seiner natürlichen Ressourcen völlig offensichtlich zu sein. Und wer Arbeitslosigkeit als Folge des permanenten Produktivitätsfortschritts ansieht, weil das Wachstum der Wirtschaft (ob aus ökologischen oder welchen Gründen auch immer) nicht mit ihm Schritt halten kann, gewinnt leicht den Eindruck, mit dem Modell einer stationären Wirtschaft den Stein der Weisen gefunden zu haben.

Stationär heißt, dass etwas stillstehend oder im Gleichgewicht bleibt, zwar nicht starr sein muss, aber zumindest nicht (mehr) wächst. Könnte die dauernde Zunahme einerseits des Verbrauchs unserer natürlichen Ressourcen und andererseits der Arbeitslosigkeit nicht dadurch gestoppt werden, dass die Wirtschaft sich einfach dem Wachstumsdiktat entzieht? Dann wäre zukünftigen wie gegenwärtigen Generationen gleichermaßen geholfen. Doch wie ist es möglich zu erreichen, dass eine Wirtschaft nicht mehr wächst? Wäre eine solche Konstellation mit dem System Marktwirtschaft auf Dauer vereinbar und, wenn ja, unter welchen Bedingungen? Kann man solche Bedingungen demokratisch beschließen und durchsetzen? Oder bräuchte man ein ganz anderes Wirtschaftssystem und, wenn ja, welches? Und löst man mit Nicht-Wachsen wirklich die beiden angesprochenen Problemfelder?

Ausgangspunkt einer Diskussion dieser Fragen muss meines Erachtens die Überlegung sein, dass es in einer Demokratie Freiheitsrechte des Einzelnen gibt, die vor allem die Freiheit des Denkens und der Ideen einschließen. Ideen können zu Entdeckungen und Erfindungen führen, die das Leben erleichtern, schützen, verlängern, menschliche Arbeitskraft einsparen oder den Wohlstand des Einzelnen mehren. Sie können auch Gegenteiliges bewirken, wie wir nicht nur vom Extrembeispiel der Atombombe, von Drogen und den Umweltschäden her wissen, die etwa der Raubbau im tropischen Regenwald oder der Ausstoß von Kohlendioxid verursachen. Wie man mit solchen möglichen negativen Folgen der Umsetzung von Ideen umgeht, dazu kommen wir gleich noch. An dieser Stelle kommt es mir zunächst auf die Feststellung an, dass sich bei Beachtung von Freiheitsrechten nicht verhindern lässt, dass sich Menschen einfallen lassen, wie Dinge weniger arbeitsintensiv hergestellt werden können, oder dass sie neuartige Dinge ausprobieren und produzieren. Leuchten anderen die Ergebnisse dieser neuen Ideen ein, veralten andere Produktionsweisen und Güter fast unausweichlich. Diese Freiheit besteht *unabhängig vom Wirtschaftssystem*, hängt aber vom politischen System ab. Produktivitätsstillstand lässt sich meines Erachtens in freiheitlichen, demokratischen Staaten nicht generell verordnen. Allein das schließt die Möglichkeit einer stationären Wirtschaft in unserem politischen System eigentlich von vorneherein aus. Denn wie wollte man den Fluss neuer Ideen so steuern, dass sie das »Gleichgewicht« des bisherigen Zustands nicht stören?

Trotzdem will ich erklären, warum sich nicht nur Stationarität und Freiheit, sondern auch Stationarität und Marktwirtschaft in meinen Augen klar widersprechen. In einer Marktwirtschaft zeitigt die Freiheit andere Folgen als zum Beispiel in einer Planwirtschaft, weil das Anreizsystem des Wettbewerbs die Nutzung der Freiheit fördert und dadurch den technischen Fortschritt begünstigt. (Das bedeutet übrigens nicht automatisch, dass eine Planwirtschaft dank langsameren technischen Fortschritts zu insgesamt umweltverträglicheren Ergebnissen führt, wie man etwa an den Umweltschäden in der DDR und anderen Staaten des Ostblocks sehen konnte.) Das schadet der Gesellschaft nicht grundsätzlich und notwendigerweise immer, wie man heute zu glauben geneigt ist. Vergleicht man das Wohlstandsniveau heute mit dem früherer Zeiten – und zwar nicht nur im Durchschnitt der Bevölkerung, sondern sehr wohl auch gemessen an der Stellung der materiell gesehen Ärmsten –, dann lässt sich feststellen, dass die Menschen wenigstens hierzulande nicht mehr Hunger leiden, wie das in früheren Jahrhunderten für viele normal war. (Dass der Hunger in anderen Teilen der Welt keine notwendige Folge des technischen Fortschritts hierzulande ist, bestätigen alle Vergleiche zwischen weltweitem Nahrungsbedarf und weltweiten Produktionsmöglichkeiten.)

Das Zentrum des technischen Fortschritts aber ist in einer Marktwirtschaft der Investitionsgütersektor. Er kann nicht einigermaßen gleichmäßig ausgelastet werden, wenn die Wirtschaft nicht wächst. Für Ersatzinvestitionen allein – das entspräche dem Einfrieren des gegenwärtigen Stands des Kapitalstocks und der Produktivität – ist er zu groß. Denn er hat ja dem Aufbau des bisherigen Kapitalstocks, also einer wachsenden Größe, gedient. Und selbst wenn er sich sozusagen einer Schallgrenze annähern würde, in der die Ersatzinvestitionen für eine Art gleichgewichtige Auslastung dieses Sektors ausreichen (etwa weil bei Erreichen von Vollbeschäftigung alle Produktivitätsgewinne in mehr Freizeit fließen), kann nicht garantiert werden, dass neue Entdeckungen und Erfindungen dieses Gleichgewicht nicht wieder fundamental stören. Ein fiktives Beispiel: Stellen Sie sich vor, dass auf einmal Erkenntnisse reifen, dass die Nutzung der Solarenergie auf Sonnenfarmen dem Boden so viel Wärme vorenthält, dass dieses oder jenes ökologische Gleichgewicht aus den Fugen gerät. Deshalb müsste die Gewinnung von Solarenergie auf andere Flächen, zum Beispiel Verkehrsbereiche, ausgedehnt und auf Feldern zurückgefahren werden. Und schon wären so und so viele Solarpanels obsolet und andere, für Fahrzeuge geeignete gefragt. Was ist dann mit dem »Gleichgewicht« im Investitionsgütersektor?

Mit anderen Worten: Eine stationäre Marktwirtschaft ist ein Widerspruch in sich. Eine Marktwirtschaft wächst entweder (in welcher Hinsicht, dazu weiter unten) oder sie schrumpft. Ein Fahrrad fällt um, wenn es nicht fährt, außer es hat einen Ständer. Und einen solchen Ständer gibt es für die Marktwirtschaft nicht, auch nicht in Form einer bestimmten Zinshöhe oder einer bestimmten Relation zwischen Zinsen und Sparquote, Zinsen und Wachstumsrate oder ähnlichem. Schon oft habe ich darauf hingewiesen, dass die Marktwirtschaft ein in sich instabiles System ist.

Man kann das Fahrrad, die Wirtschaft, zwar immer schwergängiger machen, indem man die Zinsen mit Hilfe der Geldpolitik permanent über der Wachstumsrate hält (man spricht dann von einem positiven Zins-Wachstums-Differential). Dann fährt das Fahrrad aber schließlich so langsam (die Investitionen werden so geknebelt), dass es umfällt – die Wirtschaft gerät, angefangen beim Investitionsgütersektor, in einen Abwärtsstrudel. Den natürlichen Lebensgrundlagen der Menschheit ist damit aber bestenfalls kurzfristig gedient (wie etwa am regionalen Rückgang der Luftverschmutzung nach dem Zusammenbruch der Produktion in der DDR zu beobachten war). Auf lange Sicht führt der Abwärtsstrudel zu so stark steigender Arbeitslosigkeit, dass der daraus folgende Kampf ums Dasein mindestens ebenso viel Raubbau und Umweltzerstörung (bis hin zu Kriegsfolgen) nach sich zieht wie eine schlecht regulierte, aber wachsende Marktwirtschaft. Wäre es anders, müssten alle armen Regionen dieser Welt die reinsten Umweltparadiese sein, was meist nicht der Fall ist.

Wenn nun weder Demokratie noch Marktwirtschaft Stationarität vertragen, wie gehen wir dann mit der Endlichkeit unseres Planeten um? In der Marktwirtschaft besteht immerhin die Möglichkeit, die Gebiete, auf denen die Gesellschaft Veränderungen für besonders notwendig hält, zu fördern und allein dadurch andere Gebiete, die man für schädlich oder ungünstig hält, zu beschränken. Man kann den Märkten eine Entwicklungsrichtung vorgeben, wenn man das Anreizsystem entsprechend ausgestaltet, nach dem sich die Marktakteure richten. Die Versuche in Sachen Energiewende in Deutschland zeigen deutlich, wie flexibel einerseits das System Marktwirtschaft auf Vorgaben aus der Politik reagiert und wie schwerfällig andererseits das demokratische System funktioniert, in dem diese Vorgaben zustande gebracht werden müssen.

Dass wirtschaftliche Machtkonstellationen dabei massiv Einfluss auf demokratische Prozesse haben, steht außer Frage. Die Marktwirtschaft, so wie sie in den letzten dreißig Jahren in Deutschland und anderen westlichen Industriestaaten konkret betrieben worden ist, hat ihrerseits solche wirtschaftlichen Machtkonstellationen trotz allen Wettbewerbs nicht verhindert, weil die Konzentration von Vermögen und Einkommen politisch gefördert wurde mit der (falschen) Begründung, dies sei für die Funktionstüchtigkeit der Marktwirtschaft, namentlich für die Schaffung von Investitionen und Beschäftigung, notwendig. Die politische Förderung bestand vor allem in der Absenkung von Steuern auf hohe Einkommen und Vermögen sowie in der Schwächung der Position der Arbeitnehmer in Lohnverhandlungen (Stichwort Hartz IV). Meiner Ansicht nach tut man dem System Marktwirtschaft Unrecht, wenn man ihm diese Konzentration wirtschaftlicher Macht anlastet, nur weil man die Begründung, sie brauche diese starke Ungleichheit oder zumindest die Anhäufung von Finanzmitteln für Sachinvestitionen, um zu funktionieren, unbesehen übernimmt, statt sie in Frage zu stellen oder gar wie ich zu verneinen.

Neben der Steuerung der Märkte durch demokratisch beschlossene Rahmenbedingungen gibt es selbstverständlich auch die Möglichkeit, bestimmte Aktivitäten auf demokratischem Weg zu verbieten und diese Verbote durchzusetzen, was immer ein Abwägen zwischen Freiheitsrechten des Einzelnen und ihren Rückwirkungen auf andere erfordert.

Was ist also zu tun, wenn Demokratie Freiheit und damit technischen Fortschritt zulassen muss, der aber unerwünschte Folgen für Dritte hat? (Die Variante, Freiheit und Demokratie in Frage zu stellen zur Rettung unserer natürlichen Lebensgrundlagen, möchte ich an dieser Stelle nicht diskutieren, so hoffnungslos bin ich [noch] nicht.) Um an dieser Stelle voranzukommen, hilft es, die Folgen nach zwei Arten zu unterscheiden: Es gibt Folgen, die sogenannten externen Effekte des technischen Fortschritts, die sich (noch) nicht in den Marktpreisen widerspiegeln. Meist sind das negative externe Effekte, also schlechte Auswirkungen. Und es gibt Folgen, die sogenannten internen Effekte, die in den Marktpreisen enthalten sind.

Zur ersten Kategorie gehören zum Beispiel alle Beeinträchtigungen und Zerstörungen unserer natürlichen Lebensgrundlagen (Luft, Wasser, Böden, Klima, Artenvielfalt, Ökosysteme im weitesten Sinne, seltene Rohstoffvorkommen und sonstige Ressourcen), die nicht durch die Ordnungspolitik verboten beziehungsweise so reguliert sind, dass die Marktpreise eine Höhe erreichen, die entweder zur Unterlassung der Zerstörungen führt oder Einnahmen generiert, mit denen Schäden wieder repariert werden. Hier handelt es sich um ein politökonomisches Problem, das viel mit den Zeithorizonten von Politikern und Wählern zu tun hat, die in der Regel kürzer sind als die zeitlichen Dimensionen der angerichteten Umweltschäden. Oft fallen auch die Lebensräume der Verursacher und der Geschädigten auseinander (man denke nur an die CO_2-bedingt steigenden Pegel der Weltmeere), weshalb das Interesse der Verursacher an einer ihnen Kosten aufbürdenden Regulierung meist gering ist. Aber auch schlichte (Markt-) Machtverhältnisse spielen eine große Rolle.

Wichtig ist festzuhalten, dass die auf Wachstum angewiesene Marktwirtschaft in keiner bestimmten Dimension wachsen muss, dass sie nicht auf Gedeih und Verderb auf zunehmenden Ressourcenverbrauch angelegt ist. Um es platt auszudrücken: Marktwirtschaft funktioniert auch ohne eine steigende Zahl Autos, ja wir können sogar eine abnehmende Zahl Autos mit einer wachsenden Wirtschaft verbinden. Mehr saubere Luft, mehr saubere Böden, mehr sauberes Wasser, mehr Recycling, mehr Gesundheit, bis hin zu mehr Zeitwohlstand sind alles Kategorien, die meines Erachtens wachsen dürfen, ohne dass dem die Endlichkeit unseres Planeten entgegensteht. Mit der Befürwortung von Wachstum ist eben noch längst nicht gesagt, *was* wachsen sollte. Diese Überlegung nimmt der Feststellung, dass sich weder Freiheit noch Marktwirtschaft mit Stationarität vertragen, ihren Schrecken.

54 Müssen sich Windräder dem Markt stellen?

In einem Interview mit dem *Handelsblatt* haben zwei deutsche Top-Manager im Sommer 2013 Änderungen in der Förderungspolitik für erneuerbare Energien gefordert. Löscher und Teyssen (Siemens und E.ON) kritisierten die starke Subventionierung der Photovoltaik. Diese profitiere am stärksten von der Förderung, liefere aber nur einen geringen Beitrag zur Grundlast. »Wir brauchen mehr Markt, Regulierung nur da, wo sie notwendig ist, und deutlich mehr Energieeffizienz«, sagte Löscher. Beide Top-Manager forderten eine Radikalreform der EEG-Förderung: »Die erneuerbaren Energien müssen sich dem Markt stellen«, betonte Löscher. »Man muss einen Schnitt machen und sagen: Die Musik ist aus«, sagte Teyssen.[40]

Man fragt sich, was diese »Konzernlenker« außer ihrem eigenen Interesse im Kopf haben. Wie sollen sich »erneuerbare Energien dem Markt stellen«? **Weil der Markt keine erneuerbaren Energiequellen hervorgebracht hat, musste der Staat eingreifen und diesen Energieerzeugungsformen eine Chance geben. Dass er das mit einem Eingriff in den Markt tut, ist selbstverständlich, wie sonst?** Und wieso sollte die Musik aus sein? Jeder vernünftige Mensch denkt, sie hat gerade erst begonnen zu spielen und sie muss noch viel länger und vor allem weiter ausgreifend spielen, damit nicht nur Deutschland, sondern die gesamte Welt einen Schritt weg macht von dem primitiven Verbrennen von unwiederbringlichen Ressourcen. Wie macht man den Schnitt schließlich bei all den kleinen und mittleren Investoren in erneuerbare Energien, die vom Staat ein gesetzlich fixiertes Versprechen bekommen haben, dass sie nicht plötzlich in ein tiefes Loch fallen, weil die Musik aufhört zu spielen? Geht das in der Art des griechischen Schuldenschnitts, bei dem man ohne Rücksicht auf die Gläubiger die Schulden beschnitten hat, nur um hinterher die Gläubiger zu retten?

Es ist schon mehr als traurig, wenn man sieht, wie in Deutschland eine richtige Entscheidung, nämlich voranzugehen in der dauerhaften Umstellung der Energieproduktion, systematisch kaputtgeredet wird. Und immer mit dem gleichen lächerlichen Argument vom »Markt«, dem man vertrauen müsse, obwohl klar erwiesen ist, dass man ihm in ökologischen Fragen gerade nicht trauen kann.

Rohstoffe dürfen nicht zum Spielball der Spekulation werden

55 Spekulation mit Rohstoffen: Aus unhaltbaren Argumenten wird niemals ein haltbarer Standpunkt

Immer wieder erlebt man in diesen Zeiten, wie mit viel Aufwand versucht wird, aus falschen Argumenten einen unangreifbaren Standpunkt zu zimmern. Sowohl die Deutsche Bank als auch die Allianz-Versicherung beharren darauf, dass ihre Rohstoffgeschäfte keinesfalls die Rohstoffpreise erhöhen, sondern vor allem dazu dienen, die Geschäfte von Bauern (der Bauer als das Edle und Gute!) abzusichern, die ohne solche Termingeschäfte den Schwankungen der Rohstoffpreise hilflos ausgeliefert werden.

Diese Argumentation ist komplett falsch, wie man leicht nachweisen kann, aber es gelingt mit Hilfe der Medien und freundlich gesinnten »Wissenschaftlern«, den Eindruck zu erwecken, als sei diese Meinung der Interessenvertreter die Mehrheitsmeinung in der »Wissenschaft«, und die Mehrheit der Wissenschaft könne schließlich nicht irren.

Die Sache ist im Grunde furchtbar einfach und die Argumente sind sonnenklar. Wenn tatsächlich die Mehrzahl der Rohstoffgeschäfte von Banken und Versicherungen Absicherungsgeschäfte wären, könnte man das am Volumen dieser Geschäfte und an der Menge der Kontrakte vermutlich gut ablesen. Das interessante Phänomen der letzten Jahre ist aber, dass das Volumen der reinen Finanzgeschäfte, worauf zum Beispiel UNCTAD Ende 2012 zum wiederholten Male hingewiesen hat, bei weitem größer, und zwar in der Größenordnung zwanzig- bis dreißigmal größer ist als das der realen Geschäfte. Wie aber kann ein Finanzinstitut Geld mit einer Absicherung verdienen, die es gar nicht geben kann, weil dafür einfach die physischen Geschäfte fehlen.

Man weiß aus den Daten der Aufsichtsbehörden und anderen Statistiken ganz genau, dass ein Großteil des Engagements der Finanzinstitute auch im Rohstoffbereich sich auf reine Geldanlagen bezieht. Bei den sogenannten Indexfonds oder bei Geldmanagern (money manager) steht allein das Interesse an dem Rohstoffpapier als neue Geldanlage (als asset class) im Vordergrund. Diese Rohstoffpapiere kauft man wie eine Aktie und verkauft sie wieder, wenn der Preis gestiegen ist. Das hat mit Absicherung von realen Geschäften von Anfang an einfach gar nichts zu tun. Nur dadurch, dass man Absicherungsgeschäfte und diese Geschäfte nicht sauber trennt, kann bei interessierten Kreisen immer wieder der Eindruck erweckt werden, bei der sogenannten »Spekulation« mit Rohstoffen (Spekulation darf hier in der Tat nicht mit »investment« verwechselt werden, dazu weiter unten mehr) ginge es vornehmlich um Geschäfte, die einen realen Bezug haben. Das ist nicht der Fall.

Wenn der Terminmarkt wirklich eine effektive Absicherung gegen die Schwankungen der Rohstoffpreise bieten würde, müsste man feststellen können, dass die Terminkontrakte in etwa den tatsächlich zu beobachtenden Preis in der Zukunft vorwegnehmen. Das ist in den letzten Jahren an keinem dieser Märkte der Fall gewesen. Beim Öl beispielsweise war es so, dass zu keinem Zeitpunkt der Terminmarkt den zukünftigen Preis auch nur annähernd vorhergesagt hat. Im Gegenteil, der Terminmarktpreis und der Spotmarktpreis folgen genau dem gleichen Muster mit unglaublichen Schwankungen in den vergangenen Jahren. Das heißt, wer um den Jahreswechsel eine bestimmte Menge Öl absichern wollte, konnte einen 12-Monatskontrakt kaufen, bei dem er Öl zu einem bestimmten Preis kaufen oder verkaufen konnte. Der tatsächliche Preis aber lag zwölf Monate später bei einem völlig anderen Wert. Das Phänomen, um das es sich bei den dramatischen Schwankungen der Rohstoffpreise handelt, hat mit der Differenz von Kassa (oder Spot) und Termin- oder Futurespreisen überhaupt nichts zu tun. Die Differenz von Futures und Spotpreis schwankt vollkommen unsystematisch und nicht in Abhängigkeit von der Richtung, die der gesamte Preiskomplex nimmt.

Noch deutlicher wird die nicht vorhandene Funktion der Futures, die Zukunft vorherzusagen, im Bereich der Währungsinvestments. Da bleibt der Futurespreis vollkommen stabil und liegt immer in der gleichen Richtung im Verhältnis zu den Spotpreisen. Das liegt hier einfach daran, dass der sogenannte Futurespreis nichts anderes als die Zinsdifferenz abbildet, die zum Beispiel zwischen den USA und Brasilien stabil positiv ist, also permanent höhere nominale Zinsen in Brasilien wegen dort permanent höherer Inflation als in den USA. Das hindert den Wechselkurs des brasilianischen Real aber nicht daran, über sehr lange Zeiträume aufzuwerten, was nichts anderes heißt, als dass es ganz unabhängig vom Futuresmarkt Kräfte gibt, die gegen die Fundamentaldaten (höhere Inflation in Brasilien) die Währung in eine Aufwertung treiben (das Geschäft heißt carry trade). Es tritt also genau und nachweisbar das ein, was von den Apologeten des Finanzinvestments bestritten wird: Die massive Beteiligung von Finanzinvestoren treibt den Preis in die falsche Richtung und verzerrt massiv den internationalen Handel und die gesamte marktwirtschaftliche Allokation. Im Bereich der Rohstoffe ist dieser Effekt in gleicher Weise da wie bei Währungsinvestments, er ist nur weniger leicht direkt nachzuweisen, weil man die Fundamentaldaten weniger genau identifizieren kann.

Wie eng inzwischen aber der Zusammenhang zwischen reinen Finanzpreisen wie den Aktienkursen und den Rohstoffpreisen geworden ist, ist vielfach, insbesondere von UNCTAD, nachgewiesen worden. Zwischen einem Aktienindex wie dem SP 500 und dem Ölpreis und einem Rohstoffindex gab es noch vor zehn Jahren keinen Zusammenhang. Danach verhält sich aber die Mehrzahl der Rohstoffmärkte wie ein Finanzmarkt. Wie kann das sein? Sind Angebot und Nachfrage der Mehrzahl der gehandelten Rohstoffe immer in Übereinstimmung mit Angebot und Nachfrage nach Aktien oder nach spekulativ gehandelten Währungen?

Nein, es handelt sich dabei um völlig atypische Verhaltensmuster der wichtigsten Rohstoffpreise. Die einzige Erklärung dafür, auf die ein normaler Mensch kommen kann, ist die sogenannte Finanzialisierung dieser Märkte, also die weitgehende Dominanz des gewaltigen Finanzmarktes gegenüber den kleinen physischen Märkten. Nach 2008 ist im Bereich des High Frequency Trade (HFT) eine besonders hohe Korrelation nachzuweisen, was einem strukturellen Bruch des Rohstoffmarktes gleichkommt. Wie aber sollen Informationen über Angebot und Nachfrage nach Rohstoffen, die im Wochen- oder Monatsrhythmus vorliegen, HFT, das im Sekundenbereich agiert, steuern können? Zudem deuten neuere Studien darauf hin, dass man nachweisen kann, dass der Großteil der Entscheidungen in diesem Bereich rein endogen sind, sich also nach den Entscheidungen der anderen Herdenmitglieder richten und nicht nach dem globalen Marktgeschehen.

Man sieht, nichts, aber auch wirklich gar nichts kann eigenes Denken ersetzen. Vor allem keine abstrakten Verweise auf Literaturstudien gepaart mit eigenem ideologischen Vorgehen. Was würde eine Literaturstudie zum Thema Währungsspekulation erbringen? Sicher, dass die Finanzmärkte effizient sind, was sonst? Die eindeutig nachzuweisenden Falschpreise (Mispricing) am Währungsmarkt werden seit Jahren von der herrschenden Meinung und der Mehrzahl der internationalen Institutionen ignoriert, weil eine ehrliche Untersuchung ja hundertprozentig zum Ergebnis hätte, dass der Markt vollkommen versagt. Das darf aber nicht sein, weswegen wir es besser ignorieren. Genau deswegen ist eine Literaturstudie nicht das Papier wert, auf das sie geschrieben ist, und dass dafür besonders in den konservativen deutschen Medien kräftig Wind gemacht wird, sagt alles über diese Medien, aber nichts über die Wirklichkeit.

Paradox ist, dass gerade die guten Marktwirtschaftler die Finanzmärkte kritisieren müssten. Herdenverhalten, wie es an den Finanzmärkten die Regel ist, hat genau nichts mit dem Markt zu tun, den sie meinen. Herdenverhalten ist das Gegenteil von dem atomistischen Markt mit voneinander unabhängigen Marktteilnehmern, den sie als Normalmarkt unterstellen.

56 Rohstoffe im Lager, Kunde betrogen, Geld in der Bank

Im Sommer 2013 gab es eine interessante Geschichte in der *New York Times*, in der es um merkwürdige Transaktionen einer amerikanischen Firma geht, die Aluminiumläger betreibt und – oh Wunder – Goldman Sachs gehört. Wie die *New York Times* berichtet, wird Aluminium in großen Mengen von einem Lager dieser Firma zu anderen Lagern der gleichen Firma gefahren, ohne dass es ausgeliefert wird. Gleichzeitig aber haben sich die Auslieferungszeiten für Kunden, die Aluminium physisch brauchen und verarbeiten, deutlich erhöht.[41]

Offensichtlich geht es bei diesen Transaktionen darum, das Metall künstlich zu verknappen und dadurch den Preis nach oben zu treiben. Weil das Aluminium aufgrund staatlicher Regulierungen nicht beliebig lange in einem Lager gehalten werden kann, wird es von einem Lager zum anderen gefahren, um den Anschein zu erwecken, die Lagerzeiten seien ausreichend kurz.

Das ist nur eine Geschichte von vielen, die zeigt, wie sich finanzielle Akteure, also vor allem Banken oder Hedge Fonds, massiv in den physischen Handel mit Rohstoffen einmischen, weil sie damit ihre finanziellen Interessen, besser sollte man sagen, ihre Spielinteressen, wirkungsvoll unterstützen können. Zum einen dient der Kauf von Handelsfirmen im Rohstoffbereich dazu, dass man sich bei der amerikanischen Regulierungsbehörde als »commercial investor« ausgeben kann, der in der Regulierung anders behandelt wird als der reine Finanzinvestor, der »non-commercial investor«. Zum anderen, und darum geht es in diesem Fall, schafft der Besitz von solchen Firmen die strategische Möglichkeit für die Finanzinvestoren, den physischen Markt immer unter Anspannung zu halten oder gar mit einer künstlichen Verknappung zu schocken, wann immer es in das Kalkül und in die Stimmung an den Märkten passt.

Wenn es gelingt, über den physischen Markt, der in diesem Spiel von der Menge des investierten Geldes her gesehen ganz unwichtig ist, gezielt Signale an die Finanzmärkte zu geben, kann innerhalb von Minuten und Stunden am Derivatemarkt so viel Geld verdient werden, dass etwaige Verluste am physischen Markt überhaupt keine Rolle spielen.

Wegen des Herdenverhaltens an den Finanzmärkten ist die »Investition« an den Rohstoffmärkten vornehmlich getrieben von Informationen der Marktteilnehmer über das Verhalten der anderen Marktteilnehmer, sowohl denen am gleichen Markt als auch denen an den anderen Finanzmärkten. Überall werden zwar vorwiegend Informationen über die globale Wirtschaft gehandelt. Wenn es aber gelingt, die Marktteilnehmer an dem konkreten Markt mit bestimmten eigenen Informationen (selbst geschaffenen) zu schocken, dann kann man die Koppelung an die anderen Finanzmärkte für kurze Zeit lockern und Gewinn gegen die Masse der anderen Teilnehmer machen.

Die quantitative Bedeutung der Finanzmärkte bei der Preissetzung in finanzialisierten Rohstoffmärkten (also solchen, wo es einen großen Derivatemarkt gibt) ist extrem hoch. Gelingt es den finanziellen Akteuren auch noch, die physischen Märkte zu kontrollieren oder wenigstens zu beeinflussen, kann von einem »Markt« überhaupt nicht mehr die Rede sein, man sollte es dann besser den »Spielplatz der Finanzjongleure« nennen. Da diese Firmen globale Kapitalsammelstellen sind, verfügen sie über unglaublich große Summen und können jeden Rohstoffmarkt aus der Portokasse dominieren.

Aus dem Gesagten ergibt sich nur eine vernünftige Schlussfolgerung: **Man muss die Finanzakteure vollständig von den physischen Rohstoffmärkten ausschließen. Eine Bank ist eine Bank und darf kein Rohstoffunternehmen sein.** Neben der im Übrigen ohnehin notwendigen Verminderung des Einflusses des Derivatehandels auf die physischen Märkte, muss man hier einfach *jede* Einflussnahme verbieten, auch das Halten von Anteilen an irgendwelchen Rohstofffirmen muss Finanzakteuren vollständig verboten werden.

Man sieht an diesem Beispiel sehr klar, wie absurd das Spiel, das viele noch die »Marktwirtschaft« nennen unter dem Einfluss omnipotenter Finanzmarktinstitutionen inzwischen geworden ist.

Wenige spielen mit fast unbegrenzten Summen mit den vielen, wie sie wollen, und lassen diese zahlen, so viel und so häufig es geht. Denn die wunderbaren Gewinne, die die Banken wieder und wieder in aller Öffentlichkeit vorführen, sind ja zum größten Teil ihrem eigenen Spiel und der Spielsucht vieler ihrer Kunden geschuldet. Bei Rohstoffen zahlen wir alle jeden Tag, weil die Preise überhöht sind, und tragen so dazu bei, dass die Mächtigen immer mächtiger werden – und die Politik schweigt!

57 Die Börsen im Rekordrausch und die herrschende politische und ökonomische Leere

Im Spätherbst 2013 konnte man wieder das wundervolle Spektakel erleben, wie sich halbwegs erwachsen aussehende Menschen vor Börsensäle mit vielen Computern und Bildschirmen stellten und wie im Rausch davon redeten, ob diesmal die magische Marke genommen, ob der Neuntausender endlich bestiegen wird. Die Börsen auf Rekordjagd und kein Ende abzusehen. Schöner könnte man nicht belegen, dass jeder Versuch, diesen Märkten Effizienz zu bescheinigen, nur aus unsinnigen Modellen abgeleitet werden kann.

Seit Monaten schon wurde der Rausch an den Börsen hauptsächlich von zwei Nachrichten getrieben. Erstens: Die Lage bessert sich, was auch die Lage der Unternehmen verbessert. Ein Grund für die Kurse zu steigen. Zweitens: Die Lage verschlechtert sich, was die Notenbanken dazu nötigt, auch weiterhin die Zinsen sehr niedrig zu lassen und etwa im Falle der USA durch den Aufkauf amerikanischer Staatsanleihen weiter Geld in die Märkte zu pumpen. Wiederum ein Grund für die Kurse zu steigen – denn wohin sonst mit dem ganzen Geld? Was auch immer geschieht, die Kurse an den Börsen ziehen an, und die Spekulationsblase wird immer dicker.

Damit ist zunächst klar widerlegt, dass die Märkte überhaupt wichtige und vernünftige Informationen verarbeiten. Denn wenn sich vollkommen widersprechende Informationen zum gleichen Ergebnis auf den Märkten führen, die diese »Informationen« »verarbeiten«, dann kann es sich nicht um eine rationale Verarbeitung handeln. Die Tatsache, dass die Notenbanken verzweifelt an ihrer Nullzinspolitik festhalten, zeigte ja gerade, dass es den real produzierenden Unternehmen schlecht ging, was, rational betrachtet, nicht zu einer ständigen Höherbewertung solcher Unternehmen hätte führen dürfen.

Tat es aber trotzdem, was bedeutet: Wir haben es offensichtlich mit Herdenverhalten zu tun. Denn wenn es andere bedeutende Einflüsse gäbe – etwa durch Spekulanten, die gegen die allgemeine Euphorie dagegenhalten –, könnten nicht gegenläufige Informationen den Markt in gleicher Weise nach oben treiben. Dass sich jeder Einzelne in der Herde rational verhält, indem er an dem Aktienhype mitzuverdienen versucht, um dann rechtzeitig auszusteigen, macht das Gesamtergebnis nicht rationaler oder weniger schädlich für die Gesamtwirtschaft. Und dass am Ende nicht alle rechtzeitig aussteigen können, sondern einige, ja vermutlich recht viele satte Verluste machen werden, ist auch klar. Doch trotz dieser drohenden Verluste wird teilgenommen, schließlich hofft jeder, zu den Glücklichen am Anfang des Schneeballsystems zu gehören – wer glaubt nicht gern an die eigene Cleverness?

Man kann jetzt, wenn man nur die neoklassischen Scheuklappen abnimmt, klar sehen, dass das ganze Börsenspiel eine self-fulfilling prophecy ist: Es werden eben nicht tatsächlich existierende oder konkret in Aussicht stehende Gewinne in eine entsprechende Börsenbewertung umgesetzt, sondern die Börsen setzen völlig losgelöst von der Realwirtschaft so lange auf Hausse, bis die Blase schließlich platzt. Bis zum Platzen werden aber munter »Gewinne« gemacht und in die Bücher der Banken und der vermögenden Kunden geschrieben. Aus diesen Scheingewinnen werden auch hohe Gehälter und hohe Boni bezahlt, denn es sind ja die Vorstandsmitglieder der Banken, die für das »Investment« verantwortlichen Manager und die Händler, die das äußerst lukrative (aber intellektuell so unendlich anspruchslose) Geschäft der »Gewinnproduktion aus dem Nichts« betreiben.

Ja, die Finanzindustrie schafft aller vergangenen Krisen und geplatzten Blasen zum Trotz wieder einmal Werte, indem sie

sich kollektiv einbildet, die Werte seien tatsächlich vorhanden. Glauben nur genug Leute mit genug Geld an die Geschichte von den immer steigenden Kursen, dann steigen sie tatsächlich – zwar nicht für immer, aber doch für lange. Und wenn sie nicht mehr steigen, wenn sich die »geschaffenen Werte« in Nichts auflösen, dann ist da ja immer noch der Staat, der die Banken und die anderen Zocker rettet, weil ja sonst das ganze System zusammenbricht.

Die Hoffnung, es könnte einen kompetenten Politiker geben, der sich jetzt dem offenkundigen Schwachsinn entgegenstellt und klarmacht, dass diesmal nicht mit der Hilfe der Politik zu rechnen ist, müssen wir leider Gottes aufgeben. Auch von Seiten der Ökonomen ist wieder einmal nichts zu erwarten. Hinterher werden sie es alle gewusst haben. Aber vorher zu sagen, dass hier auf unverantwortliche Weise mit den Spareinlagen und dem von der Zentralbank zur Verfügung gestellten Geld gezockt wird, das schafft kaum einer.

Lieber schimpft man auf die Zentralbanken, die das Geld zur Verfügung stellen. Schließlich muss man nicht verantwortlich zeichnen für die Folgen, die ein Ende der expansiven Geldpolitik hätte. Diese Art von Kritik ist viel bequemer, als sich mit Vehemenz dafür einzusetzen, dass die Zockerkanäle, in die das Geld fließt, durch eine strenge Re-Regulierung der Finanzmärkte verschlossen werden, um den Zentralbanken aus der Falle zu helfen. Dazu müsste man ja das neoklassische Weltbild hinterfragen, demzufolge das »Kapital« nur möglichst frei um den Globus »fließen« können muss, um seine beste, sprich: renditeträchtigste Verwendungsmöglichkeit finden zu können und so das größtmögliche, selbstverständlich *reale* Wirtschaftswachstum der Welt in Gang zu setzen.

Diese Vorstellungswelt aufzugeben und durch die Einsicht zu ersetzen, dass für reales Wachstum benötigtes Geld durch Kredite jederzeit aus dem Nichts ebendort geschaffen werden kann, wo es gebraucht wird (und nicht im Vorhinein angespart oder von internationalen Kapitalmärkten zur Verfügung gestellt werden muss), ist einfach zu viel verlangt von den Ökonomen. Wenn das Kind im Brunnen liegt und man als »Experte« dann befragt wird, kann man ja nicht sagen, man wisse nicht, warum es da reingefallen ist. Rechtzeitig davor zu warnen, dass das Kind in den Brunnen fallen könnte, ist unfein und wird nicht so gern gesehen, wenn man an einem Lehrstuhl arbeitet, der zu Teilen oder ganz von den Zockern bezahlt wird. Welches Herdentier pinkelt schon gerne den Ranghöchsten ans Bein?

Und erst recht ist ein solcher Sinneswandel zu viel verlangt von den Politikern, die ja froh sind, sich hinter solchen wirtschaftswissenschaftlichen Theorien (ob sie sie nun verstehen oder nicht) verstecken zu können, damit sie nicht Farbe bekennen müssen gegen die Finanzindustrie und deren Lobbyisten. Wenn der freie Kapitalfluss gar nicht entscheidend für reales Wachstum ist oder sogar hinderlich, wie man derzeit sehr schön sehen kann, dann kann man sich bei Regulierungsfragen nicht mehr so einfach darauf hinausreden, man benötige *internationale* Vereinbarungen und gleiche Standards für alle, weil die Nachteile eines Alleingangs für das eigene Land zu groß seien. Diese Ausrede lässt man nicht so gern fahren. Man fragt sich, was schlimmer ist: die tatsächliche Überzeugung, auf das Kasino nicht wirklich verzichten zu können, oder das Vorschieben eines Arguments, dessen Windigkeit einem sehr wohl bewusst ist. Spätestens wenn die nächste Börsenralley für Jubelarien sorgt, die in ein Finale des Jammerns mündet, sollte es der Letzte verstanden haben.

Die ökonomische Theorie versagt – weil Gläubige nicht lernen wollen

58 »Die verlorene Freiheit« und das Versagen der Wirtschaftswissenschaft

Das Gedankengut des Friedrich August von Hayek ist mir in den vergangenen Jahren gleich mehrfach über den Weg gelaufen. Nach einem Vortrag an der Universität Heidelberg hatte ich das zweifelhafte Vergnügen, mit einem glühenden Anhänger Hayeks zu diskutieren, und kurz danach sah ich die Titelseite des *Handelsblatts* geschmückt mit einem Bild von Hayek, den die Zeitung als in Deutschland »heimatlos« bezeichnete, weil – ich überspitze mal ein wenig – das Thema Mindestlöhne zu diesem Zeitpunkt in aller Munde war. Das laute Lamento der Zeitung über den Verlust der Freiheit passte jedenfalls haargenau in die Kampagne, die von verschiedenen Seiten geführt wurde – offenbar um den Abgang der FDP zu kompensieren.

Es ist immer das Gleiche. Ob auf den acht vollen Seiten, die das *Handelsblatt* dem liberalen Vordenker Hayek widmete, oder in einer Diskussion Mann gegen Mann: Die liberalen und ultraliberalen Anhänger »des Marktes« haben keinerlei Ahnung von dem, was an den Märkten wirklich passiert. Wäre einem von denen einmal aufgefallen, dass die Arbeitslosigkeit nach 2008 dramatisch gestiegen ist, *obwohl* die Reallöhne aus Unternehmersicht zwischen 2009 und 2013 mit jährlich 0,7 Prozent klar weniger zunahmen als die Produktivität (1,1 Prozent) und aus Verbrauchersicht sogar stagnierten? Oder wäre einer von denen auf die Idee gekommen, einmal genau hinzuschauen, was in Südeuropa eigentlich geschehen ist? Dass dort nämlich gleichzeitig mit der Lohn*senkung* ab 2010 die Arbeitslosigkeit nochmals in die *Höhe* geschossen ist?

Hätten diese Leute das wirklich wahrgenommen, sie würden aufhören, einfach von »funktionierenden« Arbeitsmärkten zu schwadronieren, wenn sie intellektuell halbwegs redlich wären. Einen solchen Befund wie den genannten muss man erklären können, wenn man den Anspruch erhebt, etwas Relevantes über die Wirtschaft an sich und erst recht etwas Relevantes über die Wirtschaftspolitik zu sagen zu haben. Und wenn niemand versucht, den Befund zu erklären, dann hat die gesamte sogenannte Wirtschaftswissenschaft versagt.

Allerdings: Im heutigen System der Wirtschaftswissenschaften kann man es sich leisten, so ein Rätsel einfach zu ignorieren. Es gibt eben keinen Wettbewerb unterschiedlicher Ideensysteme in dieser Wissenschaft, der jeden Einzelnen fordern würde, sich mit einem für das herrschende Paradigma unerklärlichen Phänomen wie dem genannten auseinanderzusetzen. Stattdessen sitzen Leute, die den Staat bis aufs Messer mit ihren ideologischen Mitteln bekämpfen, bequem auf vom Staat finanzierten Lehrstühlen und drücken sich um die Aufgabe, die sie von der Gesellschaft erhalten haben: die Deutung der Wirklichkeit ohne ideologische Scheuklappen.

Auch könnte man erwarten, dass die glühenden Anhänger freier Märkte sich etwas konkreter mit den Finanzmärkten auseinandersetzen und fragen, was ihr Vordenker Hayek dazu sagen würde, dass man dort jeden Tag Herdenverhalten beobachten kann. Herdenverhalten ist exakt das Gegenteil dessen, was Hayek unter einem freien Markt verstanden hat (dass der *Handelsblatt*-Redakteur gar glaubte, Schwarmintelligenz sei ein Beleg für eine spontane Ordnung à la Hayek, ist allerdings eine Entgleisung, die man besser ignoriert, was sogar der Befragte, Karl-Heinz Paqué, tat). Richtig hat das dieser Tage Sabine Lautenschläger von der Bundesbank gesagt, als sie bemerkte: »Und schließlich lebt jedes Geschäft davon, dass die Vertragspartner die Gewinn- und Verlustchancen anders bewerten. Zu einer Marktwirtschaft gehört, dass Banken Risiken unterschiedlich einschätzen und sich nicht alle exakt gleich aufstellen. Ein solches System wäre bei Krisen sehr anfällig.«[42] Das aber ist genau das System, das wir heute an den Finanzmärkten haben: Herdenverhalten – gesteuert von einigen wenigen frei verfügbaren volkswirtschaftlichen Informationen, die von den Händlern an den Finanzmärkten in der Regel in der gleichen Weise interpretiert werden. Was das mit einem marktwirtschaftlichen Modell zu tun haben soll, bei dem die Intelligenz und das Wissen der Vielen (voneinander vollkommen unabhängigen Wirtschaftssubjekte mit jeweils unabhängig erworbenem und verarbeitetem Wissen) der begrenzten Intelligenz und dem notwendig begrenzten Wissen des Staates überlegen ist, bleibt das Geheimnis der Liberalen und Ultraliberalen. Wenn man sich allerdings von vorneherein um solche Phänomene gar nicht kümmert und immer nur über den Markt als solchen faselt, braucht man für so konkrete Dinge keine Erklärungen zu finden.

Die meisten der Ökonomen, die rein akademisch arbeiten, sind immer erstaunt, wenn sie jemandem wie mir zuhören, der seine Schlussfolgerungen auf einfachen empirischen Befunden aufbaut und eine Menge Erfahrungen aus der Politik mitbringt. Auch Gutwillige unter ihnen sagen dann, man könne das ja alles nicht wissen und man arbeite vielleicht in einem Feld, auf dem man diese makroökonomischen Erkenntnisse gar nicht brauche. Das mag so sein. **Doch wenn der Staat ein paar tausend wirtschaftswissenschaftliche Lehrstühle in Deutschland finanziert, dann hat er gefälligst dafür zu sorgen, dass auf einer kritischen Menge dieser Lehrstühle Leute sitzen, die sich** – so unvoreingenommen, wie Menschen es sein können – **systematisch darum kümmern, dass relevante Phänomene von verschiedenen theoretischen Blickwinkeln untersucht und wenn möglich erklärt werden.**

Tut der Staat das nicht, sollte er sich die Ausgaben für universitäre Volkswirtschaftslehre sparen und dem Markt überlassen, wie viel Volkswirtschaftslehre das Land braucht. Da gesamtwirtschaftlich orientierte Untersuchungen definitionsgemäß keiner einzelwirtschaftlichen Interessengruppe allein dienen, sondern eben die Gesamtheit der Volkswirtschaft und ihrer Akteure in den Blick nehmen, dürfte die Unterstützung solcher Untersuchungen durch Lobbyisten weitgehend entfallen. Damit wäre in Sachen Makroökonomik zwar nichts gewonnen, aber immerhin müssten die

Steuerzahler nicht mehr für diejenigen aufkommen, die entweder Irrelevantes »erforschen« oder den Standpunkt von Lobbyisten »wissenschaftlich« zu bemänteln versuchen.

59 Die Dynamik einer monetären Marktwirtschaft ist weiterhin unverstanden

Ein toller Streit hat sich 2013 zwischen dem Internationalen Währungsfonds, der EU-Kommission und einigen Ökonomen, darunter Wirtschaftsnobelpreisträger Paul Krugman, entsponnen. Es ging um den Multiplikator. Das ist eine heilige Kuh der traditionellen Keynesianer, und wenn sich jemand daran macht, sie zu verletzten oder gar zu schlachten, werden sie ausnahmsweise einmal wütend.[43] Hintergrund des Streits waren neue Berechnungen des IWF, die zeigten, dass der negative Effekt von staatlichen Einsparungen oder Steuererhöhungen auf das Wachstum in Europa viel größer ist als bisher gedacht.

Wenn der Staat seine Ausgaben senkt, hat das negative Auswirkungen auf die privaten Unternehmen und Haushalte. Die geben in der Folge auch weniger aus, als sie sonst ausgegeben hätten, so dass die negative Gesamtwirkung auf die Wirtschaft größer ist, als es der ursprünglichen Kürzung durch den Staat allein entsprochen hätte. Die größere Gesamtwirkung im Vergleich zur kleineren Ausgangswirkung misst der Multiplikator. Ein Rückgang der Staatsausgaben in der Größenordnung von einem Prozent des Bruttoinlandsprodukts kann also ohne weiteres einen Rückgang desselben von eineinhalb oder gar zwei Prozent auslösen.

Diese Frage ist natürlich von großer Bedeutung, wenn man »Anpassungsprogramme« aufstellt (wie der IWF das üblicherweise tut), in denen der Staat (wie in Südeuropa) gezwungen wird, seine Ausgaben zu kürzen, um seinen Haushalt zu konsolidieren. Ist die Gesamtwirkung der Kürzung auf das gesamtwirtschaftliche Einkommen hoch, wird der Konsolidierungserfolg gering sein, weil bei geringerer gesamtwirtschaftlicher Leistung die

Steuern weniger sprudeln und der Staat höhere Ausgaben hat als zuvor, weil er zum Beispiel mehr Unterstützung an Arbeitslose zahlen muss. Ist der Multiplikator groß, kann die Kürzung vollkommen sinnlos sein, weil der Staat am Ende höhere Defizite aufweist, als er ohne die Kürzung hatte.

Nun hat der IWF in den ursprünglichen Anpassungsprogrammen mit empirisch ermittelten Multiplikatoren gerechnet, die relativ klein waren, so dass man hoffen konnte, die Kürzungsorgien in Südeuropa würden nicht voll durchschlagen und die Staaten würden ihre Konsolidierungsziele erreichen. In jüngster Zeit zeigte sich jedoch, dass die Multiplikatoren deutlich größer ausfielen, als ursprünglich angenommen, der IWF musste seine Einschätzung korrigieren. Das aber rief den für Wirtschaft und Finanzen zuständigen EU-Kommissar Olli Rehn auf die Bühne, der sich beim IWF darüber beklagte, dass dieser »nicht hilfreiche« Berechnungen anstelle. Darauf reagierten einige Ökonomen heftig; Karl Whelan sprach von »Olli's follies«[44], und viele andere schlossen sich zu Recht der Kritik an.

In diesem Streit ging aber leider ein zentraler Aspekt vollkommen unter, weil sich die Ökonomen, progressiv oder nicht, meist eine Modellwelt stricken, die genau einen Tick zu einfach ist, um die wirtschaftliche Wirklichkeit erklären zu können. Bei den Multiplikatorrechnungen unterstellt man üblicherweise – stillschweigend oder nicht –, dass sich die Welt ansonsten nicht ändert. Dieses auch ceteris-paribus-Klausel genannte Vorgehen ist in diesem Fall sehr problematisch. Während nämlich der Staat seine Kürzungen beschloss, wurden in die Anpassungsprogramme auch sogenannte strukturelle Maßnahmen hineingeschrieben, was vor allem heißt, es wurden direkte und indirekte Lohnkürzungen verordnet, die ihrerseits massive negative Wirkungen auf die wirtschaftliche Entwicklung hatten. Das aber kommt im Kanon der herrschenden Ökonomik (leider auch bei vielen Keynesianern) gar nicht vor, weil solche Lohnkürzungen nicht als exogene Eingriffe in das Marktgeschehen gewertet werden, sondern als endogene (also systemimmanente) Reaktionen auf die vom Staat (exogen) verordneten Sparmaßnahmen – getreu dem Motto »Löhne kommen am Markt zustande, Lohnpolitik im eigentlichen Sinne gibt es ja gar nicht«.[45] Wenn etwas aber endogen abläuft, dann muss es nicht extra im Modell, das man der Multiplikatorenberechnung zugrunde legt, berücksichtigt werden, sondern es ist bereits im Modell mit abgebildet. Da es aber Lohnkürzungen in dieser Dimension in früheren Anpassungsprogrammen nicht gegeben hatte – die Länder haben ja zumeist ihre Währung abgewertet, um wieder wettbewerbsfähig zu werden –, waren die Erfahrungen des IWF nicht auf Südeuropa anwendbar und die von ihm ursprünglich erwarteten Multiplikatoren zu klein.

Die mechanische Korrektur des IWF ist also vollkommen berechtigt, sie geht allerdings inhaltlich nicht weit genug. Man muss begreifen, dass mit der Kombination von staatlichen Kürzungsprogrammen *und* Lohnkürzungen eine Dynamik nach unten in Gang gesetzt worden ist, die mit der üblichen komparativ-statischen Logik (also dem einfachen Vergleich vorher-nachher) nicht erfasst wird. Wenn in der ersten Runde der vorgeschriebenen Maßnahmen Arbeitslosigkeit entsteht, übt das schon Druck auf die Löhne aus. Kommt gleichzeitig oder in der zweiten Runde noch zusätzlicher Druck auf die Löhne von außen hinzu, löst das eine Spirale von Lohnverzicht und immer mehr Arbeitslosigkeit und neuem Lohnverzicht aus, weil es – anders als neoklassisch orientierte Ökonomen erwarten – keine normale Marktreaktion gibt, die den Lohndruck in steigende Beschäftigung umwandeln würde: Die für neue Jobs benötigte steigende Auslastung der Kapazitäten oder zumindest die Aussicht darauf will sich einfach nicht einstellen.

Hinzu kommt, dass in früheren Krisen der IWF derlei Anpassungsprogramme für einzelne Länder beschlossen hat, während die Weltwirtschaft relativ normal weiterwuchs und der schrumpfenden Volkswirtschaft wenigstens von außen positive Impulse vermittelte. Werden gleichzeitig viele Länder, die enge Handelsbeziehungen unterhalten, einem solchen Programm unterworfen, zudem noch in einer globalen Schwächephase, muss auch wegen der fehlenden positiven Impulse von außen mit größeren Multiplikatoren gerechnet werden.

Die Dynamik solcher Prozesse ist im Grunde leicht zu verstehen, ist aber nicht Bestandteil der herrschenden ökonomischen

Lehre, weshalb von prominenter wirtschaftswissenschaftlicher Seite keine wirklich klärende Orientierung erfolgt. Es geht schlicht um Folgendes: Kommt in einer Krise nicht zu irgendeinem Zeitpunkt von irgendwoher ein positiver Nachfrageimpuls, der seinem Umfang nach einen echten Kontrapunkt zum wirtschaftlichen Einbruch darstellt und nicht lediglich ein bisschen Kosmetik, kann eine Volkswirtschaft bei einem solchen Anpassungsprogramm extrem tief abstürzen, ohne in politisch erträglicher Zeit einen Boden zu finden. **Nachfragebedingte Schwächephasen können immer nur dann überwunden werden, wenn positive Nachfrageeffekte die Auslastung der Kapazitäten der Unternehmen verbessern und sich die Zukunftsaussichten der Konsumenten aufhellen, weil sie mehr und/oder besser bezahlte Jobs erwarten.**

Kritiker dieser Position werden spätestens hier einwenden, dass es sich eben nicht um eine ursprünglich nachfragebedingte Schwächephase handelt und daher Therapieversuche aus dem Bereich Nachfragestärkung beziehungsweise Beenden der Sparversuche grundsätzlich zum Scheitern verurteilt seien und allenfalls ein Strohfeuer entfachen könnten, das die Menschen am Ende nur in noch größere Schwierigkeiten stürzen werde. Ein schmerzhafter Bereinigungsprozess sei einfach unumgänglich zur Beendigung der Krise und, je schneller und radikaler er vorgenommen werde, desto schneller und umfassender werde auch der Erholungsprozess in Gang kommen.

Diese Position ist aus drei Gründen falsch. Erstens war der der Finanz- und Wirtschaftskrise vorausgehende Nachfrageboom nicht bedingt durch massive Lohn- und Staatsausgabensteigerungen, sondern Folge der Entfesselung der Finanzmärkte – riesige kreditgeschöpfte Geldsummen suchten verzweifelt nach Anlagemöglichkeiten und fanden sie in von Preisblasen getriebenen Märkten. Zweitens lieferten *zu geringe* Löhne in den Ländern wie Deutschland, die die merkantilistische beggar-thy-neighbour-Strategie zur wirtschaftspolitischen Doktrin erhoben hatten, die Grundlage für die Handelsungleichgewichte, die den Nachfrageboom begleiteten und der internationalen Ausbreitung fauler Kredite Vorschub leisteten. Und drittens verkennt die Vorstellung, eine schrumpfende Nachfrage werde irgendwann auf so stark reduzierte Kapazitäten treffen, dass es automatisch zu einer Auslastungssteigerung komme und sich das abstürzende System deshalb irgendwann von selbst fangen werde, die Dynamik einer monetären arbeitsteiligen Marktwirtschaft: Die einzelwirtschaftlichen Akteure handeln gemäß den konkreten Signalen, die sie von den Märkten erhalten, auf denen sie tätig sind. Die wichtigsten Signale sind der Absatz und die Absatzerwartungen. Weil aber schrumpfende Nettoinvestitionen und schließlich entfallende Ersatzinvestitionen nicht nur allmählich die Kapazitäten reduzieren, sondern immer auch einen sofortigen Nachfrageausfall für die Investitionsgüterindustrie darstellen, ist der Nachfrageeinbruch der Kapazitätsschrumpfung regelmäßig eine Nasenlänge voraus. Summa summarum: Das System stabilisiert sich nie von selbst.

Wenn es um den umgekehrten Fall einer sich aufschaukelnden Konjunktur geht, sind sich interessanterweise alle Fachleute einig, dass dem System *von außen* eine Schranke gesetzt werden muss, damit es nicht überhitzt: Die Geldpolitik muss den kurzfristigen Zinssatz erhöhen, um die boomende Nachfrage so einzuschränken, dass keine starke oder gar Hyperinflation entsteht. Von selbst kommt diese Schranke nämlich nicht zustande, weil es einzelwirtschaftlich rational ist, der gesamtwirtschaftlichen Tendenz zu folgen (also im Boomfall seine Nachfrage und gegebenenfalls seine Preise zu steigern), auch wenn damit eine für alle zusammen schädliche Entwicklung (Inflation) gefördert wird.

Warum fällt es Wirtschaftswissenschaftlern wie verantwortlichen Politikern so schwer, den zur Überhitzung umgekehrten Fall, den der Rezession nämlich, spiegelbildlich zu begreifen? Ohne von außen gesetzte Schranke nach unten fällt das System ins Bodenlose. Alle Schranken, die das System in vielen Ländern bisher kannte – automatische Stabilisatoren wie die Sozialversicherungen, Mindestlöhne, verbindliche Flächentarifverträge ohne Ausnahmeklauseln, ein einigermaßen stabiles Ausland –, sind zumindest in den Krisenländern bewusst demontiert worden. Die Geldpolitik ist längst am Ende, da sie die Folgen der deregulierten Finanzmärkte, den Zusammenbruch des Finanzsystems dank Unmengen fauler Kredite, mit einer Niedrigzinspolitik und Liquiditätsschwemme bekämpfen musste, die ihr praktisch jeden weiteren Spielraum nach unten und jegliche realwirtschaftliche Wirksamkeit genommen haben.

Wer sich dieser Zusammenhänge bewusst wird, der muss auch zwingend Abschied nehmen von der simplen Vorstellung, Arbeitslosigkeit sei mittels Lohnsenkung erfolgreich zu bekämpfen. Dann wird klar, dass der bislang beschrittene Weg, die Eurokrise zu lösen, niemals zum Erfolg führen wird.

Wenn sich europäische Politiker und vorneweg die Europäische Kommission weiter weigern, die hier beschriebene fundamentale Logik zu verstehen und dementsprechend zu handeln, und sich stattdessen auf die Zensur kritischer Befunde verlegen, ist Europa verloren. Olli's follies klingt lustig, ist aber todernst. Der Multiplikator ist wichtig, aber nicht der Kern der Geschichte.

60 90 Prozent – oder warum die herrschende Lehre falsche Berechnungen so schwer erkennt

Der »Skandal« um die vermeintliche Schuldengrenze für den Staat bei 90 Prozent Schulden im Verhältnis zum Bruttoinlandsprodukt hat weite Kreise gezogen. Ich selbst habe die Zahl noch nie erwähnt, weil ich sie nicht für erwähnenswert hielt, aber die Bedeutung, die der Zahl in bestimmten Kreisen zugemessen wurde, und die Tatsache, dass die Entdeckung der falschen Rechnung so großen Wirbel verursachte, zeigt eine tiefergehende Misere der ökonomischen Forschung, die bisher zu selten angesprochen wurde und wird.

An irgendeinem Punkt in der Geschichte, den ich auch nicht ganz genau verorten kann, aber Ende der siebziger Jahre vermute, hat man sich entschlossen, alles und jedes empirisch (unterstützt von immer leistungsfähigeren Computern und »Fortschritten in der Ökonometrie«) zu testen, und man hat den Ergebnissen dieser Tests ein eigenes Gewicht in den ökonomischen Debatten gegeben, das sie eigentlich nicht haben dürften. Das hat sehr viel mit der Entwicklung der ökonomischen Theorie in dieser Zeit zu tun. Da man damals fest davon überzeugt war, man habe nun – vergleichbar mit der Physik – ein Standardmodell gefunden, das nach keynesianischer Revolution und neoklassischer Konterrevolution kaum noch zu verbessern war, ging es nur noch darum, die Hypothesen des Standardmodells durch rigorose ökonometrische Tests zu untermauern beziehungsweise leichte empirische Abweichungen von den Standardannahmen neu zu modellieren.

So hat man beispielsweise die Diskussion um die Theorie von Sparen und Investieren, die das Kernstück der keynesianischen Revolution gewesen war, dadurch »entschieden«, dass man im Standardmodell einen repräsentativen Haushalt unterstellt, dessen Präferenz für oder gegen Konsum alle anderen Agenten (also die Unternehmen, den Staat und das Ausland) dominiert und daher Konflikte zwischen Letzteren überhaupt nicht zulässt. Die einfache Frage, wie zwei Länder sich darauf einigen können, einen jeweils bilateralen Leistungsbilanzsaldo zu haben, der den Präferenzen beider entspricht, und welche Mechanismen es gibt, um eventuelle Konflikte bei gleichartigen Präferenzen (wenn zum Beispiel beide Länder per Saldo sparen, also Leistungsbilanzüberschüsse haben wollen) zu lösen, kann und will das Standardmodell nicht beantworten.

Für die empirische Forschung aber ist ein Modell, das nichts mit der Wirklichkeit zu tun hat, natürlich fatal. Weil nur der Test von solchen Hypothesen wissenschaftliche Anerkennung finden kann, die dem Standardmodell entnommen sind, testet man die abstrusesten Zusammenhänge und erfindet, wenn die Tests nicht einmal den Anschein von Evidenz erbringen, ad hoc Hypothesen, die das Modell retten. So ist das Lehrbuch, das Kenneth Rogoff zusammen mit Maurice Obstfeld zur internationalen Wirtschaftstheorie verfasst hat (*Foundations of International Macroeconomics*), aber auch viele Aufsätze der beiden, voll von solchen »Puzzles«, wie sie es selbst nennen, bei denen man die Empirie einfach nicht mit der Standardtheorie in Einklang bringen kann.

In einem solchen Umfeld ist es naheliegend, dass man auf jeden Zusammenhang aufspringt, den man irgendwie glaubt, belegen zu können, und der in scheinbarer Übereinstimmung mit dem Standardmodell oder seinen Annahmen steht. Man muss sehen, dass man den keynesianischen Überlegungen zu staatlichen Schulden, die in manchen Situationen notwendig sind, um das System zu stabilisieren, die sogenannte Ricardianische Äquivalenz entgegengesetzt hat. Das ist nicht alleine eine theoretische Spinnerei, sondern die offizielle Position der Regierung in Berlin und der Europäischen Kommission in Brüssel. In deren Überzeugung können zusätzliche staatliche Schulden sogar destabilisierend sein, wenn alle Teilnehmer am Wirtschaftsprozess nur vollkommene Voraussicht über ihr Einkommen der nächsten Generation besitzen und auch staatliche Aktionen weit in die Zukunft hinein vorhersehen können (die Bahn von Sternen, Kometen oder Planeten kann man schließlich auch vorhersehen!). Da wäre es natürlich toll gewesen, wenn man genau den Punkt gefunden hätte, wo das eine Regime, das keynesianische Regime der Schuldenhinnahme durch die Privaten, in ein neoklassisches Regime der Schuldenabwehr durch die Privaten umschlägt.

Wissenschaftler mit einem keynesianischen Hintergrund oder gesundem Menschenverstand wären darauf nicht so leicht angesprungen, weil sie sich gefragt hätten, warum eine Krise bei 90 Prozent Staatsverschuldung ganz andere Mechanismen hervorbringen sollte als eine Krise bei 80 Prozent oder, wie in Japan, bei 250 Prozent Staatsverschuldung im Vergleich zum Bruttoinlandsprodukt. Denn eine Krise oder eine Rezession ist ja immer schon Ausdruck von Verunsicherung bei den Privaten oder die Folge einer direkten Verschlechterung ihrer wirtschaftlichen Lage. Wen interessiert es, wenn sich seine Lage verschlechtert und der Staat etwa durch Steuersenkung bei steigenden Schulden eine unmittelbare Entlastung für die Privaten schafft, ob diese Entlastung bei mehr oder weniger als 90 Prozent stattfindet. Die meisten Teilnehmer am Wirtschaftsprozess wissen nicht einmal, welchen Schuldenstand ihr Staat aufweist und was das bedeutet. Schon die 90 Prozent sind ja gar nicht ohne weiteres zu beurteilen, weil man Schulden generell im Vergleich zum Vermögen betrachten muss und nicht im Vergleich zum laufenden Einkommen, wie dem Bruttoinlandsprodukt. Warum sollte ein vermögender oder stark investierender Staat die gleiche Grenze aufweisen wie ein wesentlich weniger vermögender?

Der entscheidende Punkt an dem Debakel der 90 Prozent ist nicht ein Rechenfehler. Das eigentliche Debakel liegt darin begründet, dass renommierte Forscher einer noch renommierteren Universität mit so wenig Selbstkritik oder kritischem Reflexionsvermögen ausgestattet sind, dass sie das Risiko eingehen, auf eine so dumme Zahl so viel Gewicht zu legen. Und das Gute an der Entdeckung des Fehlers ist nicht nur, dass er entdeckt worden ist, sondern dass er vielleicht manche zum Nachdenken darüber bringt, wie es passieren konnte, dass so viele politisch Verantwortliche so unkritisch eine so dumme Zahl übernommen haben. Hoffentlich.

61 Das Gleichheitsgespenst, die FAZ und der Markt

Die *FAZ*, die unermüdliche Verteidigerin der wahren und richtigen Marktwirtschaft, hat es mal wieder auf den Punkt gebracht: Der Markt, und insbesondere der Arbeitsmarkt, werde von einem Gleichheitsgespenst bedroht. Gleichen Lohn für gleiche Arbeit wollten einige Gewerkschaften durchsetzen, über alle Branchen hinweg, und das sei natürlich ein schwerwiegender Angriff auf die Marktwirtschaft, den am Ende wohl der Gesetzgeber abzuwehren habe.[46]

Ja, Gleichheit bedroht die Marktwirtschaft in allen möglichen Bereichen und fordert die volle Aufmerksamkeit der FAZ und des Gesetzgebers. **Man stelle sich einmal vor, das mit der Gleichheit würde Schule machen: Gleicher Preis für gleiche Autos oder gar gleicher Preis für gleiche Brötchen, gleicher Zins für gleiches Kapital, gleicher Preis für gleiches Benzin, gleiche Mieten für gleiche Wohnungen. Schrecklich!** Wozu gibt es Wettbewerb? Im Wettbewerb muss doch der Preis für Brötchen ungleich sein und zwar genau so lange – bis er gleich ist.

Ist nicht die höchste Stufe des Wettbewerbs erreicht, wenn der Markt für ein Produkt ein Gleichgewicht von Angebot und Nachfrage geschaffen hat, bei dem weitere Bewegungen der Preise nicht mehr nötig sind, weil die Preise für alle vergleichbaren Produkte gleich sind? Hat da jemand in der *FAZ* bei Mikroökonomie II nicht richtig aufgepasst? Was spricht dagegen, wenn die Gewerkschaften genau diesen, den marktwirtschaftlichsten aller Grundsätze, auch am Arbeitsmarkt durchzusetzen versuchen? Und was spricht dafür, dass am Arbeitsmarkt die Arbeitgeber die Tatsache schamlos ausnutzen, dass die Arbeitnehmer nicht mobil genug sind, um die Gleichheit des Lohns für gleiche Arbeit über alle Branchen hinweg unmittelbar durchzusetzen? Und wie sollen wir Unternehmen dazu bringen, in Sachen Produktivität miteinander zu konkurrieren, wenn wir erlauben, dass sie am Arbeitsmarkt ihre Macht dazu nutzen, niedrigere Löhne durchzusetzen, als der Markt ihnen abverlangt? Vor allem Letzteres ist ein Zusammenhang, dessen Bedeutung man für eine funktionierende Marktwirtschaft gar nicht überschätzen kann.

Nein, liebe *FAZ*, da müsst ihr in Sachen Marktwirtschaft noch einmal nacharbeiten. Fragt doch mal bei Professor Wolfgang Franz, das ist ein großer Arbeitsmarktexperte und jetzt nicht mehr im Sachverständigenrat, ob der eurer Wirtschaftsredaktion in einem Privatissimum auf die Sprünge helfen kann.

Aber nein, da fällt mir ein, dass der selbst nicht so sattelfest ist: Der Sachverständigenrat, ein ebenso unermüdlicher und untadeliger Verteidiger des Marktes wie die *FAZ*, hatte schließlich in seinem Jahresgutachten 2003/2004 (in Ziffer 653) unter Mitwirkung von Wolfgang Franz geschrieben:

»Hilfreich ist in diesem Zusammenhang (gemeint ist die Lohnzurückhaltung, Anmerkung des Autors) die verstärkte Berücksichtigung von wirksamen Öffnungsklauseln in Tarifverträgen (JG 2002 Ziffer 462). Die Tarifvertragsparteien sollten in jedem Tarifvertrag eine wirksame Öffnungsklausel vereinbaren, die unmissverständlich klarstellt, unter welchen Bedingungen und für welchen Zeitraum auf der betrieblichen Ebene von den Regelungen des Tarifvertrags abgewichen werden kann. Falls die Tarifvertragsparteien dieser Erfordernis nicht nachkommen, sollte die Bundesregierung ihre in der Rede des Bundeskanzlers vom 14. März 2003 gemachte Ankündigung realisieren, gegebenenfalls gesetzgeberisch tätig zu werden.«

Dann muss ich es doch wohl selbst machen! Also, ihr könnt mich anrufen.

62 Angebotspolitik als Ersatz für Nachfragepolitik?

Immer wieder gibt es neue große Kontroversen um die Frage, ob man nicht auch mit Maßnahmen der Angebotspolitik die Konjunktur anregen könne, statt immer auf Nachfrage durch Verschuldung zu setzen. Manche meinen, dass solche Volkswirtschaften mehr Zeit für die Konsolidierung ihrer Staatshaushalte bekommen sollten, die angebotspolitische Reformen und eine Verbesserung ihrer Wettbewerbsfähigkeit durchsetzen.

Das wirft eine alte, aber immer noch zentrale Frage auf. Gerade die deutsche Position in Europa läuft darauf hinaus, mit einem Pakt für mehr Wettbewerbsfähigkeit dafür zu sorgen, dass alle Staaten auf der Angebotsseite ihrer Volkswirtschaften anpacken, um Europa aus dem Sumpf zu ziehen. Nun basieren aber alle Facetten der Angebotspolitik, wie ich schon vor vielen Jahren in meinem ersten großen wissenschaftlichen Artikel dargelegt habe[47], auf einem großen Missverständnis und entbehren deshalb einer vernünftigen wissenschaftlichen Basis.

Noch immer leiten die Anhänger der Angebotspolitik die Grundidee ihrer Auffassungen hauptsächlich aus einem einzigen Satz ab, nämlich dem berühmten Satz des im 18. Jahrhundert lebenden Ökonomen Jean-Baptiste Say, der behauptete, jedes Angebot schaffe sich seine eigene Nachfrage. Gemeint war damit, dass niemand ein Angebot an einem Markt macht, wenn er nicht zugleich die Absicht hegt, entweder gleichzeitig oder später Nachfrage in gleicher Höhe zu entfalten. Man könnte auch formulieren, dass niemand beschließt, autark zu leben und nichts am Markt nachzufragen, wenn er gleichzeitig für einen Markt produziert und auf ihm anbietet.

Says Satz ist nicht falsch, lässt sich aber für die Zwecke, für die er üblicherweise eingesetzt wird, gerade nicht als logischer Beleg benutzen. Normalerweise schlussfolgern die Anhänger der Angebotspolitik aus ihm nämlich, dass es nie einen Mangel an Nachfrage geben könne, weil ja die Menge an produziertem Angebot quasi automatisch die passende Menge an Nachfrage nach sich ziehe. Daher genüge es zur Unterstützung einer positiven wirtschaftlichen Entwicklung, wenn sich die Wirtschaftspolitik darauf konzentriere, die Angebotsbedingungen in einer Volkswirtschaft so produzentenfreundlich wie möglich zu gestalten, während sich positive Nachfragebedingungen dann von allein einstellten.

Diese Interpretation von Say's Law ist falsch. Der feine, aber entscheidende Unterschied zwischen dem Satz selbst und seiner Fehlinterpretation liegt darin, dass sich nur jedes *abgesetzte* Angebot seine Nachfrage schaffen kann.

Hat man ein Angebot am Markt gemacht und ist man es nicht losgeworden, dann fragt man eben nicht in Höhe der Produktion, auf der man sitzengeblieben ist, andere Güter nach, denn man hat ja nichts an der Produktion verdient. Ob man den unfreiwilligen Aufbau eines Lagers als Investition (nämlich eine Lagerinvestition) oder das Wegwerfen der unverkäuflichen Güter als Eigenkonsum bezeichnet, der quasi nirgendwo statistisch auftaucht, ist eine Frage der Verbuchungspraxis in der volkswirtschaftlichen Gesamtrechnung, spielt aber keine Rolle für die grundsätzliche Überlegung. Wichtig ist zu verstehen, dass Say nichts darüber ausgesagt hat, wie man es schafft, sein Angebot auch tatsächlich abzusetzen, so dass der parallel zum Angebot bestehende Nachfrage*wunsch* auch realisiert werden kann. (Von Krediten und Verschuldung zu Nachfragezwecken ist ja noch gar keine Rede bei Say.)

Auf welche Probleme trifft der Satz von Say in einer monetären Marktwirtschaft, und wie ist infolgedessen die Angebotspolitik als Hilfsmittel aus der Krise zu beurteilen? Man muss sich zunächst überlegen, was passiert, wenn in einer Volkswirtschaft die Unternehmen das Angebot auszuweiten versuchen. Sagen wir, die Unternehmen wollen das tun, weil es technologische Neuerungen gibt, die es ihnen ermöglichen, mehr Produkte als vorher pro Stunde zu produzieren bei unverändertem Arbeitseinsatz pro Stunde und damit unveränderten Lohnkosten pro Stunde. Die Produktion und mit ihr das Angebot sollen also ausgedehnt werden, weil die Produktivität gestiegen ist. Zieht dann die Nachfrage von selbst mit oder gibt es da Probleme?

Theoretisch sieht die Sache so aus: Wir nehmen an, dass die gleiche Menge an Arbeitskräften beschäftigt wird, und folglich entsprechend dem Produktivitätszuwachs mehr produziert wird. Um diese zusätzliche Produktion absetzen zu können, nutzen die Produzenten die produktivitätsbedingte Kostensenkung pro Stück für eine Stückpreissenkung. Dann können sie tatsächlich mehr als vorher verkaufen, weil ja die ausgezahlten (gleichgebliebenen) Löhne durch die Preissenkung real mehr wert geworden sind und daher mit ihnen auch mehr reale Nachfrage entfaltet wird oder werden kann. In dieser Konstellation hat sich das vermehrte Angebot also seine Nachfrage selbst geschaffen.

Wenn die Unternehmer keine Preissenkung vornehmen, weil sie die höheren Stückgewinne einstreichen wollen, werden sie schnell feststellen, dass die Nachfrage zu gering ist. Der Wettbewerb zwischen den Unternehmen setzt dann die Preissenkung in Gang.

So weit so richtig. Dass das in der Praxis nicht so glatt läuft, weil wegen der Dynamik einer Deflation (nichts anderes stellt ja die Preissenkung dar) das Modell in der Realität an seine Grenzen stößt, dazu später noch ausführlicher. Hier erst noch der Unterschied zwischen dem genannten Beispiel und dem, was die deutsche Position in Sachen Angebotspolitik in der Eurokrise betrifft: Deutschland hat ja zusammen mit der EU-Kommission bei den Krisenländern Lohnsenkungen durchgesetzt und fordert weiterhin welche mit der Begründung, die Krisenländer müssten ihre Wettbewerbsfähigkeit steigern. Ausgangspunkt dieser Angebotspolitik ist also nicht eine Produktivitätssteigerung wie im Beispiel oben, sondern eine Nominallohnsenkung. Kann es so einen Ausweg aus der Krise geben?

Nun, wenn die Preise nicht entsprechend reagieren, sprich: nicht oder nicht im gleichen Umfang fallen wie die Nominallöhne, dann sinken die Reallöhne, was die Inlandsnachfrage drosselt und die Krise automatisch verschärft. Denn ohne spürbare Preissenkung gibt es keine oder keine große Verbesserung der Wettbewerbsfähigkeit gegenüber dem Ausland und damit auch keinen Nachfrage-»Ersatz« aus dem Ausland für die gesunkene Binnennachfrage.

Fallen die Preise so zügig wie die Nominallöhne, bleiben die Reallöhne gleich und damit (theoretisch, das heißt ohne Berücksichtigung etwaiger Verhaltensänderungen der Konsumenten aufgrund von Deflation) auch die reale Inlandsnachfrage. Das Einzige, was das Land dann durch die Lohn- und Preisniveausenkung erreicht hat, ist eine Verbesserung seiner internationalen Wettbewerbsposition *für den Fall, dass seine Handelspartner nicht genau die gleiche Strategie anwenden, also auch auf Deflation setzen.*

Das war das Modell Deutschlands in den ersten zehn Jahren der Europäischen Währungsunion: eine Verbesserung seiner internationalen Wettbewerbsposition. Sie ermöglichte eine (im Vergleich zu den lohnpolitisch bedingt entgangenen binnenwirtschaftlichen Möglichkeiten) schwache Nachfragesteigerung durch Außenhandelsüberschüsse und bewerkstelligte so den Export von Arbeitslosigkeit. Eine echte Reduktion von Arbeitslosigkeit, also keine Verschiebung ins Ausland, sondern ein Beschäftigungsplus durch kräftige Sachinvestitionen und stabile Inlandsnachfrage, fand hingegen kaum statt.

Wenn man dieses Modell jetzt als Medizin für alle EWU-Länder empfiehlt, ist es von vorneherein (und nicht erst nach einem Jahrzehnt) vollkommen sinnlos, weil dann nur alle ihre Preise senken, Deflation die Folge ist und sonst nichts Positives geschieht. Eine Verbesserung der Wettbewerbsposition der Krisenländer gegenüber Deutschland oder gegenüber anderen EWU-Ländern kann logischerweise nicht stattfinden, wenn alle billiger anbieten. An den Handelsungleichgewichten innerhalb Europas ändert sich daher nichts, und folglich kann sich auch die Außenverschuldung der Staaten nicht verringern. Die Krisenursache bleibt unbearbeitet.

In diesem Zusammenhang auf die Nachfrage von außerhalb Europas zu setzen, wie das die deutsche Regierung immer wieder tut,[48] ist bei der gegenwärtigen Verfassung der Weltwirtschaft illusorisch: Der Euro wird im Zweifel aufwerten, wenn die EWU eine Deflationsstrategie auf breiter Front fährt. Das hat der aufflammende Streit innerhalb der G20 im Februar 2013 sowie bei der Tagung von IWF und Weltbank im April 2013 zwischen der japanischen und der amerikanischen Zentralbank auf der einen und der Deutschen Bundesbank auf der anderen Seite (Stichwort Abwertungswettlauf) bereits offenbart.[49]

Die Angebotspolitik in Form einer Lohnsenkungsstrategie, wie sie Deutschland den EWU-Partnern zur Krisenbewältigung abverlangt, ist zum Scheitern verurteilt. Alles Vertrösten auf die lange Frist, in der eines Tages dann alles besser werde, alle Hinweise auf unvermeidliche, schmerzhafte Einschnitte als Voraussetzung für eine Gesundung sind undurchdachtes Geplapper, das nur dazu dienen soll, die unübersehbaren Misserfolge zu bemänteln und den Zeitpunkt hinauszuschieben, an dem die Anhänger dieser Angebotspolitik eingestehen müssen, komplett versagt zu haben.

63 Wirken Auf- und Abwertungen oder wirken sie nicht?

In der Geschichte ökonomischer Diskussionen gibt es immer die gleichen Abläufe. Menschen in meinem fortgeschrittenen Alter haben bestimmte Argumentationsmuster daher schon etwa zwanzig Mal miterlebt und deshalb dauernd schreckliche Déjà-vu-Erlebnisse. Das mit Abstand beste Beispiel dafür ist die Diskussion um Währungskrisen und die Wirkung von Auf- und Abwertungen. Nachdem sich die Diskussion in der Eurokrise allmählich in die von mir von Anfang an für richtig gehaltene Richtung entwickelt und das Kernproblem der Währungsunion immer mehr als Problem des Auseinanderlaufens der Wettbewerbsfähigkeit identifiziert wird, betreten jetzt von rechts und von links, genau wie in allen Krisen vorher, die Auf- und Abwertungsskeptiker die Bühne.

Das bringe ja alles nichts, sagen die von rechts, selbst wenn Länder, die ihre Wettbewerbsfähigkeit verloren haben, ihre Währung oder eine neue Währung abwerten, werde das nichts helfen, weil mit der Abwertung auch die Importe teurer würden, was die Vorleistungen (aus Deutschland!) so stark verteure, dass von der Abwertung auch in den Exportindustrien nichts Positives übrigbliebe. Die von links pflichten bei, dass die betroffenen Länder auch gar keine Güter hätten, mit denen sie konkurrieren könnten, selbst wenn die Preise niedriger wären. Es wolle einfach niemand noch mehr Feta und Olivenöl aus Griechenland kaufen, das habe mit den Preisen gar nichts zu tun. Industriepolitik müsse man betreiben, damit die Länder endlich mal ein Produkt finden, mit dem sie an die Märkte könnten. Dann singen sie von rechts und von links im Chor: Die Preise sind sowieso nicht wichtig, auf die Qualität der Produkte kommt es an, wenn die nicht stimmt, hilft der niedrigste Preis gar nix.

Ich beginne mal, wie ältere Herren das so tun, mit einer Anekdote. Ich war um die Jahrtausendwende in Brasilien, kurz nachdem das Land in einer Währungskrise (1999) hatte kräftig abwerten müssen. Ich traf Politiker und Wissenschaftler und alle klagten über die hohen Importpreise. Ich hielt dagegen, dass die Abwertung aber doch große Chancen für den Export schaffe. Ach, ich sei ein armer Tor und kenne ihr Land nicht, warfen sie sofort ein, sie hätten ja gar keine Produkte, mit denen sie international konkurrenzfähig auftreten könnten. Ich bemerkte noch schüchtern, dass nach meiner Erfahrung jedes Land immer ein Potenzial an guten Produkten und Talenten hätte, die eine solche Chance wie eine Abwertung nutzen würden. Papperlapapp, sagten sie, der hat keine Ahnung davon, wie schwerfällig der Brasilianer ist und wie schön die Landschaft und das Wetter hier sind.

Zwei Jahre später reiste ich wieder nach Brasilien.

Inzwischen hatte das Land einen Exportboom erlebt und das Defizit in der Leistungsbilanz war verschwunden, Brasilien verzeichnete sogar einen Überschuss. Ohne rechthaberisch sein zu wollen, sprach ich meine Gastgeber mehrfach darauf an, dass die Abwertung ja doch ordentliche Erfolge im Außenhandel gebracht hätte. Papperlapapp, sagten alle sofort, da sähe man, dass ich keine Ahnung von Brasilien hätte. Der Exporterfolg habe doch nichts mit der Abwertung zu tun. Der Brasilianer sei einfach der geborene Exporteur und die brasilianischen Produkte seien so überragend, dass sie zu jedem Preis auf dem Weltmarkt verkauft werden könnten.

Wenn man solche Argumente hört, fragt man sich, warum Deutschland die ganze Übung mit der Lohnzurückhaltung eigentlich gemacht hat, wenn Preise und Kosten ja eigentlich nicht wichtig sind (übrigens eine Ansicht, die auch von der IG Metall, also einer der Exportbranche zuzurechnenden Gewerkschaft, vertreten wird). Wie kommt es, dass das Land mit den niedrigsten Kosten im Export am erfolgreichsten ist und in Relation zum Export am wenigsten importiert? Wenn es nur die guten deutschen Produkte unabhängig vom Preis waren, ja dann hätte man sich Agenda 2010 und Hartz IV doch sparen können, denn die deutschen Superprodukte hätten sich ja auch bei viel höheren Preisen verkauft, oder?

Die Behauptung, in einer Marktwirtschaft habe der Absatz von Produkten nur wenig mit dem Preis zu tun, ist einfach unsinnig. Das gilt auch umgekehrt. Eine Abwertung schafft Gelegenheiten in jedem Land der Welt. Welche davon erfolgreich wahrgenommen werden, wissen wir nicht und müssen wir auch nicht wissen, bevor es versucht worden ist.

Am unsinnigsten ist das Argument, die Defizitländer hätten ja gar keine im internationalen Handel gefragten Produkte. Abgesehen davon, dass das empirisch falsch ist, offenbart es auch eine krude Logik. Zunächst einmal, um es ganz klar zu sagen: Wenn ein Land keine Produkte zum Exportieren hat, dann darf man ihm auch nichts verkaufen. Normalerweise tut das auch niemand freiwillig – man denke nur an die geringen Handelsbeziehungen zwischen den westlichen Industrieländern und den Ostblockstaaten, die einfach nicht genügend Devisen zum Bezahlen der begehrten westlichen Produkte hatten, weil im Westen kein Mensch ihre Produkte beziehen wollte.

Kein souveränes Land der Welt kann importieren, ohne zu exportieren, weil man nicht dauernd auf Pump leben kann, ohne seine Souveränität zu verlieren. Dafür gibt es normalerweise das Damoklesschwert des Wechselkurses, das den Wert jedes Exportüberschusses, also des im Ausland angehäuften Vermögens, per Abwertung bedroht, so dass sich der erfolgreiche Nettoexporteur dafür interessiert, wie es mit der Bonität des Landes steht, in dem er Überschüsse erzielt. Doch in einer Währungsunion fehlt dieses Damoklesschwert natürlich, es hätte ersetzt werden müssen durch eine Vorschrift zur Einhaltung der Zielinflationsrate auf nationaler Ebene. Im Nachhinein in einer Währungsunion als Exportüberschussland zu sagen, ich habe meinem Nachbarn zwar jahrelang Kredit gegeben, damit er meine Produkte kaufen kann, aber es war mir immer klar, dass er die niemals zurückzahlen kann mangels brauchbarer Produkte, die ich von ihm im Gegenzug irgendwann einmal haben will, kann keine sinnvolle Erklärung für Handelsungleichgewichte sein. Dann nämlich hätte das Exportüberschussland seine Produkte besser gleich verschenkt und hätte sich auf diese Weise wenigstens die Freundschaft des Nachbarn erhalten.

Diese »Erklärung« zeigt höchstens, dass sich in einer Währungsunion das einzelne Wirtschaftssubjekt nicht um die Funktionstüchtigkeit der Union schert, sondern davon ausgeht, dass das die Wirtschaftspolitik schon im Griff hat. Die wiederum hat sich in Europa nicht als zuständig betrachtet in ihrer Marktgläubigkeit, weil ja der Markt, sofern Haftungsregeln stimmen und starker Wettbewerb herrscht, schon alles richtig macht. Doch welche juristischen Haftungsregeln, die auf mikroökonomischer Ebene greifen, kann es in einem Währungsraum geben für die Erhaltung der makroökonomischen Stabilität, wenn ein Land (egal ob bewusst oder unbewusst) die makroökonomische Stabilität durch seine wirtschaftspolitische Strategie zerstört? Nun, solche juristischen Regeln gibt es nicht, auch wenn das viele Volkswirte nicht wahrhaben wollen (und die Juristen im Finanzministerium unter Finanzminister Wolfgang Schäuble schon gar nicht). Die Lösung hätte im Bereich der makroökonomischen Steuerung durch die Wirtschaftspolitik gelegen (namentlich im Bereich der Lohnpolitik), doch dazu ist es irgendwann zu spät. Daher also zurück zur Überlegung, was von einer Abwertung zu erwarten ist und was nicht.

Wenn eine Abwertung für ein Land tatsächlich keinerlei positive Effekte auf den Außenhandel hätte, dann muss dieses Land früher oder später auf andere Weise seine Grenzen dicht machen, um zu verhindern, dass es in immer größere Abhängigkeit gerät. Das Ziel der Änderung der außenwirtschaftlichen Verhältnisse ist nicht die Änderung der Preisverhältnisse als solche, sondern die Änderung der Handelsströme und der daraus resultierenden Salden. Wenn die Preis- und Kostenänderungen nicht ausreichen oder politisch nicht durchgesetzt werden können, dann werden früher oder später die Grenzen dichtgemacht oder auf subtilere Weise dafür gesorgt, dass Überschussländer wie Deutschland weniger exportieren können. Qualitätsstandards zum Beispiel sind weltweit ein beliebtes Mittel, um Konkurrenz auszuschalten, ohne offen gegen die Grundsätze der Welthandelsorganisation zu verstoßen.

Über all das sollte sich ein Dauer-Nettoexportland allerdings nicht wundern. Wer nicht versteht, dass Freihandel von souveränen Staaten immer Handel unter Gleichen sein muss, immer ein Geben und ein Nehmen, der ist naiv und wird am Ende für seine Naivität bestraft.

64 Ben Bernanke in der Finanzmarktkuppel – ratlos

Ist es nicht toll? Immer wieder im vergangenen Winter haben die Werteschaffer an den Finanzmärkten in wenigen Stunden in ungeheurem Maße Werte geschaffen. Die Aktien waren plötzlich mehr wert, die Rohstoffe waren mehr wert, die Staatsanleihen sowieso. So war das beispielsweise im September 2013, als Herr Bernanke nach mehr oder weniger vollmundigen Ankündigungen einen Salto rückwärts machte und doch nicht so schnell von seiner superlockeren Geldpolitik lassen wollte.

Das ist die neue Welt der Finanzmärkte in Reinkultur. Die Investitionstätigkeit liegt in der ganzen Welt am Boden, die Konjunktur kommt auch fünf Jahre nach Beginn der Rezession nicht auf die Füße, die Arbeitslosigkeit ist überall untragbar hoch, es droht globale Deflation, aber die Bewertungen all der Dinge, die ausweislich der realen Flaute überhaupt nicht gebraucht werden, steigt ins Unermessliche.

Je mehr sich die Märkte nach oben schaukeln, umso tiefer ist der Absturz und umso größer sind die Gefahren für das gesamte Finanzsystem, wenn die expansive Politik schließlich endet. Solange die reale Konjunktur aber nicht anzieht, kann eine verantwortungsvolle Geldpolitik nicht leichten Herzens den großen Absturz der völlig losgelösten Finanzmärkte in Kauf nehmen.

Dass der finanzielle Zyklus dem realen Zyklus immer weiter vorausläuft, ist der schlichten Tatsache geschuldet, dass nach dem großen Crash von 2008 und 2009 von der Politik keine wirklich fundamentale Wende an den Finanzmärkten eingeläutet wurde. Stattdessen wurden kleine und kleinste Veränderungen vorgenommen, die aber den Charakter der Märkte als globales Kasino noch nicht einmal im Ansatz geändert haben.

Da fragt man sich auch, warum ein halbwegs aufgeklärter Zeitgenosse wie Sven Giegold Jubelmeldungen versendet über einen Durchbruch und einen großen Sprung auf dem Weg zur Europäischen Bankenunion. »Europaparlament, Rat und EZB haben sich«, so schreibt er mir und anderen, »in Rekordzeit auf alle Regeln für die gemeinsame Bankenaufsicht geeinigt. Zukünftig werden alle Großbanken der Eurozone unter gemeinsame Aufsicht der Europäischen Zentralbank (EZB) gestellt. Das ist der größte Schritt für eine gemeinsame Europäische Wirtschafts- und Finanzpolitik seit dem Euro.« Was aber nützt die beste Bankenaufsicht, wenn die Politik sich in ganz Europa nicht traut, die Rolle der Banken ganz neu (oder ganz alt, je nachdem, wie man es sehen will) zu definieren? Wieso hat keine Bankenaufsicht die große Krise von 2008 auch nur im Ansatz erkannt? Wieso lässt die gleiche Politik, die in Europa beschließt, die Bankenaufsicht der europäischen Zentralbank anzuvertrauen, zu, dass die gleiche Institution von den Finanzmärkten in das oben beschriebene Dilemma gestürzt wird? Schließlich ist die gemeinsame Bankenaufsicht auch für die Lösung der Eurokrise höchstens am Rande von Interesse. Wenn die Diskrepanz in der Wettbewerbsfähigkeit und die Wirtschaftsmisere nicht überwunden werden, nützt auch die beste Bankenaufsicht überhaupt nichts.

Alles Jubeln über Minischritte bei der Reregulierung der Finanzmärkte ist kalter Kaffee, wenn die große Frage tabu bleibt: Warum wird das Kasino, also das Jonglieren mit virtuellen Werten durch das Hin- und Herschieben von vorhandenem Vermögen, das die Wirtschaft tagtäglich schädigt, indem es die wichtigsten Preise verzerrt und die Investitionen in Sachkapital behindert, nicht einmal ernsthaft diskutiert, von wirkungsvollem Eindämmen dieses Irrsinns gar nicht erst zu sprechen?

Zu viele haben sich zu lange von der Chance auf die Realisierung einer Finanzmarkttransaktionssteuer einlullen lassen, aber selbst ein zaghafter Versuch von einigen Regierungen in dieser Richtung ist in den Brüsseler Katakomben verschwunden. Eine Finanzmarkttransaktionssteuer kann aber grundsätzlich nicht das Problem lösen, dass Herden von sogenannten Investoren – wie kurze Zeit nach der letzten Krise schon wieder zu sehen war und ist – mit der Schaffung von Scheinwerten die Existenz von Riesengewinnen vorgaukeln, die auch von einer Finanzmarkttransaktionssteuer nicht wirksam weggesteuert werden. Auch eine Finanzmarkttransaktionssteuer kann nämlich nicht verhindern, dass Preise verzerrt werden, die für Verbraucher und Produzenten und für die Wirtschaftspolitik über lange Zeiträume falsche Signale setzen. Auch eine Finanzmarkttransaktionssteuer kann nicht verhindern, dass Blasen an den Finanzmärkten entstehen, die den Notenbanken das Heft des Handelns aus der Hand nehmen.

Nein, schon richtig, wenn man sich nicht zu sagen traut, dass diese aufgeblasenen Finanzmärkte nicht nur keinen Wohlstand produzieren, sondern jeden Tag aufs Neue Schaden für alle Länder der Welt anrichten, und zwar zusätzlich zu dem großen Schaden, der entsteht, wenn die Blasen platzen, muss man auch alles Übrige nicht mehr diskutieren.

65 Stephen Roach über die ungerechte amerikanische Geldpolitik

Stephen Roach war lange Zeit der führende Volkswirt bei Morgan Stanley und hat durch viele interessante Analysen zur globalen Konjunktur auf sich aufmerksam gemacht. Heute lehrt er an der Yale University. Er hat im Oktober 2013 im *Handelsblatt* eine interessante These aufgestellt, die hervorragend zeigt, wie sehr sich die herrschende Meinung und die Leute aus den oberen Einkommenskategorien um die Armen in unserer Gesellschaft kümmern, wenn es nichts kostet.

Er sagt nämlich – und das lässt sich kaum bestreiten –, dass die Federal Reserve (Fed) in den USA mit ihrer ultraexpansiven Geldpolitik und deren Wirkung auf die Finanzmärkte zwar einen positiven Vermögenseffekt auslöst, dass dieser aber vor allem bei den oberen Einkommensgruppen ankommt, die in großer Menge Aktien und Bonds halten. Richtig ist auch seine Aussage, dass die Fed, wenn sie vor allem auf diesen Effekt setzt, ziemlich große Blasen erzeugen muss, um überhaupt eine Wirkung auf die Konjunktur zu erzielen, weil das Vermögen der Reichen selbst bei einer Wertsteigerung quantitativ einfach kein Schwergewicht für den privaten Verbrauch ist.

Zunächst ist an dieser Art Analyse Folgendes bemerkenswert: Es wird konstatiert, dass die Geldpolitik heute zur Konjunkturstimulierung offen auf Blasen an den Finanzmärkten setzt, während nach traditioneller Lesart der Zusammenhang doch ein ganz anderer sein sollte: Man dachte üblicherweise, es ginge bei Zinssenkungen darum, Anlagen in Finanztiteln im Vergleich zu realen Investitionen in Sachanlagen unattraktiv zu machen. Das gilt aber offensichtlich nur noch für den dummen Sparer, dessen Zinsen dahinschmelzen. Denn der gewitzte Anleger nutzt die Niedrigzinspolitik dazu, durch Spekulation auf steigende Vermögenspreise aus Nichts Geld zu machen. Der Zeithorizont, von dem wir heute an den Finanzmärkten reden, ist nämlich so kurz, dass der Zins auf eine Anlage vollkommen unwichtig geworden ist im Vergleich zu den Preissteigerungen, die durch Spekulation beziehungsweise »Investition« der großen Herde in die gleichen Vermögenstitel zustande kommt.

Doch eigentlich hätte Herr Roach in seiner Analyse wesentlich weiter gehen und fragen müssen, was schiefläuft im marktwirtschaftlichen System, wenn der private Verbrauch in einem Aufschwung überhaupt nicht mehr richtig anspringt (er spricht von einem Zuwachs von nur einem Prozent pro Jahr in den USA seit der Krise) trotz einer historisch niedrigen Sparquote. Er beklagt zwar auch die Ungleichheit und erwähnt sogar die berechtigte Kritik der Occupy-Wall-Street-Bewegung an der wachsenden Ungleichheit. Aber er folgert erstaunlicherweise, »die Notenbanken hätten es nicht vermocht, die Ungleichheit zu überwinden«.

Ja, wer hätte denn je gedacht, dass die Notenbanken in der Lage wären, die Ungleichheit zu überwinden? Gibt es denn kein anderes Betätigungsfeld der Politik mehr als die Geldpolitik? Gibt es keine Ordnungs-, Steuer- und Sozialpolitik mehr, die Ungleichheiten verringern kann und soll? Hätte Herr Roach nicht sagen müssen, dass der Staat dem spekulativen Treiben ordnungspolitisch Einhalt gebieten muss, damit die Geldpolitik wieder greifen kann? Und vor allem, dass der Staat in die Preisfindung am Arbeitsmarkt eingreifen muss, wenn es dort – wie seit der Finanzkrise geschehen – möglich ist, dass die Arbeitslosigkeit steigt, obwohl die Lohnniveaus extrem niedrig sind und große Ungleichheit besteht?

Aber freilich, dieser letzte Punkt muss für alle Ökonomen der herrschenden Lehre ein absolutes Tabu sein, weil jedes Zugeständnis in der Frage tunlichst vermieden werden muss, ob hier etwas total anders gelaufen sein könnte, als es den Marktgesetzen entspricht. Die besagen nämlich, dass es auf einem funktionierenden Markt dann einen Überschuss des Angebots gibt, wenn der Preis auf diesem Markt zu hoch ist. Wie sollte mit dieser Grundvorstellung vereinbar sein, dass die Arbeitslosigkeit (= das Überschussangebot an Arbeit) zunimmt, wenn der Preis auf dem Arbeitsmarkt (= der Lohn) bereits niedrig oder im Sinken begriffen ist, zumindest relativ zu den Kapitaleinkommen? Auf diesen Widerspruch kommt die herrschende Lehre nicht gern zu sprechen, weil sie ihm nichts entgegenzusetzen hat.

Erstaunlich ist allerdings, dass auch linke Ökonomen oder sogenannte Keynesianer praktisch nie auf diesen wunden Punkt zielen (ich lasse mich hier gern eines Besseren belehren, ich kenne aber keine einzige Stelle). Das neoklassische Arbeitsmarktparadigma – Arbeitslosigkeit beruht auf zu hohen Löhnen (oder vornehmer, das heißt verschleiernder ausgedrückt: auf zu inflexiblen Arbeitsmärkten) und ist daher nur mit Lohnsenkung (respektive nur durch stärkere Flexibilisierung der Arbeitsmärkte) zu beseitigen –, dieses Paradigma vom Kopf auf die Füße zu stellen, geht den meisten offenbar dann doch zu weit. Der Paradigmenwechsel müsste nämlich lauten: Nur mit einer Stabilisierung der Einkommenserwartungen und ihrer Wendung ins Positive, also Lohn*steigerungen*, ist eine Verringerung der Arbeitslosigkeit zu erreichen.

Wenn aber die Einkommenserwartungen der Masse der Menschen nicht mehr wie in früheren Zyklen grundsätzlich positiv sind, kann sich die Geldpolitik auf den Kopf stellen (was sie weltweit auch tut), und es kommt doch kein richtiger Aufschwung zustande. Die schlechten Einkommenserwartungen sind das eigentliche Problem, nicht die unbestreitbare Tatsache, dass die Geldpolitik mit zur Blasenbildung beiträgt, wenn Rezession vorherrscht und sich die potenziellen Investoren in Sachkapital wegen schwachen Konsums nicht aus der Deckung trauen.

Daraus folgt: **Entweder man fordert vom Staat Verteilungspolitik von oben nach unten in der einen oder anderen Form, spricht sich für eine harte Regulierung der Finanzmärkte und eine expansive Fiskalpolitik aus, die der Geldpolitik hilft, die Rezession zu überwinden – oder man hält besser die Klappe.** Die Geldpolitik zu kritisieren, weil sie die Ungleichheit weiter vergrößert, ohne zu sagen, was man sonst machen soll, ist fadenscheinige Heuchelei.

66 Hat Paul Krugman recht oder hat er unrecht?

Als Paul Krugman vor einiger Zeit den neuen Nobelpreisträger Eugene Fama kritisierte, hat er in hervorragender Weise die Bedeutung buchhalterischer Zusammenhänge für die ökonomische Analyse deutlich gemacht. Er schrieb als Antwort auf Famas Behauptung, dass eine höhere Sparquote zu höheren Investitionen führt: »Auch wenn er überhaupt keine Ahnung von der Geschichte der Makroökonomie hätte, sollte sich Fama gleich einmal selbst fragen, warum die Kausalität überhaupt von Ersparnissen zum Investieren führt. Warum sollte es nicht umgekehrt laufen?«[50] Nun, das ist genau die Frage, die Krugman sich selbst hätte stellen sollen, als er sich mit einem anderen buchhalterischen Zusammenhang beschäftigte, nämlich mit dem, wonach die ausländischen Ersparnisse immer genau gleich dem inländischen Leistungsbilanzdefizit sind.

Im Fall des inländischen Sparens kommt Krugman zu einem vernünftigen Ergebnis, weil er die Dynamik des Gesamteinkommens betont. Wenn die Verbraucher sich entscheiden, ihre Ausgaben zu reduzieren, um mehr zu sparen, bedeutet das für die Unternehmen, dass es zu ungeplanten Lagerbeständen kommt, und sie deswegen ihre Investitionen eher zurückfahren als vergrößern. Daraus schließt Krugman, dass in diesem Fall »die Verbraucher/Konsumenten sich in einer Situation befinden, in der sie nicht so viel sparen können wie geplant, weil ihr Einkommen sinkt. Natürlich werden diese unbeabsichtigten Ergebnisse zu weiteren Verhaltensänderungen führen, wobei die Firmen die Produktion zurückfahren und die Konsumenten das Sparen wieder reduzieren, bis schließlich eine Art Gleichgewicht erreicht wird, wo das gewünschte Sparen und das gewünschte Investieren sich entsprechen; dieses neue Gleichgewicht ist aber nicht notwendigerweise eines, bei dem die Investitionen gestiegen sind, die Investitionen könnten auch gefallen sein.«

Und auch seine allgemeine Schlussfolgerung ist richtig: »Der Punkt ist jedenfalls, dass buchhalterische Zusammenhänge nur bis zu einem gewissen Grad aussagekräftig sind. Wenn man behauptet, dass diese Zusammenhänge einem alles erklären, ohne eine Vorstellung davon, wie die Dinge zusammenhängen, ist das einfach nur schlechte Ökonomie.« Wenn es aber um *externes* Sparen und das buchhalterische Gegenstück dazu geht, kommt er nicht zu dieser Erkenntnis.

In seiner Antwort auf die deutsche Kritik nach der Kritik des amerikanischen Finanzministeriums am deutschen Leistungsbilanzüberschuss schreibt er: »Ein grundlegender buchhalterischer Zusammenhang lautet: Leistungsbilanz = Ersparnisse – Investitionen.

Jede Geschichte über die Bestimmung der Leistungsbilanz muss diesen Zusammenhang berücksichtigen (…). Während es beeindruckend ist, dass Deutschland einen Überschuss trotz ziemlich hoher Kosten für den Faktor Arbeit hat, und dies beweist, dass die deutschen Güter eine gute Qualität haben, so reflektiert der Überschuss am Ende doch die hohen Ersparnisse im Verhältnis zu den Investitionen.«[51]

Es ist ein bisschen traurig, dass Paul Krugman, den die Welt so sehr als kritische Stimme braucht, offensichtlich diese höchst fundamentale Beziehung in der externen Dynamik unserer Volkswirtschaften nicht ganz begreift. Aber das ist nicht neu. In einem Papier, das ich 2010 bei UNCTAD schrieb, gibt es ein Zitat Krugmans aus dem Jahr 1992: »Ein externes Defizit (also ein Leistungsbilanzdefizit, Anmerkung des Autors) muss als Gegenstück einen Überschuss von inländischen Investitionen über inländische Ersparnisse haben, (…) und deswegen ist es naheliegend, nach Quellen für das Defizit zu suchen, die in einer autonomen Veränderung der nationalen Sparquote liegen.«

Jedoch, und nun kann ich einfach mit meinem alten Text fortfahren, »es ist nicht gerechtfertigt, davon auszugehen, dass dieser Zusammenhang kausal gedeutet werden kann, und dem Sparen eine besondere Rolle in dem Prozess einzuräumen. Die Tatsache, dass sich aus einer Ex-post-Perspektive in einem Land eine Lücke zwischen Sparen und Investieren auftut, deutet nicht auf eine ›autonome‹ Entscheidung irgendeines ökonomischen Agenten in irgendeinem der beteiligten Länder hin. Die Pläne einer Gruppe von

Akteuren können nicht realisiert werden ohne die hochkomplexe Interaktion dieser Pläne mit den Plänen anderer Akteure sowie preisliche und mengenmäßige Veränderungen, und das alles unter der Bedingung objektiver Unsicherheit bezüglich der Zukunft. Um der Ex-post-Gleichheit von Ersparnissen und Investitionen einen Informationsgehalt zu geben, ist es notwendig, die Variablen zu identifizieren, die wiederum Sparen, Konsum und Investitionen determinieren und folglich das Nationaleinkommen bestimmen, zusammen mit den Einkommen aller anderen beteiligten Länder.

In einem nicht-stationären Umfeld vergrößert jede Ausgabenerhöhung (Zunahme der Nettoverschuldung eines Sektors) die Gewinne, und jede Zunahme des Sparens (Entstehung oder Vergrößerung einer Netto-Gläubiger-Position) reduziert die Gewinne. Ob Sparen oder Investieren sich hier oder da verändern, ob die Begünstigten (oder Verlierer) des Anpassungsprozesses in dem Land beheimatet sind, wo der Schock entstand, oder in anderen Ländern, ändert am Lauf der Dinge nichts. Die Entscheidung einer bestimmten Gruppe ökonomischer Agenten (privat oder öffentlich, in- oder ausländisch), weniger von ihrem laufenden Einkommen auszugeben, vermindert die Gewinne. Somit ist es gerade umgekehrt, als man nach Krugmans Äußerung erwarten könnte. Ein kleineres Leistungsbilanzdefizit (das bedeutet, dass weniger ausländische Ersparnisse ins Land kommen) kann tatsächlich höhere inländische Gewinne bedeuten und mehr Investitionen statt eines Rückgangs der Investitionen.«

Ein Leistungsbilanzdefizit oder ein wachsender »Zufluss ausländischer Ersparnisse« entpuppt sich oft als das Ergebnis sinkender Terms of Trade oder einer dauerhaften Aufwertung der Währung. Steigende Ölpreise zum Beispiel, die durch eine steigende Nachfrage in einem neuen großen Verbraucherland wie China induziert werden, erhöhen die Ölrechnung in den Industrieländern, weil die Nachfrageelastizität nach Öl kurzfristig sehr gering ist. Das bedeutet, dass auch bei höheren Preisen die gleichen Mengen wie vorher nachgefragt werden. Ein Leistungsbilanzdefizit in den Verbraucherländern ergibt sich nun sehr leicht dadurch, dass die höhere Ölrechnung vom internationalen Bankensystem finanziert wird (was wiederum leicht gemacht wird durch die Tatsache, dass die Banken erwarten können, dass die Erdöl exportierenden Länder ihre zusätzlichen Erlöse schnell auf die Kapitalmärkte in die Verbraucherländer zurückexportieren). Dann sehen wir zwar »ausländische Ersparnisse« in der Statistik, aber der Ursprung dieser »ausländischen Ersparnisse« war eindeutig nicht die Entscheidung der privaten Haushalte in Saudi-Arabien, mehr als zuvor zu sparen.

Eine reale Aufwertung der heimischen Währung bringt normalerweise die Verbraucher dazu, mehr ausländische Produkte zu kaufen, und reduziert die Nachfrage von vergleichbaren inländischen Produkten. Wenn das Bankensystem des Handelspartners bereit und in der Lage ist, die dadurch entstehende Lücke zwischen Importen und Exporten zu finanzieren (was einfach ein Verbraucherkredit für ausländische Kunden ist), wird das inländische Einkommen sinken, weil die Erträge und Gewinne (die unternehmerischen Ersparnisse) der inländischen Firmen sinken (während die Gewinne in den Abwertungsländern steigen). Auch in diesem Fall zeigen die buchhalterischen Zusammenhänge, eine Zunahme von ausländischer Ersparnis, aber auch diesmal, ohne dass ein einzelner privater Haushalt in den anderen Ländern die autonome Entscheidung getroffen hat, mehr als zuvor zu sparen.

Wenn sich ein Mitglied einer Währungsunion wie Deutschland entscheidet, politischen Druck auf die einheimischen Lohnverhandlungen auszuüben, um seine Wettbewerbsfähigkeit zu verbessern, werden als Erstes (als Folge dieses Effekts, der auf eine reale Abwertung hinausläuft) die heimischen Waren auf den Märkten der Handelspartner billiger, und ausländische Produkte werden von den deutschen Produkten verdrängt. Wenn die einheimischen Firmen der andern Mitglieder der Währungsunion ihre reale Aufwertung und den Verlust der Wettbewerbsfähigkeit hinnehmen, werden deren Banken die immer größer werdende Lücke zwischen Importen und Exporten so lange finanzieren, wie sie auf die Refinanzierung durch die EZB innerhalb der Währungsunion zählen können. Das ist offensichtlich der Fall, solange kein allgemeines Misstrauen hinsichtlich der Fähigkeit der Schuldnerländer entstanden ist, ihre Schulden irgendwann zurückzuzahlen und den Zinsdienst zu leisten.

Wiederum ist nichts bei den Sparern in Deutschland passiert. Weder private noch öffentliche Haushalte haben ihr Verhalten geändert. Die deutschen Firmen, die wegen des politischen Drucks auf die Löhne im Vorteil sind, machen mehr Gewinn im Auslandsgeschäft als zuvor, und ausländische Firmen machen weniger Gewinn. Dennoch gibt es einen Leistungsbilanzüberschuss in Deutschland, was in der buchhalterischen Identität so aussieht, als ob Deutschland mehr spart als zuvor. Und wieder hat Krugman offensichtlich recht: »Wenn man behauptet, dass diese Zusammenhänge einem alles erklären, ohne eine Vorstellung davon, wie die Dinge zusammenhängen, ist das einfach nur schlechte Ökonomie.«

Folglich ist die Kapitalfluss-Hypothese, mit der man auch in Deutschland die Eurokrise zu erklären versucht, falsch. Die Vorstellung, dass Deutschland einen Sparüberschuss hatte und dass die deutschen Ersparnisse in Spanien, Italien oder Frankreich benötigt wurden, um dort Häuser und Hotels zu bauen, ist durch nichts gerechtfertigt. Um den riesigen deutschen Leistungsbilanzüberschuss zu erklären, reicht es nicht aus zu argumentieren, dass die niedrigen Zinsen in Deutschland den deutschen Sparer dazu brachten, im Ausland zu investieren. Tatsächlich waren die nominalen Zinsen überall in der Eurozone genau gleich hoch wie in Deutschland, und die realen Zinssätze waren im Rest der Eurozone niedriger, denn die Preise und Löhne waren dort auf einem höheren Wachstumspfad als in Deutschland.

Noch eine nicht ganz ernst gemeinte Anmerkung zum Schluss: Folgt man der Logik von Professor Sinn – und der Logik von Krugman im Falle der externen Defizite –, muss man heute konstatieren, dass die deutschen Sparer nie aufgeben. Unermüdlich suchen sie auf der ganzen Welt nach neuen Anlagemöglichkeiten. Nachdem sich viele der traditionellen Schuldner in der Eurozone in einer kritischen Situation befinden, überschwemmen die deutschen Ersparnisse nun die Schwellenländer und die Vereinigten Staaten mehr als je zuvor. Sogar China, ein Land, von dem man dachte, es sei der wichtigste Sparer auf der Welt, ist in letzter Zeit mehr und mehr auf die deutschen Ersparnisse angewiesen. Warum ist das so? Warum ist Frankreich nicht in der Lage, seine privaten Haushalte davon zu überzeugen, dass sie mehr sparen und diese Ersparnisse im Ausland investieren sollen, anstatt durch Lohnsenkung zu versuchen, die Wettbewerbsfähigkeit zu verbessern? Italien hat es übrigens kürzlich geschafft, in den Club der Nettosparer aufgenommen zu werden. Das Land verzeichnet einen Leistungsbilanzüberschuss. Haben die italienischen privaten Haushalte endlich verstanden, dass ihr Verhalten der Schlüssel zum Erfolg der ganzen Volkswirtschaft ist? Bleibt nur noch die Frage, warum Italien die schlimmste Rezession seit dem Zweiten Weltkrieg durchmachen und rapide fallende Importe hinnehmen musste, um dahin zu gelangen, während Deutschland es ohne solche Schmerzen geschafft hat.

Unter dem Strich muss man feststellen, dass wir offenbar eine viel bessere Theorie brauchen, um zu verstehen, was los ist. Die buchhalterischen Zusammenhänge sind wichtig und müssen respektiert werden, eine Theorie ersetzen können sie nicht!

Nicht anders als vor einhundert Jahren ist die Unfähigkeit zum Dialog das prägende Zeichen unserer Zeit

Das Jahr 1914 markierte in vielerlei Hinsicht eine Zeitenwende. Der erste Krieg mit einer globalen Dimension brach aus. Neue Kriegstechnologien töteten viele Millionen von Menschen und richteten Verwüstungen in einer Größenordnung an, die alles bisher Gesehene verblassen ließ. Schlimmer aber noch war, dass die Politik selbst nach diesem Schock nicht fähig war, den Ersten Weltkrieg mit einer Friedensordnung zu beenden, die den Zweiten Weltkrieg mit all seinen Folgen hätte verhindern können.

Das immerhin gelang nach dem zweiten noch größeren Töten und Morden. Es wurde in der westlichen Welt eine Friedensordnung geschaffen, die dafür sorgte, dass sehr viele Menschen sich rasch aus den Ruinen des Krieges emporarbeiten und ihre materielle Situation durchgreifend verbessern konnten. Noch wichtiger: Bei der Mehrheit der Bürger in den westlichen Ländern setzte sich die Überzeugung durch, dass es eine soziale und wirtschaftliche Ordnung geben kann, die jedem eine Hoffnung und eine faire Chance zum Aufstieg gibt, den meisten Menschen ein Leben ohne materielle Not ermöglicht und auch diejenigen nicht vernachlässigt, die, aus welchen Gründen auch immer, es nicht schaffen, für sich selbst ein Minimum an Wohlstand zu erarbeiten.

Heute, zu Beginn des Jahres 2014, ist von dieser Hoffnung nicht mehr viel geblieben. Überall auf der Welt brechen neue Konflikte auf, und selbst in unmittelbarer Nachbarschaft Europas, in der Ukraine, gelingt es nicht, sich im Dialog und unter Beachtung historischer und sozialer Zusammenhänge auf Verfahren zu einigen, die verfahrene politische Konflikte lösen können. Immer noch denken zu viele in den Schablonen des Kalten Krieges und teilen die Länder ein in Ost und West, in Gut und Böse. Gerade in Deutschland hat sich in den vergangenen Jahren eine verhängnisvolle Neigung herausgebildet, den »Anderen« die Schuld zuzuschieben und sich selbst von jeder Schuld von vornherein freizusprechen. Das gilt für den Ost-West-Konflikt, der jetzt neu aufbricht, genau wie für die Eurokrise. Und das geschieht nicht nur auf der politischen Ebene, sondern es wird von den meisten Medien in einer Weise unterstützt, die an die Zeiten zentral gelenkter Presseorgane erinnert. Umso wichtiger ist es, dass alle, die in der Lage sind, einen kühlen Kopf zu bewahren, die Lage unvoreingenommen analysieren und ihre Meinung einbringen.

In vieler Hinsicht erreichen wir gerade wieder eine Zeitenwende. Das Ende der globalen Nachkriegsordnung Anfang der siebziger Jahre hatte auch den Beginn eines neuen Individualismus markiert, der sowohl auf der Ebene der Staaten als auch auf der zwischenmenschlichen Ebene den Wettbewerb und Wettkampf um fast jeden Preis predigte. »Wettbewerbsfähigkeit« war die Peitsche, mit der ein Staat den anderen und ein Mensch den anderen zur Leistung antreibt, mit deren Einsatz man versuchte, immer noch mehr aus den vorhandenen Ressourcen herauszuholen, und mit deren Androhung man allen anderen klarmachte, dass Wohlstand nur dem ermöglicht wird, der sich dem System von vornherein fügt.

Schon unmittelbar nach der Jahrtausendwende hätte es Anlass genug gegeben, dieser Ideologie und ihren Apologeten das Ruder zu entreißen. Schwere globale Erschütterungen durch Finanzkrisen stellten das herrschende Dogma von der Selbstregulierung der Märkte fundamental in Frage. Vor allem aber die offenkundige Unfähigkeit, einen erneuten dramatischen Anstieg der Arbeitslosigkeit zu verhindern, obwohl die neoliberale Agenda bis dahin schon für zwanzig Jahre Umverteilung von unten nach oben gesorgt hatte, hätte kritische Wissenschaftler, Bürger und Medien auf den Plan rufen müssen.

Doch kaum etwas geschah. Im Gegenteil, das herrschende Dogma wurde noch fester gezurrt: »Wettbewerbsfähigkeit« wurde vor allem in Europa zur alles beherrschenden Doktrin, und die Macht der Finanzmärkte wurde nur kosmetisch behandelt. Sehenden Auges und voller Euphorie rennt fast die gesamte Welt in eine neue Finanzmarktblase, und die Politik in Europa verweigert sich strikt der einfachen Erkenntnis, dass Wettkampf der Nationen und Schuldenbegrenzung keine durchhaltbaren Konzepte sind, weil sie systembedingte Notwendigkeiten ausblenden und gegen logische Zusammenhänge verstoßen.

Nun aber stößt das System an eine Grenze. Jahrelange Umverteilung hat zu einer Situation geführt, in der die Mechanismen von Abschwung und Aufschwung nicht mehr so funktionieren wie viele Jahrzehnte zuvor. Noch ist die Politik in vielen Ländern unfähig (oder unwillig), die entscheidenden Fragen auf den Tisch zu legen und offen zu diskutieren. *Unfähigkeit zum Dialog* ist das herausragende Kennzeichen unserer Zeit. Machtpositionen sind wichtiger geworden als gute Argumente. Doch mit der gleichzeitig zunehmenden Unfähigkeit, die wirtschaftlichen Probleme zu lösen, wächst auch die Chance für eine Alternative.

Das gilt auch für die internationale Kooperation. Zwar verdrängt derzeit noch die vermeintlich nationale Lösung mehr und mehr den Gedanken der internationalen Zusammenarbeit. Da es aber in Wirklichkeit keine nationalen Lösungen in einer globalisierten und europäisierten Wirtschaft gibt, wird der Versuch, sie ohne ernsthaften Dialog mit wirtschaftlicher Macht durchzusetzen, sehr schnell scheitern. Weil aber selbst offenkundiges Scheitern der nationalen Doktrin, wie man es in Südeuropa beobachten kann, dazu tendiert, immer neuen und immer radikaleren Nationalismus zu gebären, muss jetzt der Teil der Menschen, die den Kopf noch nicht verloren haben, gegen eine Politik aufstehen, die nicht nur irrational ist, sondern auch kleingeistig.

Das muss in Deutschland beginnen, weil Deutschland mit seiner durch die Finanzkrise gewonnenen Gläubigermacht eine wichtige, bisher aber unrühmliche Rolle in dem europäischen Drama spielt. Einerseits profitiert es mehr als alle anderen von der globalen Entwicklung, ohne allerdings die Verpflichtungen, die sich daraus notwendigerweise ergeben, anerkennen zu wollen. Die Unfähigkeit zum Dialog ist in diesem Land ganz besonders ausgeprägt. Das gilt sowohl für den Dialog Deutschlands mit seinen internationalen

Partnern als auch für die Diskussion im nationalen Rahmen. In einer vorher lange nicht gesehenen Weise werden von der Wirtschaftswissenschaft über die Medien und die Politik die Reihen fest geschlossen, um der internationalen Kritik am deutschen Modell zu begegnen. Kein Argument, gleich welcher Güte, wird dabei ausgelassen, um zu zeigen, wer wir wieder sind. Leider zeigen wir dabei auch, wie wenig wir bereit sind, rational mit Dingen umzugehen, die vermeintlich nur nationale Interessen berühren, tatsächlich aber die internationale Gemeinschaft als Ganzes angehen.

In hundert Jahren wird man sich vielleicht fragen, wie es möglich war, dass einem Volk von seinen Medien verordnet wurde, in Jubel über einen Rekord bei seinem Exportvolumen auszubrechen, statt darüber nachzudenken, was dieser Rekord für die Handelspartner bedeutet. Die Dimension des Absurden ist eine andere, aber gleichwohl: Sind wir heute nicht alle schockiert von den Bildern junger Männer, die 1914 jubelnd in den Krieg zogen?

Die eigentliche Gefahr dieser Entwicklung liegt in der Gleichschaltung der öffentlichen Meinung entlang einer nationalen Linie. Die internationale Kritik an den deutschen Außenhandelsüberschüssen hätte in einem offenen Land mit offener Meinungsbildung zu einer breiten und tiefen Diskussion über die Vor- und Nachteile des eigenen Wirtschaftsmodells geführt. Nicht so im Deutschland der ersten Dekaden dieses Jahrhunderts. Durch die Bank wird verteidigt, was unter vernünftigen Menschen nicht zu verteidigen ist. Ein einziges Sich-Hineinversetzen in die Situation der anderen führte die eigenen Argumente sofort ad absurdum; aber das wollen wir nicht, wir beharren auf unserer Einzigartigkeit und fordern die anderen gleichzeitig auf, es uns nachzutun, wenn sie denn dazu in der Lage sind. Viele merken es schon gar nicht mehr, wie sie »stark« und »schwach« auch als Kategorie auf Deutschland und Frankreich anwenden, wo man (selbst wenn die Kategorien zuträfen, was nicht einmal der Fall ist) eine besondere historische Sensibilität im Umgang mit solchen Begriffen erwarten könnte.

Das alles, werden viele sagen, lässt nicht viel Raum für Hoffnung auf Besserung in der näheren Zukunft. Doch der globale Konflikt über ein der internationalen Verflechtung angemessenes

Wirtschaftsmodell der Einzelstaaten muss mit rationalen Mitteln gelöst werden, weil sonst Konfliktvarianten wahrscheinlich werden, die die Welt sehr nahe an militärische Auseinandersetzungen heranführen. Man mag die Alternativen zur Kooperation Handelskrieg nennen oder Abwertungs- und Lohnsenkungswettlauf. In jedem Fall werden die Kosten enorm sein, und die politischen Spannungen werden in kaum vorstellbarer Weise zunehmen. Auch hier sind wir noch nicht bei einer Dimension, die mit 1914 vergleichbar wäre, aber die Gefahren sind groß genug, um die Vernünftigen auf den Plan zu rufen, damit sie viel lauter als bisher gegen die Unvernunft aufbegehren.

Dank

Die Anfang 2013 gegründete Webseite flassbeck-economics.de ist ein Gemeinschaftswerk, bei dem ich vor allem mit Friederike Spiecker tagtäglich so eng zusammenarbeite, dass ich nicht mehr behaupten kann, alles, was hier geschrieben wäre, wäre alleine das Ergebnis meines Nachdenkens. Deswegen muss ich mich bei ihr ganz herzlich bedanken für die Teile, die direkt von ihr stammen und für die vielen Anregungen, die sich aus unseren Gesprächen ergeben und die an vielen Stellen in meine Texte eingeflossen sind. Ich bin sehr froh, dass der Westend Verlag es ermöglicht, auch den Lesern, die die Dinge gerne in einem größeren Zusammenhang sehen wollen und lieber ein Buch als einen Computer zur Hand nehmen, meine Einsichten zu den wichtigsten Fragen hinsichtlich Euro, Wirtschaftspolitik und Deutschland auf diese attraktive Weise zusammenzufassen.

Anmerkungen

1 http://equitablegrowth.org/2013/11/16/759/this-mornings-must-watch-larry-summers-on-the-danger-of-a-japan-like-generation-of-secular-stagnation-here-in-the-north-atlantic

2 http://www.gpo.gov/fdsys/pkg/ECONI-2013-10/pdf/ECONI-2013-10-Pg15.pdf

3 http://www.imf.org/External/NP/LOI/2013/TUN/052413.pdf

4 http://www.imf.org/external/pubs/ft/reo/2013/eur/eng/pdf/ereo1013.pdf

5 Im Original lautet der Text wie folgt: »Labor market rigidities may also have played a role. In cutting the wage bill, there is a trade-off between a reduction in wages and in employment – the more wages adjust, the less employment has to. It is likely that poorly functioning labor markets will see relatively large adjustments of employment rather than wages.«

6 http://www.heute.de/Sch%C3%A4uble-So-ist-Demokratie-26789884.html

7 http://www.faz.net/aktuell/wirtschaft/europas-schuldenkrise/eurozone-die-gespaltene-waehrungsunion-12121034.html

8 Im Original lautet der Text wie folgt: »A mechanism should be explored to bring forward the employment gains from structural reforms. This would augment ongoing efforts to help guide Spain's economy to a better outcome and could comprise two elements: (1) employers committing to significant employment increases in return for unions agreeing to significant further wage moderation and (2) some fiscal incentives in the form of immediate cuts in social security contributions offset by indirect revenue increases in the medium term. A significant increase in employment and reduction in inflation will be critical so that household purchasing power in the aggregate does not suffer. The challenges for all involved are enormous, and it will be crucial to avoid that the approach is watered down or needed structural reforms delayed.« http://www.imf.org/external/np/ms/2013/061813.htm

9 http://www.faz.net/aktuell/wirtschaft/gastbeitrag-was-handelsueberschuesse-mit-dem-euro-zu-tun-haben-12657154.html

10 http://www.oecd.org/newsroom/france-reinforcing-competitiveness-is-key-to-boosting-jobs-and-growth.htm

11 http://www.flassbeck-economics.de/abo-artikel-aufschwung-in-europa-bei-deflation/

12 http://www.sueddeutsche.de/politik/spd-fraktionschef-zu-reformprogramm-steinmeier-ruehmt-schroeders-agenda-1.1620055

13 http://europa.eu/rapid/press-release_MEMO-11-898_en.htm

14 Im Original lautet der Text wie folgt: »… austerity describes policies used by governments to reduce budget deficits during adverse economic conditions.« http://en.wikipedia.org/wiki/Austerity; siehe auch: http://en.wikipedia.org/wiki/Government_budget_deficits

15 Der Text lautet im Original wie folgt: »when consumers and businesses are unwilling or unable to spend«.

16 http://www.flassbeck-economics.de/gravierende-fehlentwicklungen-sind-an
gelegt-was-der-sachverstaendigenrat-an-die-bundeskanzlerin-hatte-schrei
ben-muessen/

17 http://www.n-tv.de/wirtschaft/Schaeuble-und-Rehn-uneins-ueber-Inflation-
article12147386.html

18 http://www.welt.de/wirtschaft/article124224268/Schaeuble-nennt-Rehns-Aus
sagen-zur-Inflation-Unsinn.html

19 http://www.flassbeck-economics.de/zur-lohnrunde-2013-teil-2/

20 http://www.handelsblatt.com/politik/deutschland/interview-mit-hans-olaf-
henkel-der-euro-hat-verheerende-nebenwirkungen/9325720.html

21 Im Original lautet der Text wie folgt: »The dominant doctrine, in consequence,
advocated low wages, as a means of stimulating the worker to greater effort
and of increasing England's competitive strength in foreign trade by lowering
the money costs of English products. Sir James Steuart was merely expressing
in blunter fashion than was common the position implicit in much of the mer-
cantilist treatment of the labor question when he stated that ›the lowest classes
of a people, in a country of trade, must be restrained to their physical neces-
sary‹.«

22 Im Original lautet der Text wie folgt: »Hume conceded that high wages resulted
in some disadvantage in foreign trade, but insisted that as foreign trade is not
the most material circumstance, it is not to be put in competition with the hap-
piness of so many millions.«

23 http://www.handelsblatt.com/meinung/kolumnen/weimers-woche/
weimers-woche-unbequeme-wahrheiten-zur-schuldenkrise/8488106.html

24 Im Original lautet der Text wie folgt: »Now, even as we protect our people, we
should remember that today's world presents not just dangers, not just threats,
it presents opportunities. To boost American exports, support American jobs
and level the playing field in the growing markets of Asia, we intend to com-
plete negotiations on a Trans-Pacific Partnership. And tonight, I'm announcing
that we will launch talks on a comprehensive Transatlantic Trade and Investment Partnership with the European Union — because trade that is fair and
free across the Atlantic supports millions of good-paying American jobs.«

25 aus: *The Collected Writings of John Maynard Keynes*, vol. XVI Activities 1941-
1946, Mac Millan Cambridge University Press for the Royal Economic Society
1980, ed. D. Moggridge, S. 5, unsere Übersetzung

26 http://www.handelsblatt.com/politik/deutschland/steuerlast-ausgequetscht-
wie-eine-zitrone-seite-all/8464006-all.html

27 http://www.bundesfinanzministerium.de/Content/DE/Monatsberichte/
2013/06/Inhalte/Kapitel-5-Statistiken/5-1-11-entwicklung-der-steuer-und-
abgabequoten.html?view=renderPrint

28 Sachverständigenrat zur Begutachtung der gesamtwirtschaftlichen Entwicklung (Hrsg.): *Die Chance nutzen – Reformen mutig voranbringen. Jahresgutachten 2005/2006*, Statistisches Bundesamt, Wiesbaden, S.6

29 http://www.handelsblatt.com/politik/konjunktur/nachrichten/us-finanzmi
nister-lew-bei-schaeuble-mahnung-vom-amtskollegen-/9305050.html

30 http://www.guardian.co.uk/commentisfree/2013/jul/19/we-germans-dont-
want-german-europe

31 Im Original lautet der Text wie folgt: »Germany has no taste for shaping others in its image – but we want a European Union that can compete.«

32 http://www2.alternative-wirtschaftspolitik.de/uploads/m0413.pdf

33 http://www.spiegel.de/wirtschaft/soziales/gewerkschafter-und-oekonomen-und-politiker-fordern-30-stunden-woche-a-882578.html

34 http://www.tagesspiegel.de/wirtschaft/diw-chef-fratzscher-ein-waehrungs krieg-bringt-niemandem-etwas/7797810.html

35 http://www.handelsblatt.com/politik/konjunktur/geldpolitik/benoit-coeure-sparer-sind-nicht-die-verlierer-der-geldpolitik/9056324.html

36 http://insm.de/insm/ueber-die-insm/Positionen/rente.html

37 http://de.wikipedia.org/wiki/Carsten_Maschmeyer

38 Flassbeck, Heiner / Davidson, Paul / Galbraith, James K. et al.: *Handelt jetzt! Das globale Manifest zur Rettung der Wirtschaft*, Westend Verlag, Frankfurt/Main 2013

39 http://www.faz.net/aktuell/wirtschaft/wirtschaftspolitik/koalitionsverhand lungen-koalition-will-managergehaelter-begrenzen-12678918.html

40 http://www.handelsblatt.com/unternehmen/industrie/doppelinterview-eon-siemens-energiewende-geht-gerade-so-richtig-schief/8462520.html

41 http://www.nytimes.com/2013/07/21/business/a-shuffle-of-aluminum-but-to-banks-pure-gold.html?emc=eta1&_r=1&

42 http://www.bundesbank.de/Redaktion/DE/Interviews/2013_10_23_lauten schlaeger_sueddeutsche.html

43 http://blogs.ft.com/brusselsblog/2013/03/when-economists-attack-paul-krugman-vs-olli-rehn/

44 http://www.forbes.com/sites/karlwhelan/2013/02/17/ollis-follies-is-debate-about-fiscal-multipliers-unhelpful/

45 http://www.flassbeck-economics.de/das-einhorn-unter-den-wirtschaftspoliti schen-optionen-die-lohnpolitik/

46 http://www.faz.net/aktuell/wirtschaft/wirtschaftspolitik/tariflandschaft-bedroht-das-gleichheitsgespenst-12135170.html

47 »Was ist Angebotspolitik?« in der Zeitschrift *Konjunkturpolitik*, im Jahre 1982, S. 75-138

48 http://www.bundeskanzlerin.de/ContentArchiv/DE/Archiv17/Reden/2013/01/2013-01-24-merkel-davos.html

49 Zum Streit siehe folgende drei Artikel: http://www.spiegel.de/wirtschaft/g-20-treffen-in-moskau-angst-vor-einem-waehrungskrieg-a-883699.html; http://www.spiegel.de/wirtschaft/soziales/jahrestagung-von-iwf-und-weltbank-streit-ueber-geldpolitik-a-895386.html; http://www.spiegel.de/wirtschaft/angst-vor-waehrungskrieg-weidmann-kritisiert-japans-geldpolitik-a-892980.html

50 http://www.flassbeck-economics.de/hat-paul-krugman-recht-oder-hat-er-un recht-auf-jeden-fall-ist-er-inkonsistent-wenn-es-um-buchhalterische-zusam menhaenge-geht/; krugman.blogs.nytimes.com/2013/10/16/fallacies-of-imma culate-causation/

51 http://krugman.blogs.nytimes.com/2013/11/01/more-notes-on-germany/